Research Methods for Social Welfare

[개정판]

사회복지 조사론

Research Methods for Social Welfare

윤선오
김현진
김우호
김병찬
백창환
전미숙
정명희
유운식
공저

양 성 원

개정판 머리말

사회복지조사란 조사와 이론과 기술을 사회복지 분야에 응용한 과학적 방법을 말한다. 사회과학이란 사회에서 발생하는 현상과 문제, 즉 사회적 현상과 문제들을 과학적이고 객관적인 방법을 통해 규명하는 학문이며, 과학적이고 객관적 방법을 통해 규명한다는 것은 감성이나 온정, 혹은 특정 집단의 개별적 경험결과에 의해 획득된 판단에 의한 규명이 아니라 과학적이며 보편타당한 방법에 의해 해석하고 해석내용이 논리적으로 모순이 없는 것을 의미한다.

사회과학의 대상은 사회이며, 사회를 이루는 요소는 집단이고, 집단을 이루는 기본단위는 2명 이상의 인간이다. 따라서 사회적 현상과 문제에 대한 명확한 규명은 인간존재에 대한 명확한 규명을 전제로 할 수밖에 없고, 인간에 대한 명확한 규명은 그들이 소속된 시공을 비롯한 환경에 대한 명확한 규명을 필요로 하는 것이다.

그러나 시간과 공간, 인간에 대한 논리적이고 과학적인 규명은 아직 유보적 상태에 놓여있다. 그러므로 넓은 의미의 사회과학이란 시공세계와 인간에 대한 참다운 해석을 추구하는 학문이라고 볼 수 있다.

사회복지조사론은 사회과학의 일부로서 사회복지영역에서 발생하는 현상이나 문제, 획득된 지식이나 자료 등을 과학적이고 보편타당한 방법을 통해 검증하고 규명하려는 학문이다. 비록 사회복지조사론의 접근방법이 사회복지적 사고나 행위를 과학적이고 논리적인 틀 속으로 국한시킴으로 인해 사회복지의 의미를 약화시킬 위험성이 있다고 하더라도 우리의 사고나 행위를 객관화하고 합리적으로 작동할 수 있도록 하는 것은 일종의 학문의 책무성이라고 할 수 있다.

PREFACE

이 책은 사회복지영역의 지식과 자료들을 조사·수집·분석하는 것에서부터 결과보고서를 작성하는 방법에 이르기까지 사회복지조사의 전 과정을 알기 쉽게 정리한 교재이다.

1장은 사회복지조사의 개념을 살펴보았고, 2장에서는 사회복지조사 과정과 유형 및 연구와 가설을, 3장에서는 측정 및 척도, 4은 신뢰도와 타당도를 다루었고, 5장은 표본추출을, 6~8장은 설문지작성, 면접법, 관찰법에 관해 살펴보았으며, 9장은 내용분석을 정리하였고, 10장은 단일사례조사에 대해 기술했으며, 11~13장은 각각 실험조사, 욕구조사, 프로그램 평가조사 등을 다루었다.

이 책이 사회복지조사론을 학습하고 연구하는 학부생뿐만 대학생들에게 교재로서 커다란 역할과 기여를 할 수 있기 바라며, 사회복지전공자들의 많은 관심을 기대하는 바이다.

2019년 2월

저자 일동

차 례

CONTENTS

CONTENTS

CONTENTS

chapter 1

과학과 사회복지조사

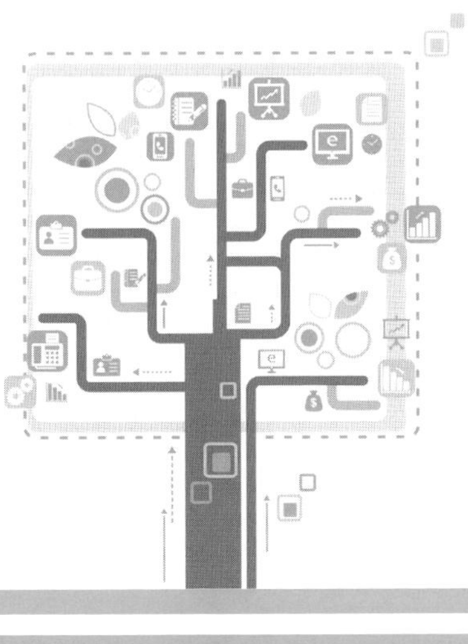

사회복지조사론

제 1 절 과학이란?

1. 과학의 개념 및 과학적 지식

1) 과학의 개념

사회복지조사론은 사회복지에 필요한 과학적 지식을 만들어내는 조사방법을 다루는 것이다.

과학(science)이란 현상에 내재하는 진리를 객관적인 방법에 의해 규명하는 과정이다. 또는 해결 가능한 문제를 과학적 방법을 통해 이론을 도출하는 과정과 그 소산인 합리적인 지식이라 할 수 있다. 과학은 조사와 이론을 필요로 하며, 이 두 요소는 아주 밀접한 관계를 가지고 있다.

과학의 목적은 사회현상과 자연현상에 대하여 설명할 수 있는 이론을 제시하는 것에 있다. 이론이란 현상을 논리적으로 설명하는 것이며, 이를 위해서는 변수 간의 인과관계를 구체화시키고 현상에 대한 체계적인 견해를 제시하는 것이다. 또한 과학의 목적은 사실에 대한 가장 정확한 모델을 형성하는 것이라기보다는 사실을 이해하기 위한 일종의 틀(framework)을 구축하고 사실을 잘 설명해 줄 수 있는 유용한 틀과 이론을 개발하는 데 있다. 틀과 이론을 개발하기 위해서는 연구가 수반되어야 하고 연구를 통해서 사실과 이론의 적합성을 증명하게 된다.

과학은 우리가 살고 있는 세상이 어떤 원리와 법칙에 의해서 움직이고 있는가에 대한 법칙이나 진리를 탐구하는 학문으로서 다음과 같은 특징을 가지고 있다(강이근 외, 2015).

- 과학은 논리적(Logical)이다:

과학은 논리적인 사고활동으로 과학적 설명은 이치에 맞아야 한다. 연구 절차가 논리적이고 체계적이어야 하며, 경험적으로 검증 가능해야 한다.

- 과학은 결정론적(Deterministic)이다:

  모든 현상은 반드시 어떤 원인에 의해서 발생하며, 그 원인은 논리적인 확인이 전제되어야 한다. 그러나 과학이 결정론적이라는 것은 단정적이기보다 개연성을 가지고 얼마나 더 가까우냐에 따라 확실성을 따지는 확률적인 결정론의 의미를 가지고 있다.

- 과학은 일반적(General)이다:

  개별적인 현상 하나하나를 설명하기보다는 많은 대상으로 일반적 성향을 밝혀내어 일반적인 이해를 추구한다.

- 과학은 간결한(Parsimonious) 것을 추구한다:

  어떤 현상을 유형별로 공통적인 요소를 찾아내어 일반화하고 동시에 현상의 유형을 구분하는데 도움이 되지 않는 요소는 배제하여 간결한 것을 추구한다.

- 과학은 구체적(Specific)이다:

  연구를 발표할 때 개념들이 어떻게 측정되었는지 개념의 조작화를 통해 개념을 보다 정확히 측정하고 정의해야 한다.

- 과학은 경험적으로 검증 가능(Empirically Verifiable)해야 한다:

  과학적 지식은 경험성을 가지고 있어야 한다. 경험적 특성은 측정할 수 있고 관찰할 수 있는 현상으로 국한되며 경험적 검증은 다른 주장을 반증함으로써 본래의 주장을 확고하게 입증한다.

- 과학은 간주관적(intersubjectivity)이다:

  실험과정에서 과학자들이 다른 주관적 동기가 있어도 연구과정이 같으면 결과가 똑같이 나타나야 한다.

- 과학은 수정 가능(Open to Modification)하다:

  변하지 않는 진리는 없다. 과학이란 당시의 상황에 맞게 수정될 수 있으며, 과학은 진리를 추구하기보다 효용을 탐색하는 것이다.

- 과학은 설명적(Descriptive)이다:

  과학이란 사실을 수집하고 그것을 토대로 설명하는 것, 즉 이론을 수립하는 것이다. 과학은 경험적 사상이나 사건을 모두 망라하여 설명할 수 있는 일반법칙을 개발하고 단편적인 지식들을 결합하여 사건에 대해 보다 신뢰성 있는 예측을 하거나, 현재까지 할 수 없었던 것을 예측하는 데 있다.

- 과학은 재생 가능성(Reproducibility)이 있다:

  모든 이론은 여러 차례 반복적으로 검증하거나 관찰한 후에 정립된 것이므로 신뢰성을 확보한다.

- 과학은 객관성(Objectivity)이 있다:

  누구에게나 동일하게 인식되는 사건이나 현상은 객관성이 있어야 한다.

2) 과학적 지식

지식(knowledge)이란 무엇에 대하여 아는 상태 또는 어떤 현상이나 그 현상에 대한 설명을 사실(truth)이라고 믿는 것을 말한다. 지식은 우리가 단지 사실이라고 믿는 것에 불과하며 반드시 실재(reality)를 나타내는 것은 아니다.

과학적 지식(Scientific Knowledge)이란 과학적 방법에 의해 얻어진 지식을 의미한다. 즉, 체계적 · 논리적 · 경험적 · 객관성 · 비규범적 · 재생 가능성 · 수정 가능한 절차를 통해 얻어진 지식을 의미한다.

여기서 지식은 그 지식이 얻어지는 절차의 엄밀성 때문에 다른 다양한 방법, 관습, 권위, 직관 등에 의해 얻어진 지식과 구별된다. 일반적으로 과학적 지식의 특징을 정리하며 살펴보면 다음과 같다(강이근 외, 2015).

① 재생 가능성

같은 방법을 사용하였을 때, 누구나 같은 결과를 얻을 수 있는 가능성을 의미한다. 즉, 표준화된 방법에 의해 동일한 결과나 결론을 얻을 수 있는 가능성을 말한다. 이러한 재생 가능성은 과학과 예술을 구분할 수 있는 지침이 될 수 있다.

② 경험 가능성

지식이 우리의 감각기관에 의해 지각될 수 있어야 한다는 의미이다. 경험 가능성에 대해서는 몇 가지 논란이 되는 대상이 있다. 첫째는 인간의 감각기관을 신뢰하기 어렵다는 것이고, 둘째는 사회과학의 경우 추상적 용어가 많이 사용되는데 이를 감각기관에 의해 지각하기가 곤란할 수 있다는 것이다.

③ 객관성

객관성이란 건전한 감각기관을 가진 여러 사람이 이 같은 대상을 인식하여 얻은 인상의 일치를 말한다. 누구에게나 동일하게 인식되는 사건이나 현상은 객관성이 있다고 말할 수 있다. 과학적 지식은 모든 정상인에 대하여 객관적으로 인식되는 것이어야 한다.

지식을 습득하는 방법에는 '합의적 지식(agreement knowledge)'과 '경험적 지식(experiential knowledge)'이 있다. 가령 지구가 둥글다는 사실은 그렇게 배웠기 때문에 아는 것이고, 물건이 땅으로 떨어진다는 사실은 경험을 통해 알 수 있다. 합의적 지식은 대부분 전통과 권위라는 두 가지 간접적 지식형성의 방법을 통해 습득되며, 직접적 지식형성의 방법으로는 직관과 경험이 있다.

네 가지 방법에 대해 구체적으로 살펴보면 다음과 같다(강종수, 2014).

① 전통(tradition)에 의한 방법

사회적으로 이미 형성되어 있는 선례나 관습, 습관 등을 비판 없이 그대로 수용하여 자신의 지식으로 형성하는 방법이다. 주로 축적된 지식을 말하며, 그로 인해 매번 동일한 탐구를 반복해야 하는 불필요한 시행착오를 줄일 수 있다. 전통적 지혜라고도 한다. 전통은 시대에 따라 변하고 사회적 관심 역시 동일하지 않다는 단점이 있다.

〈표 1-1〉 **지식습득의 방법**

<table>
<tr><td rowspan="3">직접적 방법</td><td>가치(values)</td><td>사람들은 자신이 갖고 있는 가치를 기준으로 사물을 이해한다.</td></tr>
<tr><td>직관(intuition)</td><td>직관은 통찰력(insight)의 일부로서 명확한 기준보다는 개개인이 갖고 있는 경험이나 정서에 의해 느끼고 판단하는 것을 말하며, 때로는 어떤 현상을 직관적으로 이해한다.</td></tr>
<tr><td>경험(experience)</td><td>사람들은 많은 경우 자신이 직접 경험한 사실에 기초하여 사물을 이해한다.</td></tr>
<tr><td rowspan="2">간접적 방법</td><td>권위(authority)</td><td>사람들이 직접 경험하거나 판단할 수 없을 때는 종종 외부의 지식 출처, 즉 전문가에 의존해서 이해할 때가 많다.</td></tr>
<tr><td>전통(tradition)</td><td>우리는 우리 사회에 전통적으로 내려오는 어떤 관습이나 규범 및 문화에 의해 특정 현상이나 사물을 이해할 때가 종종 있다.</td></tr>
<tr><td>과학적 방법</td><td>과학(science)</td><td>사람들은 사물을 이해하고 행동할 때 과학적 절차, 즉 체계적인 관찰과 분석, 해석과 일반화의 과정을 통해 산출된 지식(과학적 지식)에 의존한다.</td></tr>
</table>

출처: 강종수(2014).

② 권위(authority)에 의한 방법

자기주장의 타당성과 설득력을 높이기 위해 인품이 뛰어나거나 전문기술이 있거나 사회적 지위가 높은 사람의 의견(말)을 인용하는 방법이다. 그러나 권위의 원천이 서로 다른 경우 견해의 일치를 볼 수 없다거나, 같은 원천이라고 해도 전문가 사이에 의견의 일치가 어려운 단점이 있다. 권위의 지식형성은 개인적 탐구력에 제한을 가져오며, 오히려 권위나 전통에 대한 의심이 개인적 탐구의 출발점이 되기도 한다.

③ 직관(intuition)에 의한 방법

의문에 대한 해답을 통찰에 의해 명백한 사실 또는 자명한 진리에 비추어 얻는 방식이다. 확고한 신념을 얻기 위해 계속적으로 시도하는 방법으로써 소위 자명한 명제에 호소하는 방식이다. 명제가 항상 자명성을 갖는 것은 아니므로 끊임없이 의심을 품고 탐구해 경험의 세계에서 검증되어야 한다.

④ 경험(experience)에 의한 방법

개인이 자신의 직접적인 경험을 통해 지식을 얻는 방식이다. 인간이 지닌 감각기관을 직·간접적으로 사용하여 경험하며, 이러한 개인적 경험은 때로는 강력하고 중요한 지식의 근거가 되기도 한다. 경험하지 않는 사실은 알 수 없고, 경험 역시 매우 주관적으로 경험자에 따라 다르게 받아들여질 수 있다.

루빈과 바비(A. Rubin & E. R. Babbie, Research Methods for Social Work, 2004)는 비과학적 방식을 통해 지식을 습득할 경우 지식의 탐구과정에서 오류들이 다음과 같이 나타나기 쉽다.

① 부정확한 관찰

일상생활에서의 관찰은 자신의 관점에서 무의식적으로 이루어지기 때문에 부정확한 관찰이 되기 쉽다. 그러나 일상적인 관찰과 달리 과학적인 관찰은 의식적인 활동이며, 의도적으로 관찰하기 때문에 관찰에서 범하는 오류를 줄일 수 있다.

② 과도한 일반화

소수의 사례를 가지고 일반적인 사실로 받아들일 때의 오류를 말한다. 따라서 과학적인 연구에서는 충분한 표본을 사용함으로써 과도한 일반화를 예방한다.

③ 선별적인 관찰

현상의 사례들을 관찰할 때 자신의 선입관에 부합하는 사례가 다른 사례보다 더

두드러지게 관찰되는 것을 말하며, 이는 과도한 일반화에서 비롯되는 경우가 많다. 그러나 과학적 연구에서는 관찰이 이뤄지기 전 조사 설계를 통해 관찰의 수와 종류를 미리 꼼꼼하게 설명함으로써 선별적인 관찰이 이뤄지지 않도록 조치하며, 연구자들 간의 피드백과 조언을 통해 오류를 바로잡아 줄 수 있다.

④ 꾸며진 지식

어떤 사실들이 자신의 일반화된 지식과 정면으로 위배되어 회피하기 어려운 경우, 자신의 일반화를 유지하기 위해 스스로 지식을 만들어 냄으로써 생기는 오류를 말한다.

⑤ 사후 발생적 가설(사후소급가설)

어떤 사실들 간의 관계를 설명하기 위해서 과학적인 방법은 사전가설설정 방법을 사용한다. 연구문제에 대해 임시적으로 가설을 만들고, 실제로 관찰을 통해 가설에 따른 연구문제를 증명한다. 그런데 간혹 가설－관찰의 순의 방식이 아니라 관찰을 먼저 한 후에 관찰결과에 들어맞게 가설을 설정하거나 원래의 가설을 수정하는 경우가 있다. 이를 사후 발생적 가설(사후소급가설)이라고 한다.

⑥ 비논리적 추론

일반적으로 추론이라 함은 논리적 근거가 있어야 하는데 논리적 근거가 명확하지 않은 추론이다.

⑦ 자아개입

비록 무엇을 정확하게 설명하려고 하지만, 그러한 설명에 의해 자아의 손상을 입게 될 때 그 설명들이 대개 객관성이 떨어짐으로써 생기는 오류를 말한다.

⑧ 탐구의 성급한 종료

탐구의 결과가 주는 의미가 연구자 자신에게나, 지배 권력에게, 자신의 연구를 지원하는 조직에 부정적인 영향을 줄 수 있다고 예측되면 연구를 신중히 검토하지 않고 성급하게 결론을 내리는 경우를 말한다. 그러나 과학적 연구에서는 어떤 현상에 대해 “이미 이해됐다”라고 성급히 탐구를 종결하지 않고, 언제나 과학의 결론은 수정 가능성을 위해 개방해둔다. 즉, 탐구는 종결되는 것이 아니며 ‘지금 내 연구에서의 결론’은 언제라도 뒤집힐 수 있음을 인정한다는 것이다.

⑨ 신비화

이해할 수 없는 현상을 초자연적 현상이라고 간주하거나 신비한 원인 탓으로 돌려 생기는 오류를 말한다.

2. 과학적 방법 및 과학철학

1) 과학적 방법의 의의

과학적 방법(scientific method)이란 과학적 지식을 획득하는 방법의 의미한다. 커린저(Kerlinger, 1999)는 과학적 방법을 “일반 현상 가운데 관계가 있을 것이라고 생각하는 가설적 명제들을 논리적 · 체계적 · 경험적 · 객관적으로 탐구하는 활동”이라고 정의하고 있다. 즉, 과학적 방법은 연구의 과정 또는 절차가 엄밀하여야 함을 강조한다(채구묵, 2007).

변수 간의 가정된 관계를 엄밀하게 체계적으로 관찰 · 검증하는 것은 쉬운 일이 아니다. 때로는 변수들을 정밀하게 관찰 · 측정하는 것이 불가능할 수도 있고, 변수 간에 영향을 미치는 통제 불가능한 외생변수가 있을 수 있으며, 관찰–검증–해석 과정에 연구자의 편견이 개입될 수도 있다.

따라서 이러한 문제를 해결하고 좀 더 엄밀한 과학적 방법을 마련하기 위해 연구가 부단히 진행되고 있으며 이러한 내용을 다루는 학문분야가 사회과학에서는 조사방법, 통계학 등이며, 철학에서의 과학철학 등이다.

과학적 연구방법의 궁극적 목적은 이론을 개발하는 데 있으며, 어떤 현상에 내재된 논리적 특성을 이론으로 구축하기 위해서는 그 현상을 기술하고, 설명하고, 예측할 수 있어야 한다.

따라서 과학적 연구방법의 목적을 살펴보면 다음과 같다(정영숙, 2009).

- 기술(descriptive):

  기술을 목적으로 한 연구에서는 어떤 현상이 있으면 왜 그런 현상이 나타나게 되었는지를 설명하기보다는 단순히 현상의 속성이나 특성을 있는 그대로 관찰하여 서술하는 데 그 주안점을 두고 있다. 어떤 현상에 대해 기술할 때에는 그 현상을 나타내는 개념이나 변수들의 값의 정도를 기술하기도 하고, 변수와 변수 간의 관계를 설명하기도 한다.
- 설명(explanation):

  어떤 현상이 있으면 왜(why) 그러한 현상이 나타나게 되었는지를 설명해야 한다. 설명을 목적으로 한 연구에서는 이러한 '왜'에 대한 질문의 답을 제시할 수 있어야 한다. 설명을 목적으로 하는 연구에서는 평균이나 백분율 등과 같은 단순기술통계를 적용하기보다는 분산분석이나 회귀분석 등과 같은 추리통계방법이 주로 적용된다.
- 예측(prediction):

  예측을 목적으로 한 연구에서는 변수 간의 인과관계를 기초로 현상에 대한 변화를 과학적 근거에 의해 제시하는 것이다. 유용하고 가치 있는 이론이란 미래에 나타날 수 있는 현상을 정확하게 예측할 수 있는 이론이다.

이와 같이 과학적 연구방법은 단순히 현상을 기술하고 설명하는 것으로 충분하지 않고 현상과 관련된 것을 예측하고 예측된 현상을 정책이나 제도, 프로그램 등을 통해 합리적 방향으로 적용될 수 있어야 연구의 궁극적 목적을 달성했다고 할 수 있다.

인류는 문제해결을 위한 정밀한 지식을 얻기 위해 과학적 방법을 꾸준히 개발해 왔으며, 이러한 과학적 방법으로 가장 오래되고 널리 활용되는 기본 논리가 귀납법과 연역법이다.

구체적으로 살펴보면 다음과 같다.

(1) 연역법(Deduction)

연역법 혹은 연역적 논리(deduction logic)는 일반적인 사실에서 특수한 사실들을 이끌어내는 방법이다.

전형적인 과학적 방법이라 불리는 실증주의적(positivism) 입장에서 이론을 만들 때 보통 사용된다. 연역적인 방법을 사용하여 이론을 전개한다면, 논리와 경험은 다음과 같이 결합되어 있을 것이다.

〈논리, 이론, 일반화된 설명〉	모든 사람은 죽는다.
〈조작화〉	소크라테스는 사람이다.
〈관찰, 경험〉	그러므로, 소크라테스는 죽는다.

이 경우에는 '소크라테스가 죽는가 혹은 죽지 않는가'라는 개별 사건에 대한 관심이 아니라 모든 사람은 죽는다는 일반화된 설명, 즉 이론을 검증하기 위해 소크라테스를 동원하여 관찰하게 된 것이다.

누구도 소크라테스가 어떤 생물체의 학술명이 아니라 사람임을 인지할 수 있으므로 소크라테스를 동원하였다. 누구도 부인할 수 없는 소크라테스의 죽음을 통해 '모든 사람은 죽는다'라는 일반적인 이론의 옳음을 검증하는 것이다.

출처: 강종수(2011).

[그림 1-1] **연역법의 예**

(2) 귀납법(Induction)

귀납법 혹은 귀납적 논리(inductive logic)는 연역적 논리와는 반대 방향으로 전개되며 특수한 경우들을 통하여 일반적인 입장에 도달하는 방법이다. 삼단논법(syllogism)으로도 불리며, 실증주의적 입장에 반대하는 과학방법론 학파들에 의해 주로 사용된다.

귀납적 방법은 연역적 방법과는 반대의 순서로 논리와 경험을 결합한다. 귀납적 방법을 사용하여 위와 동일한 이론을 전개하려 한다면 다음과 같이 진행될 것이다.

〈관찰〉	이순신도 죽었다.
〈관찰〉	나폴레옹도 죽었다.
〈관찰〉	소크라테스도 죽었다.
〈이론〉	그러므로, 모든 사람은 죽는다.

이 경우에서 알 수 있듯이, 귀납적 이론은 개별 사건들을 관찰한 후에 일반적인 결론, 즉 이론에 도달하는 것이다. 이런 식의 전개는 연역적 논리전개와는 반대적인 입장에 있는 것이다. 귀납적 이론은 문화인류학자들이 현상에 대한 설명방법으로 오랫동안 사용해 오고 있다. 사실들에 대한 선입견을 배제한 채 사실들을 먼저 관찰하여 그 안에서 특정한 유형을 찾아내고 그에 따라 현상을 설명하려는 시도에는 귀납적 논리체계가 적합했기 때문이다.

이론의 형성과정은 논리와 관찰이 어떻게 구성되어 있는지에 따라 각기 다르게 나타날 수 있다. 비록 각 이론들이 담고 있는 결과적인 명제는 동일할지라도 이론 도출의 과정과 방법들은 상이할 수 있다.

조사방법론이란 과학적 이론을 만드는 조사연구에서 논리와 경험을 어떤 방식으로 결합할 것인지를 다루는 것이다. 각기 다른 조사방법 접근들은 현상에 대한 인식론에 있어서도 근본적인 차이를 나타내고 있다.

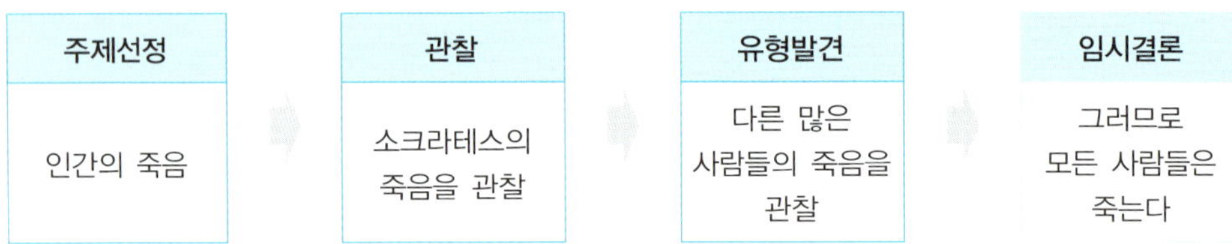

출처: 강종수(2011).

[그림 1-2] 귀납법의 예

〈표 1-2〉 연역법과 귀납법의 비교

연역법	구 분	귀납법
연역적인 가정에서 출발	전 제	객관적 · 중립적인 관찰에서 출발
기존 이론 및 가정이 처음부터 설정된 것으로 가정	행위의 규칙성	행위가 대립되는 이해관계들 간의 상호작용 관찰에서 추론
획일적인 연역적 전제	강조점	연구의 복잡성, 불확실성, 목적 및 수단의 모호한 관계 강조
전제의 타당성에 달림	결론의 타당성	일정한 정도의 확률 값만 가짐

출처: 박선태 외(2012).

(3) 연역법과 귀납법의 관계

분석적인 연역적 논리와 경험적인 귀납적은 별개의 과학적 접근방법이라기보다는 상호보완적 관계라고 할 수 있다.

실제로 연구과정에서 연역적 논리와 귀납적 논리 중 어느 한 가지에만 의존하는 것이 아니고 연역, 귀납의 과정이 끊임없이 되풀이되면서 이론과 조사연구가 순환적으로 연결된다. 즉, 이론에서 가설을 정립하고, 이러한 가설은 관찰을 가능하게 하며, 관찰을 통하여 경험적 일반화가 이루어지고 일반화를 거쳐 이론이 수정되는데, 이러한 과정은 분명한 시발점과 종착점이 없는 끝없는 순환과정이다(박창제 외, 2010).

2) 과학철학

과학철학(scientific Philosophy)은 과학적 설명의 절차와 논리에 관한 분석이라고 정의하고 있다. 즉, 과학적 방법에 대한 규범 또는 원리를 연구하는 철학적 활동이다. 과학철학에 대한 대표적 관점은 논리적 실증주의, 논리적 경험주의, 반증주의, 과학혁명을 들 수 있다.

구체적인 내용을 살펴보면 다음과 같다(김갑용 외, 2011).

(1) 논리적 실증주의(logical positivism)

논리적 실증주의는 스펜서(Spencer)의 고전적 실증주의와 베이컨(Bacon)의 경험주의를 결합한 철학이다. 논리적 실증주의에서는 일반적 진술과 명제는 경험적으로 검증될 때 의미가 있다고 주장한다. 따라서 형이상학적 명제나 진술을 배제하고 검증가능성의 원리에 적용될 수 있는 프로토콜 명제만을 추구한다.

이 철학의 한계점은 한정된 수의 경험적 증명만으로 일반적 진리라고 주장하는 귀납적 추론으로 진리를 주장하는 데 무리가 있으며, 연구자의 주관이나 편견의 개입 가능성으로 인해 측정상의 오차가 수반된다는 것이다.

(2) 논리적 경험주의(logical empiricism)

논리적 경험주의의 형성에 가장 큰 영향을 미친 사람은 영구의 철학자 흄(Hume)이다. 논리적 경험주의에서는 과학의 이론들은 '확률적으로 검증되는 관찰'에 의해서만 정당화될 수 있으며, 연속적인 경험적 검증과정을 거쳐 진리로 발전된다고 주장한다. 논리적 실증주의의 유일한 관찰에 의해 명제나 진술을 규명하기 어려운 점을 보완하여 '진리의 검증'이 아니라 '진리의 확인'이라는 개념을 사용한다. 진리의 확인이란 경험을 바탕으로 구축된 가설이 추가적 관찰에 의해서 실증적으로 검증됨으로써 이론이 진리로 확인된다는 의미이다.

이 철학의 한계점은 논리적 실증주의와 비슷한데 소수의 관찰에 의해서 논리적 판단을 행하는 것은 문제가 있으며, 관찰수행자의 주관에 의한 측정의 오류를 배제할 수 없다는 것이다.

(3) 반증주의(falsification)

검증주의와 귀납주의에 기초한 논리적 실증주의의 근본적 문제점을 지적하고 그 문제점을 해결할 수 있는 방법을 제시한 포퍼(Popper)는 논리적 실증주의가 안고 있는 문제점을 극복하기 위해 귀납법이 아닌 연역법에 근거를 둔 반증주의가 합리적 접근방법이라고 제안했다. 여기서 중요한 점은 이론이란 명확히 검증될 수 없고, 다만 기존 이론의 예측이 실패(반증)한다면 새로운 이론이 필요한 것이며, 반증되지 않은 경우 살아남은 이론은 반증될 때까지 채택되는 과정을 반복해 나가는 것이 과학이라는 것이다.

반증주의는 논리적 실증주의의 문제점을 상당히 해결하였으나 반증주의는 다음과 같이 몇 가지 문제점을 가지고 있다.

첫째, 검증을 기존 이론체계 내에서 하게 하므로 반박하는 것이 쉽지 않을 뿐만 아니라 기존 이론을 임시적으로 수정할 수 있으므로 반증은 더욱 어려워진다.

둘째, 검증의 목적을 반증에 두기 때문에 필요한 가정과 전제를 쉽게 왜곡시킬 수 있고, 관찰법에 있어서 신뢰성이나 타당성이 부족하여 검증결과 반증될 경우에 실제 옳은 이론이 부정될 가능성도 있다.

셋째, 한 번의 반증으로 기존 이론이 거부되는 경우도 드물지만 과학의 역사를 살펴볼 때, 검증결과 반증된 이론들이 과학의 진보에 상당히 공헌한 경우도 많다.

(4) 과학혁명(Scientific Revolution)

반증주의를 주장한 포퍼(Popper)와 과학혁명을 주장한 쿤(Kuhn)은 현상을 관찰할 때 기존 패러다임에 구속되면 새로운 인시체계를 추구할 수 없게 되어 과학발전을 저해하므로 그러한 구속에서 벗어나 새로운 패러다임을 제시해야 한다는 점에서 두 사람의 과학철학은 일치하였다. 그러나 과학이 발전하기 위해서는 기존 패러다임의 반증에서부터 시작해야 한다는 포퍼의 주장이 실제 과학의 역사적 흐름과는 일치하지 않는다는 문제점을 극복하기 위해 쿤은 과학혁명을 도입했다. 쿤은 과학의 발전이 점진적으로 이루어지는 것이 아니라 변칙적으로 어느 한순간의 급격한 변화에 의해 이루어진다고 본다. 기존 이론에 근본적 오류가 내재되어 있음을 발견하게 되면서 과학은 위기에 봉착하게 되므로 그러한 관점에서 완전히 벗어난 새로운 인식의 틀로 이동하게 된다는 것이다.

쿤에 대해 제기된 반론은 어느 한 관점이 각 이론에 적용되는 경우는 드물고 일반적으로 여러 개의 관점이나 인식의 틀이 공존하여 적용된다는 점이다. 쿤은 정상과학(normal science)과 과학혁명을 패러다임(paradigm)이라는 개념을 이용하여 설명하였다. 쿤은 저서 『과학혁명의 구조』에서 정상과학에 대해서 다음과 같이 설명하고 있다.

과학의 어느 분야에서나 초기단계에서는 현상에 대한 논리와 그 현상을 연구하는 방법론에 대해 서로 일치하지 않는 견해를 주장하는 학파들이 존재한다. 학자 간의 혼란과 불일치도 시간의 흐름에 따라 정리가 되고 단일 패러다임으로 구축되고 받아들여지면서 점진적으로 체계화된다. 그리고 체계화된 단일 패러다임은 이론 및 가설과 응용방법에 대한 근거를 제공하여 연구 활동에 기반을 두게 된다.

정상과학은 기존의 과학지식을 효과적으로 확장시키며 새로운 사실의 발견이나 새로운 이론을 정립하는 것에는 그다지 관심을 가지지 않는다. 따라서 시간이 지남에 따라 단일화된 패러다임이 받아들여지지 않는 예외적 현상들이 하나 둘 표면화되고 그러한 예외적 현상을 설명하기 위해 기존의 패러다임을 적용하려고 노력은 하지만 여러 면에서 한계에 부딪히게 된다.

결과적으로 그러한 예외적 현상은 갈등과 도전을 야기하게 되고 과학자들은 점차 예외를 인지하고 새로운 패러다임을 창출하게 되는데 이것이 바로 과학혁명이다.

제 2 절 사회과학

1. 사회과학의 개념

1) 사회과학의 의의

사회과학(social science)이란 인간의 모든 행위이다. 개인의 독자적인 행동과 타인과 상호 관련되어 나타나는 사회적 행동을 연구대상으로 하여 사회현상이나 인간의 행위를 분석하고 종합하여 일반적 법칙을 찾아내려는 인간의 지식적 활동에 의한 지식체계이다.

사회과학의 연구대상은 사회 또는 사회현상임을 알 수 있다. 사회현상은 인간이 생존을 위해 활동하는 모든 사회생활과 관련되어 있다. 다시 말해, 사람들 사이에 이루어지는 사회활동과 사회과정으로서의 인간의 모든 사회적 행위를 사회현상이라고 할 수 있다. 사회현상은 목적과 의식을 가진 인간의 상호작용에 의해 구성된다. 이와 같이 인간의 생존을 위한 사회행위와 집단활동에 관한 현상을 지배하는 법칙을 탐구하는 학문이 사회과학이라고 할 수 있다(강이근 외, 2015).

사회과학은 성격상 경험과학이고, 역사과학이며, 실천과학이며, 사회현실에 대한 전체적 인식과학이다. 사회복지는 이러한 사회과학에 해당한다.

사회과학의 견해를 보면 사회현상도 자연현상과 동일한 방법을 사용할 수 있고, 동일한 법칙성을 찾을 수 있는가에 대한 극단적인 2가지 견해가 있다.

첫째, 사회과학을 엄격한 의미의 과학으로 간주하는 경우(Durkheim)

둘째, 주관적인 접근법을 가지고 인문학의 일종으로 사회를 단지 설명하는 경우(Dilthry)이다.

베버(Weber)는 이러한 관점의 중간적인 입장에 있다.

2) 사회과학과 자연과학의 차이

사회과학은 인간의 행위와 상호작용 결과로 발생한 사회현상을 연구대상으로 하여 이를 분석하고 일반 법칙을 찾아내려는 지적 활동이고, 자연과학은 자연현상과 물리적 세계를 탐구하는 지적 활동이다.

〈표 1-3〉 사회과학과 자연과학의 비교

사회과학	자연과학
사고의 가능성은 제한	사고의 가능성은 무한정
사고의 도식화에 관한 타당성에 의문	수학적 공식과 같은 분석방법에 의해 사고 도식화 강조
독창적, 유일한 성격의 학문	누적적인 성격을 가지는 학문임
사회문화적인 특성에 영향을 받음	사회문화적인 특성의 영향을 받지 않음
분석기법은 겉치레, 중요성 없음	연구자의 개성이나 사회적 지위에 영향을 받지 않음
연구자의 가치관이나 세계관에 영향을 받음	명확한 결론을 내릴 수 있음
명확한 결론을 내리기 어려움	기존의 이론과는 전혀 다른 새로운 이론의 대두가 빈번함
새로운 이론이라도 기존의 이론과 단절되지 않은 성격을 가짐	

출처: 강영걸 외(2008).

3) 사회과학의 한계성 및 윤리성

(1) 사회과학의 한계성

사회과학의 대상인 인간행위의 속성 때문에 사회과학은 다음과 같은 한계성을 가지고 있다(사회복지교육연구센터, 2011).

첫째, 연구대상의 복잡성과 가변성: 사회과학의 연구대상인 인간의 복잡하고 가변적인 행태에 대해 정확한 예측이 어렵다. 인간행동은 연구자의 의도를 뛰어넘을 수도 있다.

둘째, 불완전한 방법 절차: 인간 행태의 본질을 파악할 수 있는 실험과 같은 방법들이 완전하지 못하다. 특히 인간은 자기가 실험대상이 되고 있다는 것을 알게 되면 평소와는 다른 행동을 보일 수 있기 때문에 자연과학과 같이 엄밀한 조작 연구가 어렵다.

셋째, 불확실한 객관적 예측: 연구대상인 인간행동은 항상 연구자의 의도를 뛰어넘을 수 있기 때문에 연구자의 객관적 예측이 늘 맞는 것은 아니다.

넷째, 연구대상의 규범적인 특성: 인간을 대상으로 한 연구이기 때문에 연구대상이 도덕적이고 규범적이며 따라서 이를 과학적으로 분석하고 기술하는 데 어려움이 있다.

다섯째, 윤리성, 비인간화를 초래할 가능성: 연구대상이 인간이기 때문에 연구과정에서 인간을 목적으로만 사용해야 하고 수단으로는 사용할 수 없는데, 이를 소홀히 할 경우 비인간화, 윤리성의 문제가 발생할 수 있다.

여섯째, 가치개입의 불가분성: 연구를 위한 문제를 선정할 경우 가치가 개입되고 수집된 자료와 이들의 관계를 형성하는 명제나 이론의 전개와 관련 있는 개념 및 그 구성과정에서 가치가 개입된다. 그리고 연구자 자신의 가치관과 그 연구가 준거하고 있는 학문세계의 지배적인 가치가 은연중에 작용할 수 있다.

(2) 사회과학의 윤리성

사회과학 연구를 위해서는 인간을 대상으로 한 조사(research)를 수행해야 하는데 이 과정에서 윤리적인 문제가 발생하기 쉽다. 특히 과학성을 보다 높이기 위한 엄밀한 연구를 수행하기 위해 실험조사와 같은 과학적 방법을 사용하고자 할 때 윤리적 문제가 발생할 가능성이 더 높다.

사회조사 수행 시 유의해야 할 사항을 살펴보면 다음과 같다(사회복지교육연구센터, 2011).

첫째, 연구내용 및 주제: 연구내용이 인간에게 해를 주는 것을 목적으로 해서는 안 된다.

둘째, 연구대상 및 과정: 연구대상인 인간을 수단으로 사용해서는 안 되며, 연구대상에게 신체적 · 정신적 · 물질적 · 법적 피해를 주는 연구는 피해야 하며, 원칙적으로 연구대상자에게 연구의 목적과 참여의 결과 등을 알리고 승낙을 얻어서 연구를 진행해야 한다.

셋째, 연구결과: 연구결과를 발표할 때 조사대상자의 익명성을 보장하고 자료에 대한 비밀보장, 타인의 연구결과에 대한 사용 권한 등을 지켜야 한다.

제 3 절 사회복지조사의 개념 및 특징

1. 사회복지조사의 개념

1) 사회복지조사의 의의

사회복지조사는 조사의 이론과 기술을 사회복지 분야에 응용한 과학적 방법이다. 조사란 현상을 파악하거나 해결하기 위한 방안을 강구하기 위해 합리적이고 과학적인 절차와 타당한 논리적 원칙에 입각하여 기존의 지식을 기각 또는 강화하거나 새로운 지식을 만들어 내려는 실천적인 지식탐구활동이다.

사회복지조사란 사회복지의 목적을 수행하기 위한 하나의 도구로서 개인의 복지욕구를 충족시키고 사회적 문제를 해결하기 위한 방안을 강구하기 위해 자료를 수집하는 지식탐구절차이다. 사회복지조사는 과학적 방법으로 수행해야 하며, 과학적 조사가 되기 위해서는 논리성, 검증 가능성, 재생 가능성, 일반성, 객관성 등의 일반적인 과학의 특징을 가져야 한다. 결국 사회복지조사는 사회복지의 목적을 달성하기 위한 수단이 되는 것이다.

사회복지조사의 역할에 있어서는 첫째, 학문적 기초와 응용적 역할, 둘째, 욕구조사와 사회개량, 셋째, 개입방법과 효과측정, 넷째, 탐구의 과학화 등이 있다.

사회복지조사를 통해 모든 인간문제의 해결을 기대한다면 과장된 평가이고, 그렇다고 아무것도 해결할 수 없다면 역시 지나치게 과소평가한 것이다. 사회복지조사는 분명 인간의 욕구를 충족시키고 사회문제를 해결하며 사회복지 관련 이론과 기술을 개발하는 데 기여하지만 일정한 한계가 있는 것은 분명하다. 특히 사회복지조사와 같은 사회과학방법론은 그 대상인 인간행위가 갖는 속성 때문에 많은 한계를 갖는다. 구체적인 내용을 살펴보면 다음과 같다(채구묵, 2012).

(1) 조사대상에 의한 제한

사회복지조사를 포함한 사회과학의 제 학문 분야는 주된 연구대상이 사람이므로 공통적으로 여러 가지 제약을 받는다.

- 윤리성 문제로 함부로 연구대상을 다룰 수 없어 실험적 처리를 할 수 없다.
- 통제나 조작이 불가능하다.
- 내면적 이해나 주변의 사회문화적 특성을 고려해야 하므로 접근이 어렵다.
- 연구자의 사회문화적 혹은 시간적 요건에 의해 많이 영향을 받는다.

(2) 경험적 인식의 제한

사회복지조사는 다양한 방법을 통해 이루어지지만 조사는 경험적으로 인식된 내용만을 포함하므로 사람이 경험적으로 인식할 수 없는 대상이나 범위는 원칙적으로 불가능하다. 또한 동일한 사건이나 현상이라 할지라도 연구자 개인의 인식방법의 차이로 인해 서로 다르게 인식되는 것을 가지고 있다.

(3) 시간적, 지리적, 비용적 제한

- 일정한 기간 동안에 조사가 수행되므로 제한된 기간 동안에 얻어진 정보는 양적 · 질적으로 완벽할 수 없다. 특히 조사가 수행되는 이전의 상황이나 이후의 상황은 전혀 알 수 없다.
- 일정하게 한정된 지역 내에서 진행되므로 제한된 지역이나 공간에서 얻어진 정보가 전체를 얼마나 잘 대표할 수 있느냐 하는 대표성의 문제가 표집과정에서 대두된다.
- 자원봉사자에 의해 조사가 진행되기도 하지만 전문성이 요구되는 연구를 위해 전문 조사원을 이용할 경우 인건비 등으로 상당한 조사비용을 지불해야 한다.

(4) 개인의 가치와 선호의 차이

사회복지학은 그 특성상 가치중립적이기보다는 가치개입적 성격이 강하므로 사회복지조사 역시 연구자의 개인적인 가치가 조사과정에 영향을 미칠 가능성이 있다. 또한 개인적 선호나 감정, 열망 등이 연구문제의 선정이나 조사방법의 선택에 영향을 미칠 수 있다. 개인적 가치나 선호의 가치는 조사결과를 분석하고 해석하는 과정에도 영향을 미칠 수 있다.

(5) 사회적 요인에 의한 제한

사회복지조사는 가령 우선권이 주어지는 문제, 재정적 후원이 쉬운 주제, 조사의 결과가 제공하는 여러 가지 반대급부 등과 같은 다양한 사회적 요인에 의해 제한을 받는다. 조사가 비록 학문적으로 우수하더라도 사회적 필요성이 없을 수 있고, 결과가 논리적 타당성이나 합리적 이유가 아닌 지배적인 사상과 이념 때문에 수용되거나 거부되기도 한다. 또한 정치적인 통제나 문화적인 요인으로부터도 영향을 받는다.

2) 사회복지조사의 중요성

어떤 일을 할 때 방법 또는 수단이 좋으면 쉽고 정확하게 우리의 목적을 달성할 수 있다. 학문을 연구하는 것도 마찬가지이다. 그 방법이 좋으면 쉽고 정확하게 진리에 도달할 수 있다. 다시 말해, 좋고 정확한 연구방법을 사용했을 때 우리는 연구대상을 좀 더 체계적 · 논리적으로 분석할 수 있으며, 좋은 결과를 얻을 수 있을 것이다. 이것이 우리가 조사방법을 배우는 이유이다.

서양이 동양보다 학문이 발달한 이유는 따지고 보면 학문의 과학화, 즉 학문하는 방법이 발달되었기 때문이다. 현재 한국의 대학에서 가르치고 있는 대부분의 학문들은 서구 선진국에서 발달된 내용들이다.

우리가 서구에서 발달된 내용들을 가르치는 것은 그들의 학문이 우리보다 발달되었기 때문이며, 서구에서 학문이 발달한 이유는 학문하는 방법이 발달되었기 때문이다. 결국 학문이 발달되기 위해서는 학문하는 방법이 발달되어야 하며, 특히 실증적인 자료에 의해 체계적으로 사회현상을 연구하는 사회조사방법이 발달되어야 한다.

사회복지학 등 응용사회과학은 현실사회에 직접 적용되는 정책을 개발하고 집행하는 것을 다루는 학문이기 때문에 현실을 실증적으로 연구하는 방법인 사회조사방법이 더욱더 필요하며, 이에 대한 지식이 절실히 요구된다 하겠다.

2. 사회복지조사의 특징

사회복지조사의 특징은 응용조사와 순수조사의 양면성, 사회 개량적 특성, 계획적 특성, 평가적 특성, 시험적 특성, 과학적 특성 등 6가지이다.

구체적으로 살펴보면 다음과 같다(박선태 외, 2012).

(1) 응용조사와 순수조사의 양면성

사회복지조사는 지적 이해와 지식 자체만을 획득하려는 순수조사의 목적도 지니고 있지만, 조사의 이유가 주로 인간의 욕구충족과 현실 문제해결을 위한 프로그램 수행 등에 필요한 지식 산출이라는 측면에서의 응용조사의 성격이 강하다.

(2) 사회 개량적 특성

사회복지조사는 주로 장애인, 노인, 아동, 여성 등 사회적 약자의 문제를 다루기 때문에 사회 개량적 성격을 가지고 있다.

(3) 계획적 특성

사회복지조사의 하나인 욕구조사는 대상자 선정과 욕구의 종류 및 수준을 파악함으로써 사회복지서비스를 계획적으로 제공할 수 있도록 도와준다.

(4) 평가적 특성

사회복지조사는 사회복지서비스의 효과성과 효율성을 평가하기 위한 도구로 활용된다. 이와 같이 사회복지 프로그램이나 정책대안의 개입적 효과를 평가하는 조사를 평가조사라고 한다.

(5) 시험적 특성

프로그램이나 대안이 복지욕구에 적합한 것인지 시험해 봐야 하는데 조사를 통해 프로그램의 상호작용과 상관관계를 분석해 봄으로써 간접적으로 시험할 수 있다.

(6) 과학적 특성

사회복지조사는 사회복지 분야의 전문성과 과학성을 주장하고 이를 입증할 수 있는 과학적 방법이다. 사회복지와 관련된 사실, 현상, 경향 등을 체계적으로 분석하고, 실험적 방법을 통해 진위 여부를 증명한다. 특히 실태를 정확하게 파악하여 문제를 계량화함으로써 이를 객관적 · 통계적 방법으로 검증할 수 있는 과학적 연구를 지향한다.

제 4 절 사회복지조사의 기능 및 윤리성

1. 사회복지조사의 기능

사회복지가 클라이언트의 문제를 해결하고 사회가 요구하는 전문직으로 인정받고 계속 발전하기 위해서는 사회복지의 과학화가 반드시 필요하다.

사회복지의 전문성 강화와 사회복지 학문의 과학화를 위해서는 사회복지실천의 내용이 조사를 통해 객관적으로 검증되고 지지되어야 한다. 일반적으로 사회복지에서 조사의 기능을 크게 두 가지로 나눌 수 있다.

구체적인 내용을 살펴보면 다음과 같다(황성동, 2010).

1) 과학적인 지식의 축적과 효과적인 개입방법의 개발

사회복지실천에서는 클라이언트의 문제에 대한 분석과 해결에 많은 지식(이론)과 실천기술을 요구하고 있다. 따라서 조사를 통해 유용한 지식과 실천기법을 산출하고 그것을 실천의 토대로 활용하게 되는데, 이는 결국 클라이언트의 문제해결, 즉 삶의 역량강화(empowerment)와 사회체계의 변화로 연결된다. 그리고 이것은 궁극적으로 사회복지의 전문화, 즉 과학화에 이르게 되는 것이다.

2) 전문직으로서 책무성 구현

사회복지사는 전문가로서 우선 클라이언트에 대해 자신의 개입 또는 치료의 효과를 입증할 윤리적 책무가 있고, 아울러 프로그램이나 서비스에 대한 재정적 지원을 제공한 정부나 민간기관에 대해 비용효과성을 입증할 수 있는 재정적 책무(fiscal account-ability)가 있다. 따라서 객관적이고 과학적인 방법을 통해 서비스 효과성과 비용효과성에 대한 검증이 필요하며, 이를 통해 전문직으로서 책임과 역할을 다하게 된다. 즉, 사회복지조사를 통해 사회복지실천 노력의 경험적 검증이 가능하며, 이를 통해 사회복지 전문직이 발전하게 된다.

2. 사회복지조사의 윤리성

1) 사회복지조사의 윤리성 의의

과학의 논리에 의한 사회복지조사의 연구절차가 행정적, 윤리적, 정치적, 법률적으로 반드시 실행 가능한 것은 아니다. 윤리는 "어느 집단의 행위표준과 일치하는 것"이며 그 아이디어가 도덕적 절대성을 찾는 데 기준은 집단구성원의 합의문제이다. 따라서 집단이 다르면 행동강령도 다르므로 사회복지조사에서는 그 사회가 무엇을 윤리적으로 생각하고 있는가를 알고 있어야 한다.

특히 조사대상이 사람이고 그 결과가 개인과 사회의 복지수준에 직접적으로 영향을 미치기 때문에 조사주제의 선정에서부터 윤리적인 고려가 필요하다. 조사를 하는 과정이나 결과를 활용할 때 다음과 같은 윤리성이 요구된다(양성관 외, 2015).

첫째, 조사대상자에 대한 육체적 피해

사회복지조사에서 연구목적을 위해 인간을 수단으로 이용하는 것은 조사의 윤리에 위배된다. 그러므로 어떠한 경우에도 사회복지조사자는 연구대상자에게 불이익이 되는 육체적 피해를 입혀서는 안 된다. 사회복지조사자가 조사를 시작하기 전에 조사대상자의 기본적인 안전을 포함한 위험을 미리 검토해야 한다. 그리고 정신적 스트레스를 수반하는 조사의 경우에 심장문제나 신경쇠약, 발작증세가 있는 연구대상은 미리 제외해야 한다.

둘째, 심리적 학대나 자존감

사회복지조사를 통해 조사대상자에게 심리적 학대, 스트레스, 자존감 등의 문제가 발생하지 않도록 해야 한다. 육체적인 피해를 주는 실험의 경우는 드물지만, 피실험자를 심리적으로 불편하게 하거나 스트레스를 느끼는 환경에 두고 실험하는 경우는 있다. 이런 경우 피실험자를 그런 환경에 처하게 하는 것이 윤리적으로 옳은 것인가에 대해서는 논란의 여지가 있다. 그러나 피실험자에게 그런 사실을 미리 알리고 불가피한 정도를 넘어서 불필요한 스트레스를 주어서는 안 된다. 이런 실험은 피실험자뿐 아니라 실험을 행하는 조사자에게도 냉담한 심리상태나 타인을 조작의 대상으로 보려는 태도를 심어줄 수 있으며, 편치 않은 느낌을 가지게 한다.

셋째, 법률적 위험

사회복지조사는 그 과정에서 법률적 위험이 있어서는 안 된다. 피실험자가 실험에 참가함으로써 법을 위반하는 경우가 있어서는 안 된다. 그럴 가능성이 많을 경우에 미리 법률적 조회를 통해 법적인 하자가 없도록 조치를 취해야 한다. 아울러 조사 도중에 불법행위를 목격하게 되는 경우에 그 사실을 관계 당국에 신고해야 할지, 피실험자와의 비밀보장 약속을 지켜야 할지 딜레마에 부딪히게 되는 경우가 종종 있다.

넷째, 속임수

조사과정에서 속임수를 쓰지 않아야 한다. 조사자는 조사대상자에게 설문응답자의 선정과정을 알려줄 필요가 있다. 조사과정과 내용을 설명한 후 동의를 얻고, 위험을 감추어서는 안 되며, 사후에 결과를 반드시 통보해 주어야 한다. 조사대상에 접근할 다른 방법이 전혀 없는 경우에만 비밀 조사법을 사용해야 한다.

다섯째, 고지된 동의절차

사회복지조사를 실시할 경우 프로그램 신청자에 대해 사전에 개별적인 동의를 받고 실험설계 대상자를 선정해야 한다. 사회복지조사의 가장 기본적인 윤리법칙은 어떠한 사람도 실험에 참여하도록 강제해서는 안 된다는 것이다. 단순히 동의를 얻는 것만 아니라 대상자들에게 그들이 무엇을 요구받고 있는지에 대해 잘 알린 뒤에 동의를 받아야 한다.

모든 실험에 조사대상자들에게 고지된 동의를 의무로 규정하지는 않지만 타당한 이유가 있는 경우를 제외하고는 서면 동의를 받는 것이 좋다. 특히 다음과 같은 내용을 고지하여 동의를 얻어야 한다.

- 조사의 예정시간, 목적, 절차
- 조사 참여로 발생하는 위험이나 불편
- 익명성과 기록의 비밀보장
- 조사자의 신원과 권리
- 선택 가능한 다른 조사절차
- 조사대상자의 수와 조사대상자에게 제공되는 이익이나 보상
- 조사에서 발견된 사실들을 요약해서 제공
- 조사과정 중 언제라도 참여를 중단할 수 있음

조사대상자는 위치가 상대적으로 낮다고 생각하므로 조사자가 강압적인 자세를 취할 수 있다. 따라서 조사대상자에게 조사 참여를 거부할 수 있으며, 아무런 불이익이 따르지 않는 상태에서 언제든 원하는 경우에는 조사에서 탈퇴할 수 있다는 것을 확신시키기 위한 특별한 노력과 주의가 필요하다.

여섯째, 특수집단에 대한 고려

조사의 전반에 걸쳐 특수집단에 대한 충분한 고려가 있어야 하고, 조사대상자의 조사과정에서 불평등의 상황이 일어나지 않도록 해야 한다. 조사를 하다 보면 특수집단의 대상자에게 자발적인 동의를 얻기가 불가능하거나 혹은 그들의 동의가 간접적인 강제에 의한 것일 수 있다.

특수집단으로는 학생, 수감자, 피고용인, 군인, 노숙자, 복지급여 수혜자, 아동 또는 지적장애 장애인 등이 있다. 특수집단에게는 온전한 자의로 동의할 수 있는 능력이 부족할 수도 있고 다른 이유 때문에 동의할 수도 있다.

판단능력이 현저히 상실, 부족한 사람들을 실험에 참여시키기 위해서는 법적 후견인의 서면 동의서가 필요하며, 조사자는 특수집단에게 피해를 주지 않기 위한 모든 윤리적 원칙을 준수해야 한다. 취약집단에 해당하는 경우에는 특별한 주의를 기울여야 한다.

일곱째, 사생활 보호

조사대상자의 사생활을 보호해야 한다. 조사자가 조사대상자의 믿음, 배경, 행동을 조사하여 은밀한 사적 생활이 드러나게 한다면 사생활 침해가 된다. 현장조사의 경우 타인의 사적인 행동을 관찰하거나 대화를 엿듣게 될 수도 있다. 이러한 경우 조사자는 정보를 수집한 후에 대상자의 신원을 공개하지 않음으로써 조사대상자의 사생활을 보호한다.

여덟째, 보상의 제공

조사대상자를 장려하기 위한 보상의 제공에 주의하여야 한다. 조사대상자의 참여를 증진하기 위해, 조사대상자의 참여시간에 대한 보상으로 조사대상자에게 소액의 금전 혹은 선물을 주기도 한다. 조사과정에서 지급할 금액의 수준을 어느 정도로 해야 할지에 대한 기준은 윤리적인 면을 반드시 고려하여야 한다. 조사대상자에게 금품을 제공하지 않더라도 조사대상자의 호의적인 태도에 감사하여 물질적인 보상을 대신할 수 있어야 한다.

조사과정이 끝난 후에 조사대상자에게 필요한 정보를 제공하거나 사회적 서비스나 치료서비스 등을 제공하는 것이나 의뢰해 주는 것도 또 다른 형태의 보상이라고 할 수 있다. 또한 조사에 참여하면 얻게 되는 이익을 조사대상자에게 미리 알려주어도 된다.

아홉째, 조사결과에 대한 명확성

사회복지조사에서 조사자는 조사결과의 정확성을 위해 합리적 단계를 밟아 자료수집과 처리를 하여야 한다. 자료수집과정에서 설문의 내용이나 연구의 내용을 명시하고 조사대상자가 설문을 거부할 수 있는 자유를 보장한 상태에서 진행해야 한다. 조사결과를 왜곡하는 조사기법을 이용해서는 안 된다. 조사결과를 발표함에 있어 조사대상자, 조사의뢰자, 목적, 시기, 장소, 방법 등을 명확하게 제시할 필요가 있고, 결과가 잘못될 경우 이를 바로잡아야 할 의무가 있다.

2) 기본 원칙

생명윤리법에 의하면 조사연구에서 지켜져야 할 윤리적 기본 원칙은 다음과 같다 (법 제3조).

- 생명윤리법에서 규율하는 행위들은 인간의 존엄과 가치를 침해하는 방식으로 하여서는 아니 되며, 연구대상자 등의 인권과 복지는 우선적으로 고려되어야 한다.
- 연구대상자 등의 자율성은 존중되어야 하며, 연구대상자 등의 자발적인 동의는 충분한 정보에 근거하여야 한다.
- 연구대상자 등의 사생활은 보호되어야 하며, 사생활을 침해할 수 있는 개인정보는 당사자가 동의하거나 법률에 특별한 규정이 있는 경우를 제외하고는 비밀로서 보호되어야 한다.
- 연구대상자 등의 안전은 충분히 고려되어야 하며, 위험은 최소화되어야 한다.
- 취약한 환경에 있는 개인이나 집단은 특별히 보호되어야 한다.

참고문헌

강영걸 외(2008). 사회복지조사론. 정민사.

강이근 외(2015). 사회복지조사론. 창지사.

강종수(2014). 사회복지조사방법론. 양서원.

김갑용 외(2011). 사회복지조사론. 학현사.

박선태 외(2012). 사회복지조사론. 정민사.

박창제 외(2010). 사회복지조사론. 창지사.

사회복지교육연구센터(2011). 사회복지조사론. 나눔의 집.

양성관 외(2014). 사회복지조사론. 정민사.

임병우 외(2018). 사회복지조사론. 창지사.

정영숙(2009). 사회복지조사방법론. 공동체.

채구묵(2012). 사회복지조사방법론. 양서원.

황성동(2015). 알기 쉬운 사회복지조사방법론(2판). 학지사.

Rubin, A. & Babbie, E. R.(2004). *Research Methods for Social Work*(6th ed.). Wadsworth Publishing.

chapter 02

사회복지조사 과정과 유형 및 연구와 가설

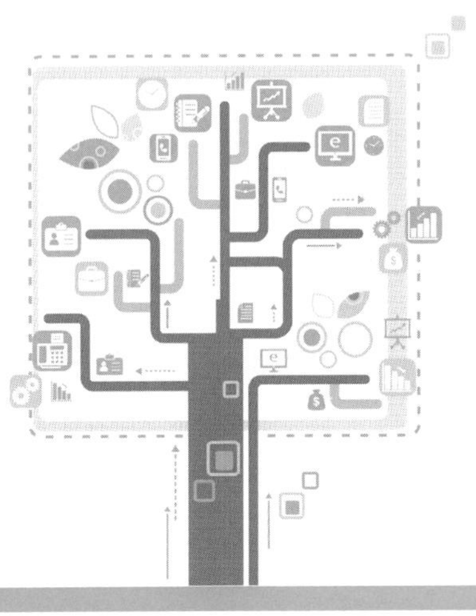

사회복지조사론

제 1 절 사회복지조사의 과정

1. 조사연구의 절차

과학적 조사연구는 다음과 같은 몇 단계의 과정을 거쳐서 완성된다.

과학적 탐구의 과정은 연구자 · 학문 · 주제 등에 따라 매우 다양한 절차가 있겠지만 몇 가지 공통적인 절차가 있는데, 대체로 [그림 2-1]과 같이 6단계를 거쳐 이루어진다(강영걸 외, 2014).

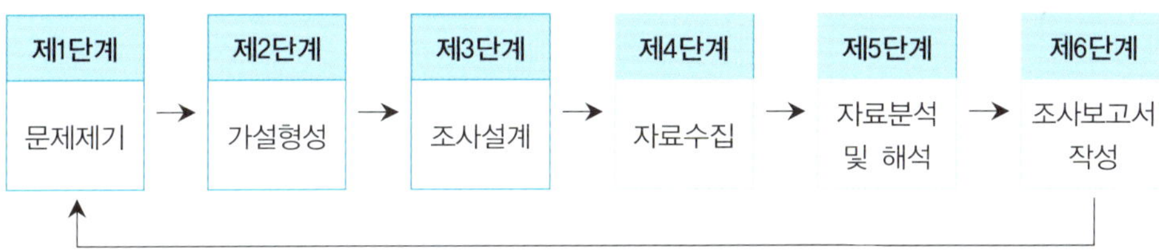

출처: 강종수(2014).

[그림 2-1] 조사연구의 과학적 탐구과정

1) 연구문제 제기(연구 주제의 설정)

과학적 조사연구의 첫 번째 과정은 사실이나 현상을 관찰하고 의문을 제기해서 연구문제를 제기하고 형성하는 단계이다. 보통 아이디어는 클라이언트에 대한 관찰, 개인적 경험, 사회적 요청, 동료와의 토론 또는 문제에 관련된 문헌을 읽다가 생기며, 연구 질문은 주로 연역적 또는 귀납적 방법을 통해서 제기된다.

사회복지의 조사 질문은 실제 해결해야 할 클라이언트나 사회문제에서 유래한다. 그리고 일단 질문이 대략적으로 정해지면 다음 단계는 이 질문을 연구조사 할 수 있는 구체적인 질문으로 다시 전술한다.

연구자는 주제가 너무 광범위하지 않고 깊이 있는 것을 정하되, 선정하기 전에 연구가 꼭 필요한지에 대한 가차판단은 물론 연구의 실행 가능성에 대한 평가도 해야 한다.

2) 가설 설정

과학적 조사연구의 두 번째 과정은 가설을 설정하는 단계이다. 가설이란 어떤 주제에 결론을 이끌어 내기 위해 조사 가능한 구체적인 변수 간의 관계를 나타낸 것이다. 가설의 형성(Hypothesis Formation)은 선정된 조사문제를 조사 가능하고 실증적으로 검증 가능하도록 구체화하는 과정이다. 가설은 조사대상과 자료수집, 검증방법 선정에 있어 구체적인 방향을 제시한다. 가설은 연구목적과 조사문제와 일관성을 유지하면서 세부적이고 경험적이며 현실적으로 연구 가능하며, 측정 가능해야 하고 문제에 대해 구체적인 해답을 제공할 수 있어야 한다.

연구방법에 따라 계량적인 방법을 쓰는 경우 통계적 분석방법을 잘 검토한 뒤에 가설을 설정해야 하고, 질적인 방법의 경우에도 연구자가 쓰려는 기법으로 검증이 가능한 가설을 설정해야 한다. 가설구성 시 고려사항은 다음과 같다.

① 명료해야 한다.

② 가치 중립적이어야 한다.

③ 특성화되어 있어야 한다.

④ 경험적으로 검증 가능해야 한다.

3) 조사 설계

과학적 조사연구의 세 번째 과정은 조사 설계를 설정하는 단계이다. 조사 설계란 연구자가 연구문제에 대한 해답을 얻는 데 필요한 경험적 증거를 수집하기 위해 사용하는 조사연구의 계획을 말한다. 조사 설계 단계에서는 앞으로 수행할 조사연구의 전반적 틀, 자료수집 및 분석방법 등에 관한 계획이 수립된다.

① 자료수집방법(설문지조사, 면접, 실험, 관찰, 내용분석, 2차 자료분석, 질적 연구방법 등)을 결정하며,
② 연구모집단, 표본 수 및 표본추출방법 등을 정하고,
③ 설문지(조사도구)를 작성한 후,
④ 설문지의 신뢰도, 타당도를 검증하며,
⑤ 분석 시 사용해야 할 통계기법 등을 결정한다. 연구문제를 설정함으로써 조사연구가 시작된다.

이 단계에서 개념들이 구체화되고, 가설 설정, 연구대상 선정 등이 이루어진다.

4) 자료수집

과학적 조사연구의 네 번째 과정은 조사 설계 이후 연구자는 자료수집을 시작하는 단계이다. 자료(data)란 조사의 진행과정에서 수집되어 아직 분석되지 않은 정보를 말한다. 실제 조사를 시행하는 단계로서 양적 연구자는 매우 신중하게 자료를 기록하고 정보를 검증하고, 거의 항상 숫자형태이며, 보통 수집된 자료를 컴퓨터로 판독 가능한 형태로 변환한다. 일단 자료수집한 후 자료의 편집(자료의 정정, 보완, 삭제)과 부호화(관찰된 내용에 일정한 숫자를 부여하는 과정)가 이루어진다.

자료수집에서 주의해야 할 점은 조사자가 조사 대상자에게 자료를 수집할 때 의도되지 않은 영향, 즉 편향됨이 있어서는 안된다(황성동, 2010).

5) 자료 분석 및 해석(data analysis)

과학적 조사연구의 다섯 번째 과정은 조사목적과 자료의 성격에 근거하여 특정 자료 분석 기법을 활용하여 자료를 분석하고 이에 기초하여 자료결과를 해석하는 단계이다. 자료 분석 단계에서는 통계 프로그램(SPSS 혹은 SAS)을 활용하여 통계치, 차트, 표, 그래프 등으로 자료 분석 결과를 일목요연하게 제시한다.

다음으로 연구자는 그 자료에 의미를 부여하거나 해석을 한다. 분석된 자료결과에 토대해서 연구자는 연구주제와 연구 질문에 관한 배경지식과 활용된 이론으로 당초 제기된 주요 연구 질문에 답하거나 혹은 자료의 대안적 해석을 동시에 고려하기도 한다.

6) 보고서 작성

과학적 조사연구의 마지막인 이 단계에서는 연구결과를 객관적으로 증명하고 경험적으로 일반화시키기 위해 일정한 형식으로 기술하여 타인에게 전달하기 위한 보고서를 작성하는 것이다.

보고서 작성단계에서 아무리 훌륭한 설계에 의해 좋은 결과를 얻었다 하더라도 그것을 다른 사람들에게 효과적으로 전달하지 못한다면 조사 자체가 무의미한 것으로 끝나 버릴 수 있기 때문에 독자들의 연령, 성별, 교육수준 등을 고려하여 그들이 쉽게 이해할 수 있도록 보고서를 작성할 필요가 있다.

2. 연구계획서

1) 연구계획서 의의

과학적 조사연구를 하기에 앞서 어떻게 조사연구를 진행시켜 나갈 것인가를 제시하는 것이 연구계획서(research proposal)이다.

연구비용이 소요되는 연구프로젝트를 실시하기 전에 대개는 연구계획서를 작성하여 제3자의 검토와 승인이 필요하다. 연구계획서는 일종의 연구의 청사진이며 설계도이다. 연구계획서가 어떠한 방식으로 얼마만큼 잘 짜여져 있느냐에 따라서 그 연구의 성패가 좌우된다고 할 수 있다. 연구계획서의 작성은 앞서 살펴본 연구절차의 과정을 한 번 더 개괄할 수 있게 한다(강종수, 2014).

2) 구성요소

연구계획서의 요소는 연구프로젝트 시행기관에 따라 다를 수 있지만 일반적으로 다음과 같은 기본적 요소들을 포함한다(Babbie, 2001).

(1) 연구주제

연구내용의 전체를 포괄하면서도 연구내용을 대표하여 잘 설명해 줄 수 있도록 분명하면서 구체적이고 간결하게 표현한다. 연구주제가 아무리 개인적으로나 사회적으로 의미가 있는 주제라 할지라도 실행 가능성이 없으면 소용이 없다. 그러므로 연구범위, 시간, 비용, 연구, 연구협조자, 자료수집 가능 여부 등도 연구주제의 선정 시 고려할 필요가 있다.

(2) 연구목적

연구자가 왜 이 연구주제를 선정했는지에 대한 논리적 근거와 그 중요성을 설명할 필요가 있다. 이 연구는 왜 연구할 가치가 있는가? 제안된 연구는 실천적 중요성이 있는가? 다음으로 연구필요성에 입각하여 달성하고자 하는 구체적인 연구목적(연구질문)들을 열거한다. 정확히 연구자가 무엇을 연구하고자 하는가?에 대한 구체적인 서술이 필요하다.

(3) 문헌고찰

어떠한 이론(연구 질문에 대한 논리적 근거)들이 연구주제와 관련이 있는가? 선행연구들은 일관성 있는 결론을 내리고 있는가 아니면 과거 연구들의 결과가 불일치하는가? 연구자가 수정이 필요하다고 생각되는 기존연구의 방법론적 문제점과 이의 개선의 여지는 있는가? 기존연구는 연구자가 지금 하고자 하는 연구와 이론과 방법론적 차원에서 어떠한 관련성이 있는가? 등을 꼼꼼하게 검토해야 할 필요성이 있다.

(4) 연구방법

전체적인 연구방법이 무엇인지를 밝히고, 연구대상이 누구이며 이들을 뽑는 과정을 설명하되, 주요한 개념(변수)들은 무엇인지 제시하고 그것을 어떻게 측정할지를 설명한다. 아울러 수집된 자료를 어떻게 분석할 것인가에 대한 설명이 주어져야 한다.

① 연구대상

자료를 수집하기 위하여 연구자는 누구를 혹은 무엇을 연구할 것인가? 일반적인 혹은 이론적 견지에서 조사대상을 밝히고, 다음으로 보다 실제적인 견지에서 연구를 위해 누가 이용 가능하고 어떻게 그들에게 접근할 것인가를 확인하다. 표본을 선정하는 것이 적합한 것인가? 그렇다면 어떻게 표본을 선정할 것인가? 연구가 연구대상에게 영향을 미칠 가능성이 있다면 연구자는 어떻게 연구가 그들에게 해를 끼치지 않는다는 것을 보장하는가? 등에 관하여 논의되어야 한다.

② 자료수집방법

연구자는 실제적으로 어떻게 자료를 수집할 것인가? 실험조사 혹은 설문조사를 할 것인가? 현장조사를 실시할 것인가? 아니면 다른 사람에 의해 이미 만들어진 통계의 재분석에 초점을 둘 것인가? 등에 관하여 결정할 필요가 있다. 아마 연구자는 한 가지 방법 이상을 활용할 수도 있을 것이다.

③ 측정

하고자 하는 연구에서의 주요 변수는 무엇인가? 그 변수들을 어떻게 정의하고 측정하겠는가? 연구자의 정의와 측정이 이 주제에 관한 이전의 연구들의 그것과 동일한가 아니면 다른가? 등이 이 부분에서 다루어진다. 뿐만 아니라 여기에서 연구자는 스스로 측정도구를 개발하든지 혹은 다른 사람에 의해 이전에 개발된 어떤 것을 사용할지를 결정할 필요가 있으며, 어느 쪽이든 간에 연구계획서의 부록에 측정도구인 설문지를 첨부하는 것이 바람직하다.

④ 자료 분석

연구자가 계획하고자 하는 분석의 종류를 사전에 제시하여야 한다. 연구자의 분석의 목적과 논리를 구체적으로 서술하면서 연구자는 조사하고자 하는 현상에 관한 정확한 기술에 관심이 있는가? 혹은 연구자는 왜 조사하려는 현상이 지금 방식대로 존재 하는가를 설명하고자 하는가? 에 대한 규정이 이 부분에서 이루어져야 한다.

(5) 기대효과

연구자는 이 연구의 결과가 학문적으로나 사회적으로 기여가 예상되는 바를 서술한다. 연구자의 연구결과가 후속 연구에 이론적 혹은 방법론적으로 어떻게 기여할 수 있는지에 대한 그리고 연구자의 연구결과로 확보된 지식이 어떻게 관련 정책에 반영될 수 있는지에 대한 논리적 근거를 제시한다.

(6) 연구일정

다양한 연구단계(절차)에 대한 일정을 제공하는 것이 바람직하다. 연구자가 몇 가지 연구단계를 완성할 시간계획을 가지고 어떻게 진행되고 있는가를 확인하지 않는다면 연구자는 추후 어려움에 직면하게 될 수 있다.

(7) 소요예산

연구비용을 지원받아 연구프로젝트를 하는 경우에 연구자는 연구비용이 어떻게 소요될 것인가에 관하여 명시하는 예산표를 제공할 필요가 있다. 대규모 프로젝트는 인건비, 장비, 사무용품, 통신비, 우편료 등의 예산항목을 포함한다. 연구자 스스로 부담하는 연구일지라도 소요가 예상되는 비용(예: 사무용품, 복사, 컴퓨터용품, 전화비, 교통비 등)을 사전에 계획하여 적재적소에 예산을 소비하는 것이 바람직하다.

제 2 절 사회복지조사방법의 유형

1. 사회복지조사방법의 유형 의의

사회복지조사방법의 유형은 다양한 분류기준에 따라 구분할 수 있다(Neuman, 1991). 개별 연구에서 활용되는 사회복지조사는 다양한 조사방법의 유형으로서 특징을 지니고 있다. 사회조사방법의 유형을 조사목적, 조사용도, 시간차원, 자료수집, 조사상황, 조사대상, 접근방법 등에 의하여 분류하면 다음과 같다(강이근 외, 2015).

1) 조사목적에 따른 분류

조사자가 조사를 통해 무엇을 얻으려고 하는가에 따라 조사연구의 유형을 탐색적 조사, 기술적 조사, 설명적 조사로 나눌 수 있다.

(1) 탐색적 조사(exploratory research)

탐색적 조사는 연구하고자 하는 주제가 새로운 것이거나 그 주제에 대한 자료가 축적되어 있지 않은 경우, 향후 진행할 조사에 앞서 사전에 실시하는 예비조사를 말한다. 탐색적 조사를 실시하는 이유는 더욱 체계적으로 정확하게 조사를 설계하고 조사를 실시하기 위해 본 조사에 앞서 필요한 정보를 얻는 데 있다. 따라서 탐색적 조사는 사전조사 할 수 있으며 융통성 있게 운영될 수 있고 수정이 가능하다.

탐색적 조사는 개념규정 및 가설구성 등을 명확히 할 수 있고 본 조사의 수행을 위한 준비를 할 수 있으며 해당 연구 분야에서 중요하다고 인정되는 문제에 대한 실태를 파악하기 위해서 실시된다. 탐색적 조사를 수행하는 경우에는 어떠한 지침이나 가이드가 없기 때문에 질문지를 만들고 조사를 실시하는 것 자체도 어려울 수도 있으나, 연구자는 창의적이고 유연한 사고를 가지고 유용한 정보를 최대한 얻어내기 위해서 노력해야 한다. 특히 연구를 본격적으로 수행함에 있어서 파악하고자 하는 현상에 대하여 사전지식이 없거나 선행연구가 없는 경우에 탐색을 목적으로 하는 조사연구를 실시하게 된다.

탐색적 조사의 활용방법에는 문헌조사 경험자 조사, 특례조사 등 세 가지가 있다. 이를 구체적으로 살펴보면 다음과 같다(양정하 외, 2010).

① 문헌조사

조사대상이나 조사 분야에 대한 지식이 부족한 경우에 행하는 최초의 조사로 관련 분야의 학술지나 통계자료집 등 2차 자료를 실시하는 방법으로 문헌조사는 문제를 규명하고 가설을 정립하기 위한 방법으로 가장 경제적이고 신속하게 수행할 수 있는 방법이다.

② 경험자 조사(전문가 의견조사)

조사 분야에 대한 경험이나 전문지식을 가지고 있는 사람으로부터 정보를 획득하는 방법을 의미하며, 문헌조사의 보완적 방법으로 연구를 처음으로 수행하는 초보자에게 큰 도움이 되는 방법이다. 그러나 이는 전문가의 의견으로 해결책을 찾아내기 위한 것이 아니라 전문가의 의견을 참고하기 위해 실시하는 방법이다.

③ 특례조사

연구문제가 불완전하거나 기존의 연구 자료가 부족할 경우 사용되는 조사방법의 하나로, 본 조사의 상황과 유사한 상황을 찾아내어 분석함으로써 현 상황에 대해서 논리적으로 유추하는 것이다. 이 조사방법은 문제의 규명과 관련된 변수들의 관계를 명확히 하는 데 효과적이지만, 사후적 조사방법이므로 그 결과가 결정적인 것이 아니라 시사적인 의미만을 가질 뿐이다.

(2) 기술적 조사(descriptive research)

사회현상에 따라 기술을 목적으로 하거나 사회현상에 대한 정보를 위해 실시하는 조사를 말한다.

기술적 조사는 특정한 상황, 사회현상 혹은 사회관계의 구체적 사실을 묘사한다. 가령, 기술적 연구는 주어진 상황에서 특정 사회현상이 어떻게 발생했는가? 또는 그 사회현상에 누가 관련되어 있는가? 등에 주목하고 그에 관하여 정확히 서술한다. 상당수의 사회조사연구가 기술적인 형태를 지닌다. 단적으로 기술을 목적으로 하는 연구자는 사회현상에 대한 실태를 있는 그대로 기술하기 위하여 조사연구를 실시한다. 기술적 조사의 특징을 살펴보면 다음과 같다(김치영 외, 2011).

① 발생빈도나 비율 등 파악

기술적 조사는 어떤 사건의 발생빈도나 비율 등을 파악한다. 특정 개인이나 상황, 집단이나 지역 등의 특성에 대해 정확하게 기술하는 조사로서, 예를 들면 클라이언트의 욕구와 문제, 서비스 내용과 방법, 서비스 수혜자의 만족도 등에 대해 파악하려 할 때 기술적 조사가 활용된다.

② 상관성 파악

기술적 조사는 관련 변수 간의 상호 관련성(긍정적 · 부정적 관계)을 파악한다. 둘 또는 그 이상의 변수들 간의 관계를 파악하는 조사 등이 포함된다. 기술적 조사에서는 상관관계를 기술하는 것이지, 인관관계를 기술하는 것이 아니라는 것이다. 즉, 둘 이상의 변수 간의 일정한 관계에 대한 강도를 기술할 수 있지만, 특정 변수가 다른 특정 변수에 영향을 미친다는 영향의 방향에 대해서는 기술할 수 없다. 기술적 조사는 상관성까지는 설명할 수 있지만, 인과성은 설명할 수 없으며, 인과성 내지 인과관계는 설명적 조사에서 파악할 수 있다.

③ 예측성

기술적 조사는 기존의 자료에 나타난 정보를 근거로 하여 미래의 일정 시점의 구체적인 상황을 예측하는 데 사용된다. 즉, 관심의 대상인 변수의 미래상황을 이와 관련이 있는 변수의 변화를 통해 개략적으로 예측한다. 그러나 보다 정확한 예측은 설명적 조사에서 회귀분석 등을 활용한 인관관계 조사를 통해 이루어진다.

(3) 설명적 조사(explanatory research)

설명적 조사는 사회적 행위, 신념, 혹은 사건의 요인을 규명한다. 설명조사의 대부분은 이론이나 가설을 검증하는 과정에서 연구구제인 사회현상의 발생 원인을 파악해 나간다. 설명조사는 탐색적 그리고 기술적 조사에 기초해서 이루어진다. 결론적으로 설명적 조사는 사회현상을 단순히 기술하는 것을 넘어서 왜 그 현상이 발생했는지에 대하여 해답을 제시하려는 경우에 실시되는 조사연구이다(황창순 외, 2011).

2) 조사용도와 응용정도에 따른 분류

조사용도, 즉 연구자가 조사를 어디에 활용하기 위해서 실시하는가에 따라 기초조사, 응용조사, 평가조사로 분류할 수 있다(채구묵, 2012).

(1) 기초조사(pure research)

순수조사 또는 기초조사는 사회현상에 대한 이해, 지식탐구 및 이론체계 구축 등

순수한 학문적 목적을 위한 조사방법이다. 조사결과를 어떤 상황에 활용하기 위한 것이 아니며, 사회문제의 해결에 직접적으로 기여하지 못할 수도 있다. 그러나 기초조사를 통해 얻어지는 기본지식이나 원리, 이론 등은 다양한 상황이나 문제를 해결하는 데 적용될 수도 있다.

(2) 응용조사(applied research)

응용조사는 특수한 사회적 문제를 해결하기 위한 정보를 얻는 데 있다. 따라서 기업체, 정부, 병원, 교육기관, 사회복지기관 등에서 정책수립을 위해 많이 사용하고 있다. 한편 사회복지시설에서 많이 실시되고 있는 욕구조사도 응용조사의 한 형태이다.

(3) 평가조사(evaluation research)

평가조사는 어떠한 정책이나 프로그램이 시행되고 있는 경우 그것을 계속해서 실시해야 하는가, 수정해서 실시해야 하는가, 아니면 중단하고 새로운 방안을 모색해야 하는가를 판단하기 위한 근거를 마련하는 데 활용될 수 있는 조사를 말한다. 평가조사란 사회복지실천현장에서 시행되고 있는 정책이나 프로그램, 제도 등을 대상으로 효과성과 기여도 등을 평가함으로써 향후 이러한 정책이나 프로그램의 시행과 관련된 제언을 마련하기 위한 목적으로 수행되는 조사방법이다.

3) 시간차원에 따른 분류

조산연구의 유형을 시간적 차원을 기준으로 횡단적 조사, 종단적 조사 그리고 유사종단조사로 구분하면 다음과 같다.

(1) 횡단적 조사(cross-sectional study)

횡단적 조사는 일정 시점에서 인구의 횡단에 대한 다수의 분석단위에 대한 자료를 수집하는 조사방법이다. 횡단(cross-section)이라고 하는 것은 서로 다른 연령, 교육수준, 소득수준, 인종, 종교 등 광범위한 사람들의 표본추출을 의미한다. 다시 말하면, 횡단적 조사는 어떤 현상을 연구하려고 할 때 시점 조사를 통하여 여러 부분, 즉 연령, 계층, 성 등의 변화를 이해하려는 조사에 적용하는 방법으로 표본조사를 행한다. 주로 조사대상이 되는 모집단에서 추출된 표본으로부터 자료를 얻어 단 한 번의 측정으로 이루어지며 상이한 특성을 가진 집단들 사이의 측정치를 비교함으로써 의미를 찾는 것이 그 목적이다. 가장 많이 행해지는 대표적인 것이 각종 여론조사이다.

횡단적 조사의 단점은 조사하려고 하는 현상들이 시간에 따라 변할 수 있다는 점이 간과된 것이다. 그래서 인과관계를 명확하게 확인하는 데는 일정한 한계가 있다.

(2) 종단적 조사(longitudinal study)

종단적 조사는 횡단적 조사의 단점을 해결하기 위하여 시간의 변화에 따른 조사로서 현상을 일정 기간에 걸쳐 반복 조사하는 것이다. 즉, 둘 이상의 시점에서 동일한 분석단위를 사용하여 측정을 되풀이 하는 방법이다. 종단적 조사는 장기간에 걸쳐 조사대상자의 상황의 변화 또는 특정한 경향을 조사할 수 있다는 점이 장점인 반면에 장기간 여러 시점에서 조사가 이루어져야 하기 때문에 상대적으로 비용이 많이 드는 단점이 있다.

종단적 조사를 통해 수집된 자료는 주로 변화분석에 의해 분석된다. 이는 시간의 변화에 따라 연구문제와 관련된 각종 변수의 변화상황을 도표로 작성하여 변화가 일어난 원인을 분석하는 기법이다. 또한 종단적 조사는 시점을 달리하여 반복 측정함으로써 시계열 자료를 얻는 데 이용할 수 있다.

① 시계열(추이) 조사(time-series study)

시계열 조사는 특정 연구대상의 변화를 여러 시기를 두고 관찰, 비교하는 조사방법이다. 즉, 어떠한 광범위한 인구집단 속에서 시간에 따라 일어나는 변화를 조사하는 것이다. 이때 조사대상자는 매번 동일하지 않아도 된다.

② 코호트(동년배) 조사(cohort study)

코호트 조사는 특정한 기간 동안 유사한 생애경험을 공유하는 사람의 범주에 초점을 둔다. 보통 활용되는 범주는 동시대에 출생한 모든 사람(출생코호트), 동일한 시점에 고용된 모든 사람들, 특정 연도에 졸업한 모든 사람들과 같이 코호트조사는 공통된 생애사건을 경험한 사람들이나 동시대에 태어난 사람들을 대상으로 두 번 이상의 시점에서 조사연구 실시하는 것이다.

③ 패널조사(panel study)

패널조사는 연구자가 다양한 시점을 통하여 정확히 똑같은 사람, 집단, 혹은 조직을 관찰하는 것으로서 종단적 연구의 가장 강력한 형태이다. 단기간의 패널조사조차도 연구하고자 하는 현상의 인과적 관계의 규명을 심도 있게 할 수 있다. 이와 반면에 패널조사는 시계열 조사보다 수행하기가 어렵고 비용이 매우 많이 든다. 또 패널조사는 동일한 표본을 대상으로 여러 차례에 걸쳐 반복적으로 조사하는 것이므로 시간이 지남에 따라 조사대상을 추적하는 일이 종종 어려움에 직면하게 된다. 왜냐하면 어떤 조사대상자는 사망했거나 주소불명으로 찾을 수 없기 때문이다.

4) 자료수집방법에 따른 분류

연구자들은 한 가지 혹은 그 이상의 구체적 방법을 활용해서 자료를 수집한다. 어떤 방법들은 연구 질문 혹은 주제를 다루는 데에 효과적이다. 연구 질문에 보다 적합한 자료수집방법을 선택하는 일에는 기술, 훈련, 그리고 창조성을 요한다. 자료수집방법은 크게 양적 방법과 질적 방법으로 구분되며, 구체적인 내용을 살펴보면 다음과 같다(황창순 외, 2011).

(1) 양적 자료수집(quantitative research)

양적 자료수집방법에는 실험, 설문조사, 내용분석 그리고 기존 통계자료활용 등이 포함된다.

① 실험(experiment)

실험연구는 자연과학연구에서 발견되는 논리와 원칙을 따른다. 연구자는 상황조건을 만들어서 참여자들에 대한 그들의 영향을 조사한다. 연구자는 비교적 적은 수의 사람과 정교한 연구 질문으로 실험실이나 실제 삶의 현장에서 실험을 수행한다. 실험연구는 설명적 연구에 가장 효과적이다. 전형적인 실험에서 연구자는 사람들을 두 개 혹은 그 이상으로 나눈다. 이후 양 집단을 똑같이 하되 단지 한 집단에만 처치(치료)가 주어지고 다른 집단은 주어지지 않는다. 연구자는 양 집단의 반응을 정확히 측정한다. 양 집단의 환경을 통제하고 단지 한 집단에만 치료를 함으로써 연구자는 집단 반응에서 어떠한 차이가 치료만으로 기인한 것인가를 결론 내린다.

② 설문조사(survey)

설문조사 연구자는 설문지를 이용하여 조사대상자가 스스로 자신의 반응을 기입(우편 혹은 자기기입 조사)하거나 혹은 조사자(면접자)와 피조사자(응답자)와의 면담내용을 조사자가 직접 기록함으로써 자료를 얻어내는 방법이다. 연구자는 실험조사와는 달리 상황이나 조건을 조작하지 않는다. 질문에 대한 응답을 전형적으로 빈도수, 백분율, 표, 혹은 그래프로 요약한다.

설문조사는 대부분 기술적 혹은 설명적 조사연구로 활용된다. 설문조사 연구자는 종종 선택된 조사대상(표본)을 활용하지만, 그 결과는 선택된 조사대상이 속한 더 큰 집단(모집단)에 일반화하려 한다. 현재 설문지조사연구는 다양한 분야에서 매우 광범위하게 활용된다.

③ 내용분석(content analysis)

내용분석은 문서나 상징적 자료(예: 그림, 영화, 노래가사 등)에서 연구목적과 관련된 정보나 내용을 조사하기 위한 방법이다. 연구자는 내용분석에서 먼저 분석할 일단의 자료(예: 책, 신문, 영화) 등을 찾아내고 그 이후 연구하고자 하는 내용을 기록하기 위한 체계(분석틀)를 만든다. 이 체계는 특정 단어나 주제가 얼마나 자주 등장하는지를 셈하여 수량화하는 것을 포함한다. 마지막으로 연구자는 자료에서 최종 확인된 것을 기록한다.

연구자는 종종 내용의 정보를 셈한 숫자로 측정하고 그것을 표나 그래프로 제시한다. 이 방법은 연구자로 하여금 자칫 주목받지 못할 수 있는 방대한 양의 내용의 주요 특성을 일목요연하게 파악할 수 있도록 한다. 내용분석법은 기술적 조사연구에 주로 활용되고 있다.

④ 기존 통계자료 활용(existing statistics)

기존 통계자료 조사연구에서, 연구자는 종종 정부보고서 혹은 이전에 수행된 설문조사의 자료결과로 수집된 정보에 기초하여 연구자가 의도하는 연구목적을 달성하기 위하여 새로운 방식으로 정보를 재조직하거나 결합한다. 때때로 기존의 양적 정보는 연구자가 다양한 통계절차를 활용해서 재분석 한 후 연구 자료로 활용한다. 기본 통계자료 조사연구는 탐색적, 기술적, 혹은 설명적 목적으로 모두 활용될 수 있지만 기술적 조사형태로 가장 빈번하게 활용된다.

(2) 질적 자료수집(qualitative research)

질적 자료수집방법에는 현장조사연구와 역사비교조사연구가 있다.

① 현장연구(field research)

대부분의 현장조사 연구자는 일정 기간에 걸쳐서 소집단이나 그 구성원을 관찰하는 사례연구를 수행한다. 현장조사 연구자는 대략적으로 형성된 아이디어나 주제로 시작해서 연구를 위한 사회집단 혹은 자연환경을 선택하여 접근허락을 부여받고 주어진 집단이나 환경에서 특정한 사회적 역할을 가지고 조사대상을 자세히 관찰한다. 연구자는 연구대상자와 개인적인 친분이나 소개로 만나서 서로 알기 시작하여 이들의 협조로 개방형 질문과 비공식적 면담을 실시하며, 이들과의 면담내용을 매일매일 상세하게 기록한다. 조사현장에서 돌아온 후 연구자는 기록한 노트를 주의 깊게 다시 읽어보고 연구보고서의 작성을 준비한다. 현장조사는 대부분 탐색적 혹은 기술적 연구를 위해 활용되지만 설명적 연구를 위해서는 거의 사용되지 않는다.

② 비교역사연구(historical-comparative research)

비교역사조사연구는 과거 역사시대 혹은 상이한 문화에 걸쳐서 사회생활의 측면을 조사한다. 이 방법을 활용하는 연구자는 특정 역사시기나 여러 시기에 초점을 맞출 수 있고, 한 가지나 그 이상의 문화를 비교할 수 있으며 혹은 역사적 시기와 문화를 결합한 형태로 연구를 하기도 한다. 현장조사연구처럼 연구자는 대략적으로 형성된 질문으로 시작하여 연구과정을 거쳐 나가면서 점차 정교화시켜 간다. 연구자는 종종 연구를 위해 기존 통계자료와 각종 문서(예: 소설, 공식보고서, 책, 신문, 일기장, 사전 등)를 포함하여 일련의 광범위한 증거를 수집한다. 이뿐만 아니라 연구자는 직접 관찰을 하기도 하고 면담을 하기도 한다. 비교역사조사연구는 탐색적, 기술적 혹은 설명적 조사 형태일 수 있으며 동시에 이러한 형태를 모두 취할 수도 있다.

5) 조사상황에 따른 분류

조사상황에 따른 분류는 실험실 실험조사, 현지실험조사, 현지조사가 있다. 구체적인 내용을 살펴보면 다음과 같다(양정하 외, 2010).

(1) 실험실 실험조사(experimental laboratory study)

실험실 실험조사는 자연적 상황 속에서 발생할 수 있는 외부의 영향과 다른 변수들의 영향이 의도적으로 통제된 실험실 내 상황에서 관찰조건을 형성하여, 독립변수의 조작에 따른 종속변수의 변화를 측정함으로써 독립변수의 효과를 측정하거나 인과관계에 대한 가설을 검증하는 조사를 말한다.

(2) 현지실험조사(local experimental study)

현지실험조사는 외부의 영향이나 다른 변수들의 영향을 의도적으로 통제하지 않은 실제의 자연적 상황 속에서 독립변수 조작에 따른 종속변수의 변화를 측정함으로써 독립변수의 효과를 측정하거나 인과관계에 대한 가설을 검증하는 조사이다.

(3) 현지조사(field study)

현지조사는 외부의 영향이나 다른 변수들의 영향을 의도적으로 통제하지 않은 실제의 자연적 상황 속에서 독립변수의 조작 등 실험적 방법을 활용하지 않고 있는 그대로의 상태에서 다양한 변수들의 변화를 관찰하는 조사를 말한다. 주로 관찰, 면접 등의 방법이 활용되면서 조사대상의 개인적 요인과 사회적 요인을 조사하여 이들 사이의 관계를 연구한다.

6) 조사대상의 규모와 범위에 따른 분류

조사대상의 규모와 범위에 따른 분류는 전수조사, 표본조사, 단일대상조사가 있다. 구체적인 내용을 살펴보면 다음과 같다(김갑용 외, 2011).

(1) 전수조사(complete enumeration)

전수조사는 모집단 전체를 대상으로 실시하는 조사로, 전수조사의 경우 모집단의 특성을 정확하게 파악할 수 있다는 장점이 있지만, 현실적으로 시간과 비용이 너무 많이 들고 조사수행과정이 복잡하고 지나치게 많은 노력이 필요하다는 단점이 있다.

(2) 표본조사(sampling study)

표본조사는 대표할 수 있는 표본을 모집단으로부터 선발하여 이들을 대상으로 조사하는 것을 말한다. 표본을 대상으로 얻어진 결과를 추론함으로써 모집단의 특성을 살피는 표본조사를 하기 위해서는 선정된 표본이 모집단을 얼마나 대표할 수 있는

가라는 점이 가장 중요하다. 그리고 표본을 어느 정도로 할 것인가 하는 점은 조사의 내용 및 분석방법에 따라 달라진다.

(3) 사례조사(case study)

사례조사는 소규모의 특정 사례를 집중적으로 조사하여 현상이나 문제를 파악하고 이를 실증적으로 분석하는 조사유형으로서 사회복지학, 심리학, 인류학 등에서 주로 활용된다. 사례조사의 장점은 소수를 대상으로 조사함으로써 조사대상의 독특한 성질을 구체적으로 서술하며 행동이나 특성의 변화와 영향을 미친 요인 사이의 관계를 파악하는 데 유용할 수 있으며, 처음부터 끝까지 조사대상의 동태적 변화나 흐름 등 자연적 상황이나 일상적 생활을 연구하는 데 용이하며, 구체적 조사가 가능하며, 조사대상에 대한 종합적 이해가 가능하다. 사례조사의 단점은 조사대상이 하나 또는 소규모이기 때문에 표본의 대표성 측면에서 한계를 지니며, 자료의 신뢰성을 검증할 방법이 없다는 것, 연구의 반복수행이 어렵고, 결과를 일반화하기가 어려우며, 다른 변수에 대한 관찰 및 다른 대상과의 비교가 불가능하며, 관찰이나 기록에 있어서 표준화가 요구되기 때문에 통계적 방법의 보완을 필요로 한다는 점이다.

7) 접근방법에 따른 분류

접근방법에 따라 포괄적 조사와 집중적 조사로 분류할 수 있다. 구체적인 내용을 살펴보면 다음과 같다(김갑용 외, 2011).

(1) 포괄적 조사(extensive research)

포괄적 조사는 다수의 사회적 단위를 포함한 대규모 사회 내지 사회집단에 관하여 광범위하게 횡적으로 조사하는 것을 의미하며, 전수조사 또는 표본조사가 이에 해당한다.

(2) 집중적 조사(intensive research)

집중적 조사는 소규모의 사회적 단위에 대하여 다면적, 집약적으로 조사하는 것으로 사례조사가 이에 해당한다.

제 3 절 연구문제의 정의

1. 연구문제의 의의

연구문제의 설정은 시작단계에서 이루어지는데 연구의 성패를 좌우하는 매우 중요한 단계이다.

조사연구는 그 연구에서 하고자 하는 연구문제를 설정하는 데에서 시작된다. 연구문제(research problem)란 둘 이상의 변수 간에 어떤 관계가 존재하는지를 의문문의 형태로 기술하는 것이다. 어떤 연구의 조사 설계, 측정, 표본추출, 자료수집에서 분석과 해석에 이르기까지 모든 과정이 연구문제와 밀접한 관련을 맺고 있다.

연구자가 연구주제에 대하여 기초지식이 전혀 없으면 문제 자체를 제기할 수도 없다. 따라서 연구문제는 연구자가 연구주제에 관하여 일정한 기초지식을 가지고 있을 때 제기할 수 있다.

연구문제는 명백하고 간결한 의문문 형태를 취하도록 분명하고 명확하게 진술되어야 한다. 그 연구문제에 대한 경험적 검증이 가능하도록 작성하여야 한다.

2. 연구문제의 원천

연구자에게 "무엇을 연구할 것인가?"를 정하는 것은 매우 어렵고도 중요한 사항이다. 연구에서 연구문제의 시발점은 의문이나 아이디어에서 출발한다. 연구문제의 출발이 되는 의문이나 아이디어가 생성되는 원천은 다음과 같다(박창재 외, 2015).

1) 기존 지식체계

연구문제의 아이디어는 알고 있는 분야의 기존 지식에서 얻는 경우가 많다. 어느 분야이건 계속 학습하고 탐구하다 보면 그 분야에서 연구주제를 얻을 수 있다. 좀 더 구체적으로는 기존의 지식체계에서 부족한 부분이 있다는 것을 발견하거나, 기존의 연구결과들이 상호 모순되거나 기존 지식체계로는 새로운 사실을 설명할 수 없을 경우 이러한 문제를 해결하기 위한 연구의 주제가 설정될 수 있다.

2) 실천현장의 경험

사회복지조사연구의 중요한 의문들은 실천현장에서 비롯되는 경우가 많다. 사회복지실천현장은 새로운 현상이나 불확실성의 문제가 끊임없이 일어나기 때문에 연구주제가 될 의문이나 아이디어가 발생한다.

전문직의 실천은 과학적 이론에 근거해야 하지만, 그렇다고 개별 실천사례들에서 나타날 것으로 예상되는 모든 문제에 대한 답을 미리 제공받을 수는 없다. 따라서 실천현장에서 나타나는 갖가지 의문들에 대한 답을 추구하려는 노력이 조사연구문제의 형성으로 귀결된다. 사회복지실천현장의 의문이나 아이디어가 과학적 연구방법으로 해답을 구할 수 있다면, 이는 사회복지전문직의 기술 향상뿐만 아니라 나아가서 사회복지 일반지식의 발전을 가져올 수 있다.

3) 사회적 요청

정부나 민간기관, 각종 연구재단이나 사회단체에서 특정의 연구문제에 대한 경험적 조사연구를 요청하는 경우를 말한다. 대체로 정치 · 경제 · 사회적 문제의 해결방안을 모색하기 위한 정책과제인 경우가 많다. 이럴 때 연구주제는 연구자가 정하는 것이 아니라 연구를 요청한 기관에서 제시하게 된다. 그러나 이렇게 사회적 요청에 의하여 연구가 시작되는 경우에도 문제가 분명하게 정의되어 있는 일은 드물기 때문에, 연구주제를 경험적 연구가 가능한 연구문제로 전환시키는 과정을 거치는 경우가 많다.

4) 개인적 경험

개인이 일상생활이나 직장생활에서 겪은 경험을 토대로 연구주제를 정할 수 있다. 사회복지조사연구의 중요한 의문들은 실천현장에서 비롯되는 경우가 많다. 개인적 의문은 주관성이 강해서 특정 자료를 선호하거나 결과해석에 감정개입의 위험성이 있다. 따라서 이러한 개인적 경험성에서 얻은 의문은 과학적 조사연구의 대상이 되기 어렵다는 주장도 있다.

3. 연구문제의 선정기준

사회복지는 인간의 욕구를 충족시키고 사회적 문제를 해결하려는 제도적 노력이기 때문에 개인적으로나 사회적으로 관심의 대상이 되는 크고 작은 문제들이 매우 많다. 사회복지조사에서는 이들 문제를 모두 다 다루는 것이 아니라 그러한 문제들 중 연구의 가치가 있다고 판단되는 문제만 선정하여 다루고 있다. 따라서 연구문제의 주제를 선정하는 데는 독창성, 경험적 검정 가능성, 윤리적 배려 그리고 현실적 제한 등의 기준을 준수하여야 할 필요가 있다(김기원, 2001).

① 독창성(originality)

② 경험적 검정 가능성(empirical testability)

③ 윤리적 배려(ethical consideration)

④ 현실성(reality)

4. 개념적 정의와 조작적 정의

연구문제가 설정되면 연구문제에 포함된 추상적 개념(concept)을 구체화하여야 하는데, 이와 같은 과정을 개념화(conceptualization)라고 한다. 개념은 관찰된 사건들에 대한 추상적 표현 또는 여러 가지 사실의 간략한 표현으로 정의될 수도 있다. 즉, 관심의 대상이 되는 경험세계에서의 사물, 사건 및 현상의 속성을 추상화시킨 표현이라는 것이다. 개념이란 일반적으로 개인이나 집단의 형태나 속성, 혹은 사회현상을 표현하는 데 사용하는 단어이다(한승준, 2007).

1) 개념적 정의

개념적 정의(concept)는 실질적으로 용어 · 기호로 나타나는데, 이때 그 용어에 의미를 부여하는 과정을 정의(definition)라고 한다. 개념적 정의(conceptual definition)란 하나의 개념을 사용하여 정의하는 것인데, 이는 일반적인 속성을 사전적으로 구체화하는 작업이므로 사전적 정의(辭典的 定義)로 부르기도 한다.

개념을 언어로 표현한 것을 용어(term)라고 하므로 개념과 용어의 뜻을 기술하는 것이 개념적 정의이다. 예를 들면, '키는 생물이 일어선 상태에서 몸의 길이', '행복은 심심의 욕구가 충족되어 조금도 부족감이 없는 상태', '학생은 학문과 예능을 배우는 사람'을 의미하는 표현은 한 개념을 다른 개념 또는 용어를 통하여 기술한 것이다.

사회복지문제의 원인을 탐구하고 문제를 해결하기 위한 경험적 연구를 진행할 때 연구자는 중요한 개념에 대해서는 반드시 개념적 정의를 하여야 한다. 사회복지개념은 가능한 사회복지 용어사전이나 전문적인 학술지 등 관련 분야에서 사용되는 개념

정의를 참고할 필요가 있다.

2) 조작적 정의

조작적 정의(operational definition)란 추상적인 개념을 실증적이고 경험적으로 측정 가능하도록 구체화한 정의를 말한다. 즉, 조작적 정의란 개념적 정의를 연구목적에 적합하도록 관찰 가능한 지표로 변환시킨 것이다. 사회복지의 대상이 되는 개념들은 대부분 추상적이고 다의적이기 때문에 정확한 개념적 정의를 내리고 이 정의에 합당한 측정수단을 개발하는 것이 매우 중요하다.

좋은 조작적 정의가 되기 위해서는 다음과 같이 두 조건을 갖추어야 한다(김치영 외, 2011).

첫째, 신뢰도가 있고 재생이 가능해야 한다.

둘째, 타당해야 한다.

이러한 조작적 정의에 대한 비판으로는

첫째, 인간의 주관적, 심리적 현상에 대한 과학적 객관성 내지 측정 가능성은 조작적으로 이루어질 수 없다.

둘째, 미(beauty)나 도덕(道德) 같은 가설적 개념은 아직 정의가 되어 있지 않다.

셋째, 지나치게 객관성을 중시하고 있다고 하는 것이다.

이상에서 살펴본 바와 같이 개념적 정의는 측정대상이 갖는 속성에 대한 개념적, 추상적 표현임에 반하여 조작적 정의는 그 속성에 대한 경험적, 구체적 표현이라고 할 수 있다.

제 4 절 가설 검증과 변수

1. 가설의 의의

연구문제를 해결하기 위해서는 현실세계에서 수집된 자료를 토대로 검증을 거쳐야 한다.

연구자는 연구문제에 대하여 해답이라고 생각되는 것을 제시하여 경험적으로 그 진위를 확인하는 절차를 거친다. 이때 연구자가 잠정적으로 해답이라고 간주한 것이 바로 가설이다(남궁근, 2010). 달리 말하면, 어떤 사실의 원인을 설명하거나 어떤 이론체계를 연역하기 위해서 가정적으로 설정한 것을 가설(hypothesis)이라 한다. 즉, 가설이란 사실로서 증명은 안 됐지만 추구해 볼 만한 가치가 있는 조건을 갖춘 추측이다. 일반적으로 가설은 연구를 통해 검정하고자 하는 둘 또는 그 이상의 변수들 간의 관계에 관한 가정적인 명제로 이루어진다.

2. 가설의 특징

가설은 일반적으로 두 개 이상의 변수들 간의 관계를 검증 가능한 형태로 서술해 놓은 하나의 문장이다.

좀더 구체적으로 가설의 특징을 살펴보면 다음과 같다(한경성, 2005).

① 상호연관성

두 개 이상의 변수 간의 관계에서 가설을 나타내야 한다. 연구문제는 주로 어떤 현상이나 사건을 중심으로 구성되는 반면에, 가설은 이러한 현상이나 사건을 설명하는 개념을 양적으로 표시할 수 있는 변수의 형태를 취하고 있다.

예를 들면, **〈연구문제〉** 학벌이 높은 사람들은 만족스러운 생활을 할 것이다.

〈가　　설〉 만일 학력이 높다면, 생활만족도가 높을 것이다.

② 검증 가능성

변수들 간의 관계를 가설은 실증적으로 검증할 수 있어야 한다. 가설의 적용에 있어서 실제로 관찰하여 얻은 자료를 이용하여 경험적으로 검증할 수 있어야 한다. 검증이 가능하도록 하기 위해서는 가설에 포함된 변수들을 조작적으로 정의되어야 하며, 이들 변수들은 직접 관찰되거나 측정될 수 있어야 한다. 특히, 가설은 기존의 조사방법으로 검증 가능해야 한다. 아무리 좋은 가설일지라도 그것을 검증할 조사방법이 없으면 검증이 불가능하다.

예를 들면, 물건의 길이를 측정하고자 할 때는 "자"가 필요한 것처럼 가설을 검증하고자 할 때는 "자"와 같은 측정도구가 필요하다. 그러나 측정도구가 없으면 아무런 의미가 없다. 그러나 사회과학에서는 가설을 검증할 수 있는 조사방법이 없거나 있다 하더라도 어려워서 가설이 검증되지 못하는 경우가 종종 발생한다. 따라서 조사방법의 한계로 인하여 많은 가설들이 검증되지 못하고, 검증되었다 하더라도 많은 논란에 휩싸이는 경우가 많다.

③ 명확성

진술내용에 있어서 가설은 명확하여야 한다. 일반적으로 가설에 있어서 변수들 간의 관계를 나타내기 때문에 특정변수의 조건이 이러하면 다른 특정변수의 조건은 이러하다는 형태로 표현되어야 한다. 특히, 둘 또는 그 이상 변수들 간의 관계에 대한 진술이 분명해야 한다. 가설의 명확화는 개념적이고 조작적 정의를 얼마나 잘 내리느냐에 달려 있다. 가설을 경험적으로 조사하기 위해서는 가설에 포함된 모든 변수에 대하여 조작적으로 정의를 내려야 한다.

예를 들면, 산업화의 발전에 따라 사회복지제도는 확대된다는 수렴이론에 근거하여 산업화된 국가일수록 사회복지가 확대된다는 가설이 정립되었다. 그러나 이 가설은 명확성이 떨어진다. 왜냐하면 산업화와 사회복지의 확대를 경험적으로 확인할 수 있는 기준을 조작적으로 정의를 내리지 않았기 때문이다. 그래서 산업화는 1인당 GDP로, 사회복지의 확대는 GDP당 사회복지 지출로 정의를 내려야 한다. 그래서 명확한 가설은 1인당 GDP가 높은 국가일수록 GDP 대비 사회복지지출이 높다가 된다.

④ 추계성

확률적 속성에 있어서 가설을 가져야 한다. 가설은 참일 수도 있고, 거짓일 수도 있기 때문에 가설의 진위 여부의 가능성은 확률적으로 인식되어야 한다.

⑤ 구체성

가설에 있어서 구체적이어야 한다. 가설은 추상적이기보다는 보다 구체적으로 나타내어야 한다. 가설이 구체적으로 나타나기 위해서는 추상적인 개념이 경험적인 측정이 가능하도록 조작적으로 정의되어야 하며, 수식이나 숫자로 표현될 수 있도록 계량화되어야 한다. 그리고 둘 또는 그 이상 변수들 간의 관계에 대한 방향과 그러한 관계가 유지되는 조건 등을 제시할 수 있어야 한다. 단순히 변수들 간의 관계 유무만 있다고 하는 것이 아니라 두 변수의 관계가 정적인가 아니면 부적인가를 나타내고, 또한 그러한 관계가 성립되는 조건도 명시하여야 한다.

예를 들면, "1인당 GDP가 높은 국가일수록, GDP 대비 사회복지지출이 높다."는 것은 정적인 관계를 명시하고, 이러한 관계가 시대별로 변하지 않고 유지될 수 있는지도 밝혀야 한다. 그래서 만일 이러한 관계가 1990년대 이후에는 성립되지 않으면, 이것을 명시하여야 한다.

⑥ 가치중립성

가설은 가치중립적이어야 한다. 조사연구자들은 인간인 이상 자신들의 가치, 편견, 주관적 선호를 갖고 있다. 그러나 가설을 제시할 때에는 이러한 자신들의 가치가 반영되어서는 아니 된다.

예를 들면, 사회복지에 대하여 부정적인 가치를 가진 조사연구자인 경우, 사회복지 제도의 확대는 근로자의 노동 의욕을 저하시킨다와 같은 가설을 제시하는 경우이다.

3. 가설의 종류

경험적 연구의 진행과정에서 가설을 검증하기 위하여 연구가설과 영가설을 구분한다(박창제 외, 2015).

1) 연구가설(research hypothesis)

연구가설은 사회현상에 관한 이론으로부터 도출된 가설, 즉 연구문제에 대한 잠정적인 해답으로 연구자가 제시한 가설이다. 조사연구에서 가설이라 하면 보통 연구가설을 말한다. 연구가설은 영가설과 논리적으로 반대 입장을 취하는 진술이다. 예를 들면, "남녀학생 간에 인터넷 중독에 빠질 가능성에 차이가 있다."거나 "부모의 양육태도가 학생의 학교부적응에 영향을 미친다." 등으로 나타낸다.

2) 영가설(null hypothesis, Ho)

영가설은 귀무가설이라고도 하며, 연구가설과 논리적으로 반대의 입장을 취하는 진술이다. 영가설은 2개 이상의 모집단 또는 변수 간에 차이가 없다고 가정한다. 또는 독립변수가 종속변수에 영향을 미치지 않는다고 가정하는 것을 의미한다. 예를 들면, "남녀학생 간에 인터넷 중독에 빠질 가능성에 차이가 없다."거나 "부모의 양육태도가 학생의 학교부적응에 영향을 미치지 않는다." 등으로 나타낸다.

4. 가설의 기능

가설은 연구문제에 대한 잠정적 해답이며, 검증을 통하여 그 진위가 결정된다. 가설의 주요 기능은 이론의 검증, 이론의 제시, 현상의 기술 등 세 가지로 크게 나눌 수 있다. 구체적인 내용을 살펴보면 다음과 같다(박창제 외, 2015).

1) 이론의 검증

어떤 이론이 일련의 사건을 설명하는 도구로서의 예측 가치(predictive value)와 적절성(adequacy)을 증명하기 위해서는 그 이론에서 도출된 여러 가지 가설을 검증해 보아야 한다. 그러므로 가설의 중요한 기능은 이론을 검증할 수 있도록 하는 것이다.

2) 이론의 제시

가설을 검증한 결과를 토대로 이론이 구성되기도 한다. 가설들 중에서 현상을 설명할 수 있는 잠재력이 큰 가설을 선택하여 이를 토대로 현상과 설명을 연결시키는 명제 · 가정 · 정의의 논리체계를 구성할 수 있다.

3) 사회현상의 기술

가설은 사회현상을 기술하는 기능도 수행한다. 가설이 경험적으로 검증될 때마다 가설에 관련된 현상에 관한 정보를 얻게 된다. 가설이 채택되면 그 현상에 관한 정보를 추가하게 된다. 가설이 기각된다고 해도 이전에는 알지 못했던 사실을 알게 된다. 가설검증의 결과로 축적된 정보는 사회현상의 발생 원인에 대하여 연구자가 가지고 있는 지식을 증가시킨다.

5. 변수

1) 변수의 개념

연구하고자 하는 개념이나 속성을 경험적으로 관찰할 수 있도록 만들어진 것을 포괄적으로 변수라고 부른다. 변수(variable)란 사람, 물건, 사건 등의 특성, 속성을 의미한다. 그러나 이러한 것들의 특성, 속성이 두 가지 이상의 가치(value)를 가질 때 우리는 이를 변수라 한다. 따라서 그 속성이 하나의 가치만을 가졌을 때에는 변수라 할 수 없다.

변수는 통계분석의 기본단위로서 통계분석을 위해 변수의 특성을 알아 두는 것은 중요한 일이다. 왜냐하면 변수가 어떤 특성을 가졌느냐에 따라 어떤 통계기법을 사용해야 하는지가 거의 결정되기 때문이다. 또한 변수 간의 관계에 대한 고려는 가설 구성에 많은 도움을 준다(채구묵, 2012).

2) 변수의 종류

변수는 비연속적이거나 연속적인 것으로 나눌 수 있다. 변수는 일반적으로 다음의 세 가지 형태로 분류하는 것이다(양성관 외, 2014).

(1) 독립변수(independent variable)

조사하고자 하는 사건이나 상황을 일으키거나 영향을 미친다고 생각되는 변수를 말한다. 종속변수의 결과를 예측하거나 차이를 설명하기 위해서 사용되는 변수이다. 보통 종속변수에 선행되며 비교적 구체화하기가 용이하다. 그리고 실험적 상황에서는 조사자가 조정하거나 통제할 수 있는 변수를 말한다. 또한 종속변수의 결과를 예측하거나 차이를 설명하기 위해서 사용되는 변수로 설명변수, 원인변수, 예측변수라고도 한다. 예를 들면, 복지정책이 소득수준 향상의 원인일 때 복지정책은 독립변수이다.

(2) 종속변수(dependent variable)

종속변수란 다른 변수에 의존하지만, 다른 변수에 영향을 미칠 수 없는 변수로서 인관관계에서 결과를 나타낸다. 독립변수의 영향으로 나타나는 결과가 되는 변수로 주로 분석의 대상이 되며, 결과변수, 피설명변수, 피예측변수라고도 부른다. 예를 들면, 정신질환으로 입원한 경험 또는 알코올중독과 노숙 간의 관계를 규명하고자 하는 연구에서는 입원한 경험 또는 알코올중독이 독립변수가 되며, 노숙은 종속변수가 된다.

(3) 제3의 변수

제3의 변수는 독립변수와 종속변수의 관계에 개입하는 변수로 통제변수라고 한다. 통제변수는 독립변수와 종속변수 간의 허위적 관계를 밝히는 데 사용되며, 다음과 같이 매개변수, 외생변수, 억제변수, 조절변수 등이 있다.

① 매개변수(intervening variable)

매개변수는 종속변수에 일정한 영향을 주는 변수로 그 영향력이 일정한 독립변수와는 달리 종속변수에 보충적 영향을 주는 역할을 한다. 시간적으로는 독립변수 다음에 위치하면서 종속변수를 좀 더 설명해 주는 매개적 역할을 한다. 예를 들면, 가해자의 낮은 자아존중감이 알코올중독을 일으켜 가정폭력을 발생시킨다면 알코올중독은 매개변수이다.

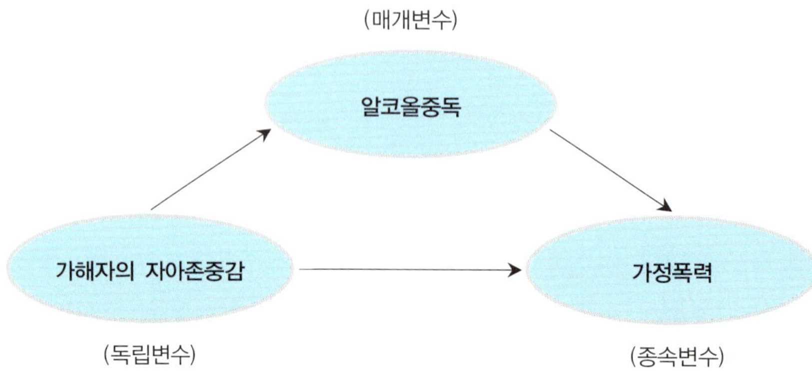

[그림 2-2] 매개변수

② 외생변수(extraneous variable)

외생변수는 기존의 독립변수와 종속변수의 관계를 대안적으로 설명할 수 있는 변수이다. 즉, 독립변수와 종속변수 간의 가식적인 관계를 밝히는 데 활용한다. 외생변수를 통제변수, 잡음변수, 가외변수라고도 부른다.

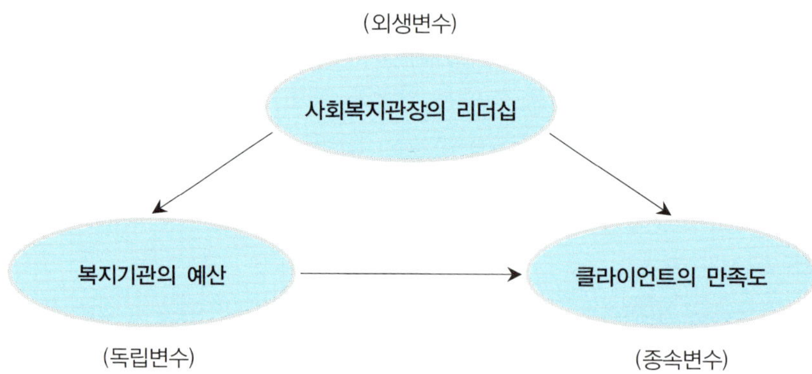

[그림 2-3] 외생변수

③ 억제변수(suppressor variable)

억제변수는 독립변수와 종속변수 사이에 실제로는 인과관계가 존재하지만 관련이 없는 것처럼 보이게 하는 제3의 변수이다. 독립변수와 종속변수 사이를 억제하여 가식적 영 관계를 밝혀낸다고 하여 억제변수 혹은 억압변수라고도 한다.

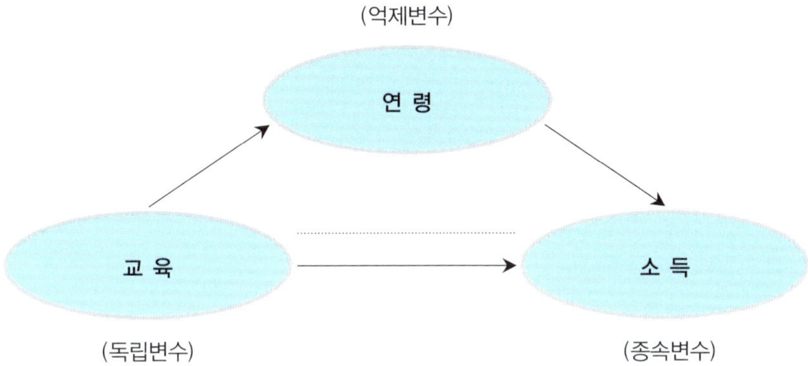

[그림 2-4] 억제변수

④ 조절변수(moderating variable)

조절변수는 독립변수와 종속변수 사이에서 제2의 독립변수를 의미한다.

참고문헌

강영걸 외(2008). 사회복지조사론. 학현사.

강종수(2011). 사회복지조사방법론. 양서원.

권육상 외(2008). 사회복지조사방법론. 청목출판사.

김갑용 외(2011). 사회복지조사론. 학현사.

김기원(2007). 사회복지조사론. 나눔의 집.

박창제 외(2015). 사회복지조사론. 창지사.

사회복지교육연구센터(2011). 사회복지조사론. 나눔의 집.

이창희 외(2011). 사회복지조사론. 창지사.

임병우 외(2018). 사회복지조사론(증보). 창지사.

정영숙(2009). 사회복지조사방법론. 공동체.

채서일(2002). 사회과학조사방법론. 학현사.

한승준(2007). 조사방법의 이해와 SPSS 활용. 대영문화사.

황성동(2010). 알기 쉬운 사회복지조사방법론. 학지사.

Rubin, A. & Babbie, E. R.(2007). *Research Methods for Social Work*(6th ed.). Wadsworth Publishing.

chapter 03

측정 및 척도

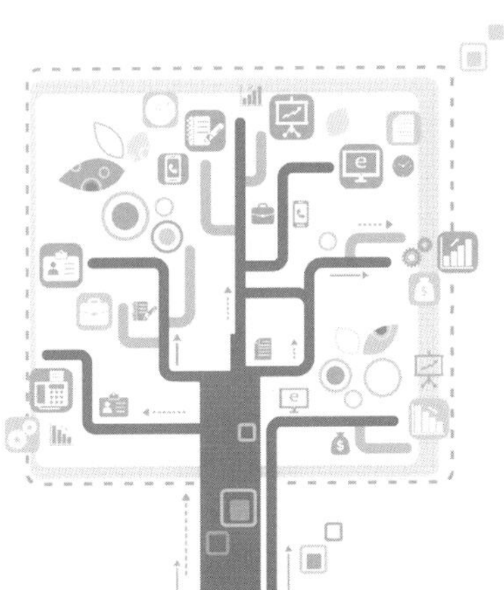

사회복지조사론

제 1 절 측정의 개념

1. 측정의 의의

측정(measurement)은 어떤 현상을 묘사하거나 기술하는 방법으로 정의되기도 한다. 또한 일정한 기준에 따라 어떤 대상 또는 사건에 수치를 부여하는 과정이다. 어떤 대상 또는 사람들의 속성에 일정한 규칙을 부여하는 과정이며, 질적 속성을 양적 속성으로 전환하는 작업이다. 즉, 추상적인 개념들을 경험적으로 관찰 가능하도록 바꾸어주는 것을 의미한다.

측정의 대상은 사람이나 사물(대상)이 아니라 그 대상이 지니고 있는 특성, 즉 속성 그 자체이다. 그러나 측정하려는 대상이 가령 '소외감', '만족감', '존중감', '우울감', 등과 같이 추상적인 개념이 많고, 다른 개념과 복합되어 있는 경우가 대부분이며, 자연과학에서 널리 이용되는 측정을 위한 표준과 같이 일정한 규칙이나 표준화된 도구가 부족하여 사회과학에서는 측정이 대단히 어렵다.

측정은 다음과 같은 의미가 있다(홍봉수 외, 2014).

첫째, 일정한 규칙에 따라 대상에 값을 부여하는 과정이다.

둘째, 이론을 구성하고 있는 추상적인 개념들을 현실세계에서 경험할 수 있는 자료와 연결시켜 주는 수단이다.

셋째, 대상의 속성을 나타낼 수 있도록 일정한 규칙에 따라 숫자를 할당하는 과정이다.

넷째, 특정분석단위에 대해 질적, 양적 값이나 수준을 결정하고 이를 규칙화하여 숫자를 부여하는 과정이다.

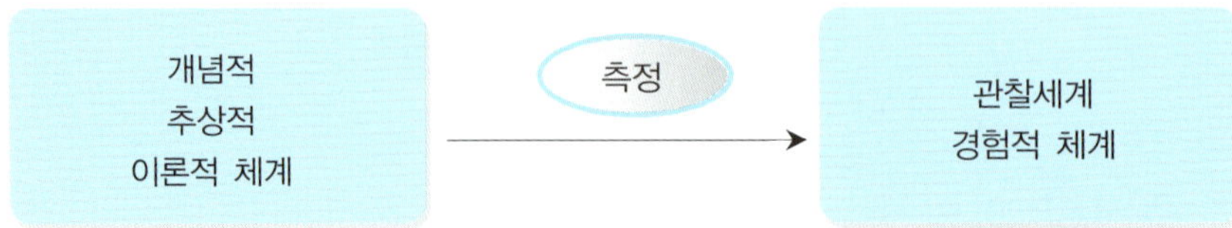

[그림 3-1] 측정

2. 측정의 역할 및 기능

1) 측정의 역할

측정의 역할은 표준화된 묘사의 방법이다. 어떤 대상이나 사건을 가장 적절하고 일관성 있게 묘사해줄 뿐만 아니라 표현이나 묘사가 불가능한 것도 묘사할 수 있도록 한다. 또한 전화번호나 주민등록번호 등과 같이 대상의 속성에 대해서 가장 간단하게 묘사할 수 있는 역할을 가진다. 측정은 서로 다른 두 차원의 세계, 즉 개념적인 추상적 이론의 세계와 경험적 관찰의 세계를 이어주는 역할을 한다.

2) 측정의 기능

측정은 가설검증에 매우 중요한 역할을 담당한다. 숫자 형태의 자료를 확보함으로써 객관적 표현이 가능하고, 정확한 의사소통이 가능하며, 각종 수학적 통계 분석이 적용 가능하기 때문이다.

(1) 일치 또는 조화 기능

이론적 모델을 현실세계와 연결하는 측정의 규칙으로, 추상적인 세계와 경험적인 세계의 연결의 의미를 가진다.

(2) 객관화와 표준화 기능

과학의 기본적 원칙은 조사연구자가 만든 사실에 대한 어떤 진술도 다른 연구조사자에 의해서 독자적으로 입증될 수 있어야 한다는 것이다. 측정은 추상적이고 주관적인 개념들을 객관화와 표준화시켜 보다 객관적으로 관찰할 수 있도록 하여야 한다.

(3) 수량화 기능

측정은 제공된 자료들은 통계적 분석을 하기 이전에 먼저 수치로 옮겨져야 하며 연구하려는 변수를 수량화해야 할 필요가 있다. 자료가 수치로 변환하고 나면 가설을 검증할 수 있다. 검증된 어떤 가설이 지지를 받으면 그 가설에서 도출된 이론도 지지를 받게 된다.

(4) 반복과 의사소통기능

측정은 특정연구에 사용된 보다 객관적이고 상세할수록 다른 조사연구자가 이 연구를 반복하고 그리고 결과를 확인하거나 반박하는 일을 쉽게 하도록 한다. 측정절차의 엄격하면 할수록 연구결과의 효율적 의사소통은 증가할 가능성이 높아진다.

〈표 3-1〉 측정 기능

	명목측정	서열측정	등간측정	비율측정
구분 · 분류	○	○	○	○
순위	×	○	○	○
등간격	×	×	○	○
절대영점	×	×	×	○

출처: 박선태 외(2012).

3. 측정의 원칙

측정은 연구자가 조사하려는 어떤 태도, 행동, 속성, 현상을 가리키는 이론적 개념을 계량화하는 과정이다. 연구 변수와 변수의 속성을 측정하기 위해서는 먼저 변수와 변수의 속성에 대한 개념화 과정과 조직화 과정이 선행되어야 한다. 연구문제와 연구가설을 이론적으로 정립하고 제시하는 과정에서 연구가설을 구성하고 있는 변수에 대한 개념적 정의와 조작적 정의를 내려야 한다. 이 과정에서 지켜야 할 원칙이 있는데 바로 상호배타상의 원칙과 포괄성의 원칙이다.

사회과학에서는 연구 변수가 관념적이고 주관적 차원의 속성을 지니는 경우가 많기 때문에 과학적이고 객관적인 측정이 되기 위해서는 변수 측정에 많은 주의를 기울여야 한다(강영걸, 2014).

어떤 대상이나 현상을 측정하기 위해서는 대상이나 현상을 구성하는 여러 속성들을 분류하거나 범주화하는 작업을 거쳐야 하는데, 정의된 범주는 모든 속성을 포함해야 한다. 이를 포괄성의 원칙이라 한다. 즉, 특정 변수의 속성으로 제시될 수 있는 모든 범주 혹은 속성들이 측정에 포함될 수 있도록 해야 한다는 것이다. 측정하려는 변수 혹은 범주에는 그 변수나 범주를 구성하는 모든 속성들이 포괄적으로 포함되어야 하는 동시에 각각의 속성들이 엄격히 구분되기도 해야 한다. 이를 상호배타성의 원칙이라 한다.

1) 상호배타성의 원칙

조사대상자는 한 가지 속성만을 가져야 한다는 것으로 두 가지 속성을 동시에 지닐 수 없다는 의미이다. 성별은 인간이 남성의 속성을 가진 집단과 여성의 속성을 가진 집단으로 구분될 뿐이지 남성이면서 여성일 수 없는 것이다. 연령을 구분할 때, 한 대상은 여러 속성들 중 한 연령집단에만 속해야 하지 두 연령집단에 속할 수는 없다(박선태 외, 2012).

〔예 1〕	
① 20세 이하	
② 20세~30세	
③ 30세~40세	
④ 40세~50세	
⑤ 50세 이상	

〔예 2〕	
① 20세 이하	
② 21세~30세	
③ 31세~40세	
④ 41세~50세	
⑤ 51세 이상	

〔예 1〕 의 경우 상호배타성의 원칙이 위배되어 있다. 왜냐하면 20세는 ①과 ②에 모두 속하기 때문이다. 같은 논리로 30세는 ②와 ③에 속한다.

〔예 2〕 는 분류가 상호배타적으로 되어 있다. 연령이 20세인 사람도 ①집단에만, 그리고 30세는 ②집단에만 소속된다.

2) 포괄성의 원칙

모든 대상은 반드시 한 가지 속성을 지녀야 한다는 것을 나타낸다. 측정은 이론과 현실을 연결시켜 주는 매개체이다. 따라서 가능한 범위 내에서 이론과 현실을 정확하게 연결할 수 있도록 측정의 원칙이 지켜져야 한다(정영숙, 2009).

〔예 1〕 ① 불교 ② 천주교 ③ 기독교 ④ 종교 없음
〔예 2〕 ① 불교 ② 천주교 ③ 기독교 ④ 종교 없음 ⑤ 기타(　　)

〔예 1〕 은 포괄성의 원칙을 위반하고 있다. 왜냐하면 불교, 천주교, 종교 없음을 제외한 나머지 종교가 포함되지 않았기 때문이다. 종교를 분류할 때 포괄성의 원칙을 지키려면

〔예 2〕 와 같이 기타 종교를 포함시켜야 한다.

제 2 절 측정수준

측정대상이 어떤 특성을 가졌는지에 따라 측정할 수 있는 수준이 다르다. 예를 들면, 성별을 조사하면서 남성 1, 여성 2, 측정했다면 단순히 구분의 의미만 있고 평균을 구하는 등의 양적인 의미는 없다. 그러나 무게나 길이처럼 부여된 숫자가 비율을 의미할 때는 사칙연산(+, −, ×, ÷)이 모두 가능하다.

측정수준은 명목측정, 서열측정, 등간측정, 비율측정으로 구분된다. 각 측정수준이 담고 있는 기능을 살펴보면 다음과 같다(강종수, 2014).

1. 명목적 측정(nominal measurement)

명목측정은 측정대상의 특성을 단순히 분류하거나 확인할 목적으로 수치를 부여하는 것이다. 여기서 숫자는 단지 구별을 하기 위한 것이므로 숫자가 가지는 수량적 의미는 전혀 없다. 명목측정은 단순히 분류만을 위한 측정수준이기 때문에 거의 모든 경우 계량화하는 것이 의미가 없다는 단점이 있다. 또한 분류를 체계적으로 하지 못할 경우 측정이 잘못될 가능성이 존재한다는 것이다.

명목측정은 반드시 범주분류는 모든 분류대상이 전부 포함될 수 있도록 총망라(exhaustive)하고, 하나의 대상이 두 개 이상의 범주에 속하지 않도록 분류하는 상호배타적(mutual exclusive)이어야 한다.

명목적 수준의 변수에는 성별, 종교, 가족형태, 거주지역, 인종, 운동선수 등 번호, 주민번호, 우편번호 등이 있다.

예) 성별을 측정할 경우 성별의 속성을 구별하기 위해 남자를 1, 여자를 2라고 수치를 부여하였다면 여기서 1과 2는 숫자로서의 의미가 아니라 남자와 여자를 의미하는 것에 불과하다. 따라서 명목측정의 변수 값은 평균을 구하는 등의 필요가 없다.

〈표 3-2〉 명목적 측정(예)

변수	구분	변수	구분
성별	남 성(1) 여 성(2)	결혼유형	미 혼(1) 결 혼(2) 이 혼(3) 별 거(4) 사 별(5)
종교	불 교(1) 기독교(2) 천주교(3) 유 교(4) 기 타(5) 무종교(6)	가족 형태	핵가족 (1) 확대가족(2)
거주지역	대도시 (1) 중소도시(2) 농 · 어촌(3)		

출처: 고수현 외(2013).

2. 서열측정(ordinal measurement)

측정대상을 그 속성에 따라서 서열이나 순위를 매길 수 있도록 수치를 부여하는 것이다. 순위 또는 순서측정이라고도 한다. 측정대상을 분류한 다음 범주 간에 서열, 대소 관계의 구분이 가능하고, 수치 자체가 어떤 절대적인 수나 양, 크기 등을 나타내지 않으므로 분류된 범주 간의 거리나 간격에 관해서는 정보를 제공할 수 없다.

서열수준의 변수로는 소득수준, 학점, 학급석차, 장애등급, 대학 학년, 인성검사 점수 등이다. 예를 들면, 학력의 경우 초등학교 이하를 1, 중학교 졸업을 2, 고등학교 졸업을 3, 대학교 졸업을 4라고 했다면, 1부터 4까지는 서로 다른 학력수준을 나타내며(분류기능), 1보다는 2가, 2보다는 3이 학력이 높다는 것을 알 수 있다. 그러나 중학교 졸업자와 고등학교 졸업자인 응답자의 학력 평균을 2.5라고는 하지 않는다. 계량적인 의미가 없기 때문이다.

- 학점: A, B, C, D, F
- 장애등급: 1급, 2급, 3급 … 6급
- 교육수준: 1=초졸 이하, 2=중졸, 3=고졸, 4=대졸
- 자격급수: 사회복지사 1급, 사회복지사 2급, 사회복지사 3급
- 생활만족도: 1=매우 불만족, 2=불만족, 3=보통, 4=만족, 5=매우 만족

〈표 3-3〉 서열측정(예)

(질문): 외국 자본의 국내 유입에 관한 귀하의 태도는?

(응답): ① 매우 찬성한다. (　　　)
② 찬성한다. (　　　)
③ 그저 그렇다. (　　　)
④ 반대한다. (　　　)
⑤ 매우 반대한다. (　　　)

출처: 고수현 외(2013).

3. 등간측정(interval measurement)

등간측정은 측정대상을 속성에 따라 서열화함은 물론 서열 간의 간격이 동일하도록 수치를 부여하는 것이다. 측정치는 측정대상이 갖는 속성의 양적 정도의 차이를

나타내주며, 해당 속성이 전혀 없는 상태인 절대적인 원점은 존재하지 않지만 임시적인 원점은 존재한다.

사회과학적 조사연구의 태도 측정 분야에서 등간측정으로 공인된 것은 거의 없다. 그러나 서열측정과 등간측정 간의 정보의 양, 이용가능한 통계기법상에는 많은 차이가 있으므로 엄밀한 의미에서 서열측정인 자료를 등간측정으로 취급한다. 등간 수준의 측정을 해야 하는 변수에는 IQ점수, 적성검사 점수, 도덕지수, 학력, 화씨온도, 섭씨온도 등이 있다.

〈표 3-4〉 등간측정의 예

변수	변수 값(속성)
학년	1학년, 2학년, 3학년, 4학년
지능 지수	90, … 100, … 110, … 120, …
온도	−10, … 0, … 10, … 20, …

출처: 박선태 외(2012).

예를 들면, IQ는 측정에 따라 90, 95, 100 등이 나올 수 있다. 이러한 각각의 값은 서로 구별되며, 어떤 IQ값이 더 높은가를 쉽게 판단할 수 있다. 이러한 서열뿐만 아니라 각 값과 값 사이의 간격의 단위가 1이므로 90과 100의 차이는 10이라고 할 수 있다. 등간측정은 평균값을 산출하거나 보다 다양한 통계분석이 가능하므로 매우 유용하다.

4. 비율측정(radio measurement)

비율측정은 측정대상의 속성에 절대적인 영, 자연적인 영을 가진 척도를 가지고 수치를 부여하는 것이다.

절대기준점이나 영의 의미는 그 값보다 더 작은 값은 존재하지 않는다는 것이며 모든 값의 시작점이라고 볼 수 있다. 또한 측정 간의 간격이 같으므로 가감승제를 의미 있게 할 수 있다.

비율 수준의 변수로는 신장, 투표율, 가격, 무게, 시험점수, 연령, 인구 수, 월 급여 등이 있다. 예를 들면, 연령의 경우 태어날 때부터 0 또는 1세로부터 시작하기 때문에 음(-)의 값을 가질 수 없다. 그리고 10살인 사람은 20살인 사람의 절반, 20살인 사람은 10살인 사람보다 두 배의 연령을 가지고 있다. IQ의 경우 140인 사람은 70인 사람보다 머리가 두 배 더 좋다고 하지는 않는다.

〈표 3-5〉 **비율측정의 예**

변수	변수 값(속성)
자녀수	0명, 1명, 2명, 3명 …
나이	0, … 10, … 20, … 30, …
소득	0, … 1,000,000, … 2,000,000, …

출처: 박선태 외(2012).

◈ 복지관 선호도에 대한 네 가지 측정수준 ◈

복지관 선호도를 조사하기 위해 네 가지 측정수준을 이용한 사례를 만들어 보면 다음과 같다. 상위 측정수준일수록 보다 많은 정보를 얻어낼 수 있고, 사칙연산이 가능하다는 장점이 있다(이학식 · 김영, 2002).

1. 〈명목측정〉 가장 선호하는 복지관은?
① A복지관 ② B복지관 ③ C복지관 ④ D복지관

2. 〈서열측정〉 다음 복지관에 대해 가장 선호하는 순서를 표기하시오.
① A복지관(　　) ② B복지관(　　) ③ C복지관(　　) ④ D복지관(　　)

3. 〈등간측정〉 다음 각 복지관에 대한 선호 정도를 표시하시오.

	매우 싫어함	싫어함	보통	좋아함	매우 좋아함
① A복지관					
② B복지관					
③ C복지관					
④ D복지관					

4. 〈비율측정〉 다음 네 복지관에 대한 상대적 선호 정도를 합계 100이 되도록 나타내시오.
① A복지관(　　) ② B복지관 (　　) ③ C복지관(　　) ④ D복지관(　　)

합계 : 100

5. 측정수준에 따른 통계기법

독립변수가 종속변수가 어떤 측정수준으로 측정되었는가 하는 것은 통계기법을 결정하는 매우 중요한 핵심이다. 통계방법은 측정수준과 인과관계에 근거하여 만들어지는 경우가 대부분이기 때문이다. 예를 들어 독립변수가 성별과 학력이고, 종속변수가 월평균 급여라고 하자. 성별이나 학력에 따라 차이가 있는지를 확인하고자 할 경우에 연구자가 교차분석을 사용한다면 월평균급여가 서열측정이나 범주가 적은 등간측정으로 이루어져 있어야 한다. 반면에 연구자가 t-검정이나 분산분석을 사용하려면 월평균급여가 등간측정이나 비율측정이어야 한다. 측정수준과 인과관계에 따른 통계기법을 분류하면 다음 〈표 3-6〉과 같다.

〈표 3-6〉 측정수준별 통계기법

종속변수 독립변수	명목측정	서열측정	동간·비율측정
명목측정	교차분석 독립성 검증	교차분석 독립성 검증	로짓 프라빗분석
서열측정	교차분석 범주형 분산분석 등 비모수 통계	교차분석 범주형 분산분석 등 비모수 통계 서열 상관통계	더미정준상관분석 로짓 프러빗분석 서열 상관관계
동간·비율측정	t-검정, 변량분석 다변량분석	t-검정, 변량분석 다변량분석	피어슨 상관관계 회귀분석 다변량분석
종속변수 없음			요인분석 군집분석

출처: 강종수(2014).

6. 측정수준 비교

측정수준 비교에서 명목측정과 서열측정은 주로 질적 영역을 측정하고 등간측정은 질적인 영역을 측정하는 경우가 많지만, 질적·추상적 영역을 계량화하므로 양적 측정으로 보는 것이 타당하다. 비율측정은 전형적인 양적 측정이다. 따라서 등간측정이나 비율측정은 높은 수준의 측정자료이므로 다양한 산술적인 조작을 할 수 있어 보다 다양한 통계분석을 사용할 수 있다. 반면에 명목측정의 구분된 범주는 단순한 본류에 가깝다(강봉수, 2014).

제 3 절 척도의 개념 및 종류

1. 척도의 의의

척도(scale)란 측정도구이다. 척도는 어려운 개념을 논리적 또는 경험적으로 측정하기 위한 과학적 조사도구를 이용하여 서로 연관된 여러 개의 문항들로 이루어진 결과로부터 하나의 종합적 개념을 얻기 위한 것이다. 즉, 척도는 연구하는 데 있어 의사결정 시에 큰 지침이 되는 안내자의 역할을 한다. 예를 들면, 자연과학에서는 측정대상이 주로 물질적이기 때문에 척도는 온도계, 체중계, 자, 저울 등이지만, 사회과학에서는 측정대상이 주로 비물질적이기 때문에 주로 논의되는 척도는 특정변수에 대해 종합적으로 측정하기 위해 논리적이고 경험적으로 연관된 하나 또는 다수의 문항들로 구성되어 있다(강이근 외, 2015).

척도를 사용할 때 좀 더 구체적으로 살펴보면 다음과 같다(김훈, 2006).

첫째, 충분한 검증을 통한 다양하고 복잡한 개념을 충분히 반영할 수 있는 여러 문항으로 구성되어 있으므로 타당도를 높일 수 있으며 오차 또한 줄일 수 있다.

둘째, 하나의 개념에 대해 반복적 주제를 다루기 때문에 측정결과에 대한 신뢰도를 높일 수 있다.

셋째, 변수들은 단순화시켜 양적으로 측정 가능하도록 하였기 때문에 조사자의 편견이 배제되어 객관성과 정확성을 추구할 수 있다는 점에서 상당히 효율적으로 사용된다.

넷째, 복수의 자료로 구성된 척도를 사용하면 단일문항(지표)을 사용하는 경우보다 측정의 오류를 줄일 수 있고, 측정의 타당성과 신뢰성을 높일 수 있다.

이와 같은 척도를 효율적으로 사용하기 위해서는 다음과 같은 사항에도 유의할 필요가 있다(박선태 외, 2012).

첫째, 모집단 크기와 성격에 알맞은 표본을 추출해야 한다. 즉, 문항이 연구하고자 하는 개념들을 반영할 수 있도록 구성되어야 한다.

둘째, 종합적인 하나의 개념을 측정하기 위해서는 각 문항들이 동일한 차원으로 구성되어야 한다.

2. 척도 구성의 방법 및 유형

척도를 구성할 때 기본 전제로서 다음 사항들을 구체적으로 고려해야 한다(강종수, 2014).

첫째, 이론적으로 어느 한 측정대상에서는 측정하고자 하는 속성을 나타내는 무한한 수의 항목 또는 문항이 존재한다.

둘째, 측정대상은 그 항목 및 문항의 모집단으로부터 추출된 일정수의 항목 또는 문항표본에 입각하여 측정되는 것이다. 문항분석, 요인분석 등의 척도분석이 필요하다.

셋째, 척도는 단일차원의 연속체이다. 단일차원이란 척도를 나타내는 문항은 공통적인 속성을 나타내야 한다는 의미이고, 연속체란 척도를 대상의 성격, 목적에 따라 무한히 많은 카테고리로 나눌 수 있음을 의미한다.

척도의 구성에서 유형은 평정척도, 총화평정척도, 리커트 척도, 거트만 척도, 보가더스의 사회적 거리척도, 써스톤 척도, 의미 분화척도 등이 있다. 각각의 척도의 유형에서 내용을 구체적으로 살펴보면 다음과 같다(김치영 외, 2011; 사회복지교육연구센터, 2011; 박선태 외 2012).

1) 평정척도

평정척도(rating scale)는 측정대상의 어떤 속성을 단일연속선상에 배열하고 일정기준에 따라 대상의 속성에 일정수치를 부여하거나 또는 몇 개의 범주로 구별하는 척도이다. 또한 사회현상을 측정하는 척도로 가장 널리 활용되는 척도이다. 이 척도는 어떤 인물, 집단, 사물 등에 대해 주어진 기준에 의해 평가하도록 하는 척도이다. 평정척도에는 평가자(judges), 대상(subject), 그리고 연속성(continuum)의 세 가지 요소가 있다. 평정척도는 대부분 서열척도이나, 항목 간 거의 비슷한 정도의 차이가 있다고 가정하면 등간척도로 간주할 수 있다. 평정척도는 만들기 쉽고 사용이 간편해서 매우 경제적이라는 장점이 있다. 문항의 적절성 여부를 평가할 방법이 없으며, 평가자의 주관적 판단에 의존하므로 평가자의 태도와 성격, 심리적 편향 등에 좌우된다는 단점이 있다.

(1) 도표식 평정척도

일정도표에 선과 언어를 합하여 구성한 것으로 평가자로 하여금 대상의 위치 또는 태도를 기호로 표시하도록 한다.

질문) 귀하는 지역장애인복지관 프로그램에 얼마나 만족하십니까?

매우 만족 | 만족 | 보통 | 불만족 | 매우 불만족

(2) 범주식 평정척도

어떤 속성을 나타내는 문장이나 항목을 범주별로 제시하고 그 가운데서 가장 적합한 것을 고르게 하는 방식이다.

질문) 귀하 지역의 사회복지기관 사회복지사들은 얼마나 친절하십니까?

(해당 난에 'ㅇ' 표 하십시오)

매우 친절하다( )　　　　친절하다( )

보통이다( )　　　　불친절하다( )

매우 불친절하다( )

(3) 숫자-언어식 평정척도

어떤 응답 범주를 선택할 경우 이에 일정한 수치를 부여해 결과를 통계적으로 처리하는 방식이다.

질문) 귀하 지역의 사회복지기관 사회복지사들은 얼마나 친절하십니까?

① 매우 친절하다　　② 친절하다　　③ 보통이다

④ 불친절하다　　⑤ 매우 불친절하다.

(4) 평점방식 평정척도

조사대상의 속성이나 특성에 대해서 평가자의 의견이나 태도를 수치로 평점 하는 방식이다. 이 경우 평점 양극은 0에서 100으로 지정되어 있으나, 아무런 구분이 명시되어 있지 않다.

질문) 우리 지역의 장애인사회복지기관에 근무하는 사회복지사들은 친절에 얼마나 만족하십니까?

0　　　　　　　　　　　　　　　　　　　　100

2) 총화평정척도

응답자가 응답하는 여러 질문 문항의 값들을 어떤 방식으로 총합(summation)하여 계산하는 척도로서 "합산법" 척도라고도 한다. 총화평정척도의 대표적인 예로 베일리(Bailey)의 출산율 척도를 들 수 있다. 베일리는 10개 항목의 출산율 척도를 구성하고, 동의하는 경우는 1로서 부호화하고, 동의하지 않는 경우 0으로서 부호화하여 이 척도에서 척도상 10점은 응답자가 아이를 가져야 할 강한 책임감을 느끼는 경우이다. 반면에 0점을 받은 응답자는 아이를 가질 책임감을 느끼지 않는 경우이다.

〈표 3-7〉 Bailey 출산율 척도

번호	질문내용	응답	
		동의	동의 안함
1	결혼하는 주된 이유 가운데 하나는 아이를 갖는 것이다.	1	0
2	아이가 하나면 형제가 없어 외롭게 성장하기 때문에 하나의 아이를 갖는 것은 잘못이다.	1	0
3	아이를 출산하는 것은 여자로서 가장 심오한 경험이다.	1	0
4	동성의 아이들만을 갖는 것 보다 다른 성의 아이를 적어도 하나 갖는 것이 좋다.	1	0
5	아이를 갖지 않은 여자는 완전한 성취감을 결코 가질 수 없다.	1	0
6	남자는 아이의 아버지가 될 때까지는 진정한 남자가 아니다.	1	0
7	임신에 이르지 않는 성적행위는 도덕적으로 잘못된 것이다.	1	0
8	결혼하지 않거나, 또는 아이가 없는 결혼한 사람은 아마 동성애자일 것이다.	1	0
9	여자의 첫째 역할책임은 모성이고, 어머니로서의 역할을 방해하지 않을 경우에만 직업을 갖는 것이 옳다.	1	0
10	아이가 없는 결혼한 부부는 가엽다.	1	0

출처: 김기원(2007).

이런 척도의 가장 주된 어려움은 모든 질문들이 똑같은 변수를 측정하고 있는지를 확신하지 못한다는 점이다. 모든 질문이 측정될 주제에 표면타당도(face validity)를 갖고 있는지도 파악하여야 한다.

3) 리커트 척도

리커트는 여러 문항으로 응답자의 태도를 측정하고 해당 항목에 대한 측정치를 합산하여 평가대상자의 태도점수를 얻어내는 척도이다. 척도 구성이 간단하고 편리하여 사회과학 연구에서 보편적으로 활용되고 있다. 변수나 속성을 측정하기 위한 모든 항목에게 동일한 점수, 수치, 가치를 부여하여 개별항목들의 답을 합산하고, 그것으로 측정대상들에 대한 서열을 매긴다. 측정도구의 신뢰도와 타당도를 보증하기 위해서는 다수의 문항들로 하나의 변수를 측정해야 한다는 것이 기본적 논리이다.

리커트 척도는 다수의 문항을 사용했을 때 나타나는 복잡성 문제를 개선하여 보다 간단하게 변수를 정확히 측정할 수 있도록 척도를 구성하는 것이다. 이 척도는 실용적이기 때문에 사회과학에서 널리 사용된다(강이근 외, 2015).

〈리커트 척도의 구성절차〉

첫째, 질문문항 작성: 척도를 구성하는 질문문항을 작성한다. 변수를 평가하거나 차원을 측정하는 것으로 생각하는 다수의 질문문항을 작성한다.

둘째, 응답자 표본 선택: 척도가 사용될 모집단이나 모집단을 대표하는 응답자의 표본을 선택한다.

셋째, 응답범주 결정: 각 문항에 사용될 응답범주를 작성한다. 응답범주는 대체로 5점 척도를 많이 사용하고, 가장 긍정적인(적극적인, 호의적인) 항목에서 가장 부정적인(소극적인, 비호의적인) 항목에 이르기까지 균형 있게 배치하여 항목들이 동수가 되도록 한다.

넷째, 응답부호화: 각 응답항목에 점수를 부여한다.

다섯째, 응답자에게 적용: 응답자들이 각 문항에 대해 응답범주 내에서 하나의 응답항목을 고르게 한다.

여섯째, 응답점수 산정: 각 문항에 대한 응답자의 응답을 점수로 산정하고, 각 문항점수를 합산하여 총점을 구한다.

일곱째, 문항분석: 문항 간의 내적 일관성과 상관성을 판단한다. 만일 어느 문항이 이들 차별적 문항들과 높은 상관관계를 갖고 있지 않다면, 이들 문항들은 척도로부터 제거된다.

여덟째, 척도점수 산정: 척도문항으로 타당한 것으로 판명된 문항들에 응답한 응답자의 점수를 합산하여 총점을 구하면 그 점수가 그 사람의 태도에 대한 측정치, 즉, 리커트 척도 점수가 된다.

〈표 3-8〉 **일중독에 대한 리커트 척도**

척도문항(측정문항)	응답범주(항목)				
	전혀 아니다 1	아니다 2	보통 이다 3	그렇다 4	매우 그렇다 5
1. 일이 없으면 스스로 일을 만든다.					
2. 평균 정도의 성과로는 만족하지 않는다.					
3. 휴일에도 자꾸 일이 떠올라 마음 편히 쉬지 못한다.					
4. 일은 나의 가장 큰 보람이다.					
5. 다른 사람에게 일을 맡기면 왠지 불안하다.					
6. 가족보다 일이 우선이라고 생각한다.					
7. 일하는 시간이 점점 길어진다					

출처: 이창희 외(2010).

리커트 척도의 장점으로는(강종수, 2014)

첫째, 척도구성이 간단하고 편리하며,

둘째, 평가자가 이해하기 쉬우면서 주관 개입을 배제할 수 있고,

셋째, 동일개념을 여러 문항으로 측정하므로 정확성을 확보할 수 있다.

넷째, 개별문항들이 액면으로 어떤 쟁점에 대한 태도를 분명히 나타내지 않더라도 내적 일관성을 얻을 수 있는 것이라면 사용 가능하다.

리커트 척도의 단점으로는

첫째, 문항들이 엄격한 의미의 등간측정이 되기 어려워 서열측정으로 분류되며,

둘째, 총점을 구하므로 각 항목에 대한 응답이 묻혀 총점의 개념이 흐려질 수 있고,

셋째, 문항들이 내적 일관성을 갖는다 하여 반드시 이론적 타당성을 담보해 주지는 못한다.

넷째, 사람마다 각 단계를 인식하는 정도가 다르므로 동일한 점수를 받은 사람이 항상 동일한 사람들이라 하기 어렵다.

〈리커트 척도의 함정〉

리커트 척도를 이용할 때 다음의 사항을 신중하게 고민할 필요가 있다(강종수, 2014).

첫째, '응답범주에 긍정이 앞설 때와 부정이 앞설 때 응답이 어떻게 달라지는가'이다. 유사한 조건하에서 응답범주에 긍정이 앞서면 점수가 미미하지만 높게 나타난다.

둘째, 중립적인 태도인 3점(보통이다, 그저 그렇다)은 언제나 누구에게나 중립으로 인정될 수 있는가이다. 리커트 척도에서 3점이 중립이라는 전제는 상당히 작위적인 기준이다.

셋째, 긍정문(상냥하다)에 대해 명시적 부정문(상냥하지 않다)과 달리 암묵적 부정문(퉁명스럽다)은 원래 의도와는 달리 새로운 요안을 형성할 수 있으므로 신중을 기해

야 한다.

4) 거트만 척도

거트만 척도(Guttman scaling)는 누적 스케일링의 대표적인 형태로 "척도 도식법(scalogram method)"이라고도 부른다. 이는 척도를 구성하는 문항들이 내용의 강도에 따라 일관성 있게 서열을 이루고 있어서 단일 차원적이고 누적적인 척도를 구성하는 대표적인 방법이다.

〈거트만 척도의 구성절차〉(강종수, 2014)

첫째, 척도구성문항을 선정한다. 조사자가 계측하고 싶어 하는 개념들에 대한 단일 차원적 척도를 형성하는 문항집단을 선택한다. 이들 문항들은 모두 표면타당도를 가져야 한다. 이들 문항들은 모두 적어도 해당 개념을 측정하는 것으로 보아야 한다.

둘째, 척도 구성문항을 내용의 강도에 따라 순서적으로 누적적으로 배열한다.

셋째, 응답자의 응답을 척도도식 용지에 기입한다. 응답자의 응답을 응답의 분포에 따라 일정한 순서로 배열한다.

넷째, 오류를 찾는다. 응답자의 응답이 누적적으로 되어있나 검토하여 누적적으로 되어 있지 않은 경우를 오류로 간주하고 오류의 수를 파악한다.

다섯째, 재생 가능성 계수(CR: Coefficient of Reproducibility)를 구한다. 재생 가능성 계수가 1일 때는 완벽한 척도 구성 가능성을 갖는다. 보통 재생 가능성 계수가 최소한 0.90은 되어야 바람직한 거트만 척도가 된다.

$$CR = 1 - \frac{\text{오류의 수}}{\text{전체 응답의 수}} = 1 - \frac{\text{오류의 수}}{(\text{응답자 수}) \times (\text{응답항목 수})}$$

여섯째, 척도구성항목을 조정하여 척도를 구성한다. 오차의 수가 많은 척도 구성문항을 제외시키고, 새로운 척도를 만든다.

거트만 척도의 장점으로는

첫째, 예측성이 높다. 모든 질문 문항들이 측정대상 속성의 정도에 따라 누적적으로 되어 있어 응답결과로부터 다른 모든 문항에 응답을 예측할 수 있다.

둘째, 경험적 관측을 토대로 척도가 구성됨으로써 이론적으로 우월하다.

셋째, 복잡한 계량적 과정 없이 쉽게 서열적으로 척도화할 수 있다.

넷째, 단일 차원적이다.

다섯째, 가중치를 부여할 수 있다.

거트만 척도의 단점으로는

첫째, 척도를 구성하는 질문문항의 내용을 강도에 따라 일관성 있게 누적적으로 작성하기가 쉽지 않다.

둘째, 두 개 이상의 변수를 동시에 측정하는 다차원적 척도로서 사용되기는 거의 불가능하다. 즉, 단일 차원적 측정에 더욱 적합하다.

거트만 척도와 리커트 척도의 차이점은

리커트 척도가 모든 문항에 대해 동일한 가치를 부여한다면, 거트만 척도는 문항들 간에 서열을 준다는 것이다.

리커트 척도는 개별 항목들을 동일하게 취급하고 단순 합산하여 그 결과를 서열화하지만, 거트만 척도는 개별 항목들 자체에 미리 서열을 매긴다.

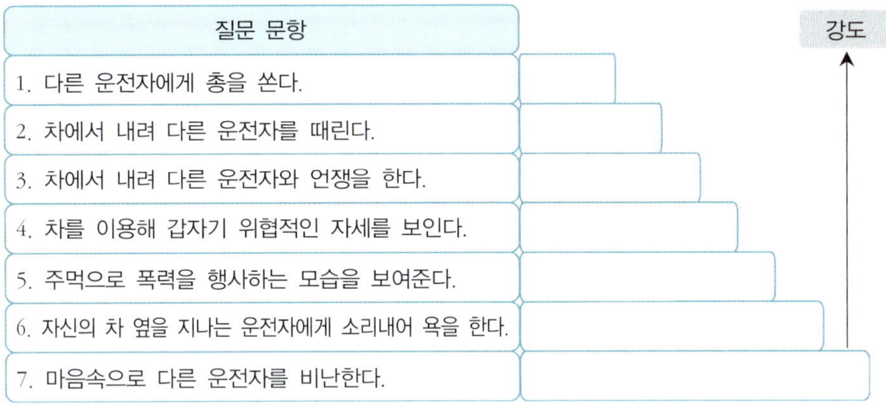

[그림 3-2] **난폭운전에 대한 거트만 척도**(이창희 외, 2010)

5) 사회적 거리척도

사회적 거리 척도는 다른 유형의 사람들과 친밀성이 상이한 사회적 관계에 참여하고자 하는 의사를 측정하는 기법이다. 이 척도는 보가더스(Bogardus)가 개발했으며, 그는 다양한 인종적 편견의 강도를 측정하기 위해 제시한 것으로 사회적 거리척도(social distance scale)라고도 부른다. 이것은 응답자가 상이한 집단의 구성원과 갖고 싶어 하는 관계의 상호작용적 형태에 따라 측정하는 방법이다. 이 척도는 등간적인 것 같으나 문항 간의 거리는 사실상 알 수 없기 때문에 서열적 측정에 해당한다.

사회적 거리척도의 장점으로는

첫째, 집단 상호 간의 거리를 측정하는 데 유용하다.

둘째, 사회적 거리를 측정하는 척도에 연속제의 개념을 최초로 도입하는 데 큰 공헌을 하였다.

셋째, 적용 범위가 넓고 예비조사에 적합한 면이 있다.

넷째, 집단뿐 아니라 개인 또는 추상적인 가치에 관해서도 적용할 수 있다.

사회적 거리척도의 단점으로는 적용 범위가 넓은 반면, 척도로서는 조잡한 점이 많기 때문에 사용하는 데는 한계가 있다.

〈표 3-9〉 보가더스의 사회적 거리척도

점수		일본인	중국인	필리핀인	미국인
7	혼인해서 인척관계를 가진다.				
6	친구로서 같은 클럽에 소속하겠다.				
5	이웃으로서 같은 동리에 살겠다.				
4	내가 종사하는 직장에서 함께 일하겠다.				
3	우리나라 국민으로 받아들이겠다.				
2	우리나라 방문객으로 받아들이겠다.				
1	우리나라에 들어오지 못하게 하겠다.				

응답요령: 각 항목에 대한 귀하의 첫 인상적인 반응을 응답에 나타내십시오. 국민에 대한 귀하의 일반적 생각을 토대로 해당 빈 칸에 'O' 표 하십시오.

6) 써스톤 척도

써스톤 척도는 써스톤(Louis L. Thurstone)에 의해 1929년에 개발되었다. 이 척도는 항목 간에 동일한 간격의 강도로 고안되기 때문에 동일간격 척도라고도 한다. 써스톤 척도는 어떤 사실에 대하여 가장 긍정적인 태도와 가장 부정적인 태도를 나타내는 양 극단을 등간격으로 구분하여 여기에 수치를 부여함으로써 등간척도를 구성하는 방법이다.

써스톤 척도는 본래의 연구에서 써스톤과 쉐이브(Thurstone & Chave)는 130개의 질문문항을 심사하기 위해 300명의 문항평가자들을 사용하였는데, 각 문항평가자가 130개의 질문문항들을 긍정과 부정의 정도에 따라 1점에서 11점까지 척도점수를 부여하고 이를 바탕으로 척도값을 부여하고, 최종적으로 적절한 일부 문항을 선택하여 척도를 구성하였다.

써스톤 척도 구성절차는 다음과 같다(홍봉수 외, 2014).

첫째, 연구자가 연구하고자 하는 태도와 관련된 다양한 의견을 수집한다.

둘째, 수집한 의견의 객관성을 높이기 위해 평가자 다수를 선정하여 선호성의 정도를 측정한다.

셋째, 평가자들에게 각 의견을 선호수준에 따라 일정하게 지시된 범주로 분류하도록 하고 호의성 정도에 따라 분류된 각 집단에 적절한 수치를 부여한다.

넷째, 척도상의 각 점수를 대표할 수 있는 문장을 몇 개씩 선정하여 척도를 구성하되 평가자들 간에 견해차가 큰 문항은 제외해야 한다.

다섯째, 선정된 항목에 대해 각각 중앙값을 구하여 그 문항의 척도치로 삼고 이것을 순서대로 배열한다.

〈표 3-10〉 사람들의 이타주의 평가에 대한 써스톤 척도

문 항	척도치	찬성
1. 사회 전체를 위해 개인의 행복을 희생시키는 것을 옳은 일이다.	4.5	
2. 아동복지시설이 우리 동네에 신축되는 것은 반가운 일이다.	5.4	○
3. 주말에 자원봉사 하는 것이 그 시간에 돈 버는 것만큼 즐거운 일이다.	9.2	○
4. 소득이 많을수록 높은 비율의 소득세를 내는 것은 바람직한 일이다.	3.8	
5. 장애인의무고용제도는 사회를 발전시키는데 기여한다.	6.7	○
6. 건강보험 적자 분을 세금으로 메우는 것은 옳은 일이다.	4.2	
7. 농어촌출신 고등학생들의 대학 우선입학제도는 바람직한 일이다.	5.6	

* 응답자의 이타주의는 찬성한 문항의 척도치를 평균하여 산정한다. 여기서 각 문항의 척도치는 0~10점 사이에 편재되어 있다고 가정하면 척도치는 다음과 같이 계산되고 해석된다.
척도치=(5.4+9.2+6.7)/3=7.1 따라서 응답자의 이타주의는 높은 편에 속한다고 평가할 수 있다.

출처: 강이근 외(2015).

7) 어의적 분화척도

어의적 분화척도는 어의변별 척도라고도 하며 다원적인 개념을 측정하는 데 유용하게 사용되는 척도로, 오스굳(Charles E. Osgood), 쑤시(G. L. Suci), 태넌보움(P. H. Tannenbaum)이 개발하였다.

어의적 분화척도는 어떤 개념에 함축되어 있는 의미를 평가하기 위해 고안된 것이다. 일직선으로 도표화된 척도의 양극단에 서로 상반되는 형용사를 배열하고 양극단 사이에서 해당 속성에 대한 평가를 하는 척도이다. 어의적 분화척도는 구성이 용이하여 사용하기가 쉽고, 가치와 태도와 같은 주관적인 개념측정이 용이하다는 장점이 있지만, 사회과학에서 사용되는 변수는 의미의 차이가 애매한 경우가 많아 적절한 평가나 판단기준을 확보하기 어렵다는 단점이 있다.

어의적 분화척도에서 주로 사용되는 측정차원으로는

첫째, 평가 차원을 정의하는 척도들은 '유쾌한–불유쾌한', '좋은–나쁜', '도움이 되는–도움이 안 되는' 등이다.

둘째, 권력 차원을 정의하는 척도들은 '큰–작은', '강력한–무력한', '강한–약한', '깊은–얕은' 등이다.

셋째, 활동 차원을 정의하는 척도들은 '빠른–느린', '살아있는–죽은', '시끄러운–조용한', '젊은–늙은' 등을 사용한다.

〈표 3-11〉 **사회복지사에 대한 어의적 분화척도**

사회복지사

	1	2	3	4	5	6	7	
좋다								나쁘다
능동적								수동적
유쾌한								불쾌한
밝다								어둡다
아름다운								추한
강하다								약하다
안정적								불안정한

참고문헌

강이근 외(2015). 사회복지조사론. 창지사.
강종수(2014). 사회복지조사방법론. 양서원.
고수현 외(2013. 사회복지조사론. 정민사.
김기원(2007). 사회복지조사론. 나눔의 집.
김훈(2006). 사회복지조사방법론. 대왕사.
박선태 외(2012). 사회복지조사론. 정민사.
이창희 외(2010). 사회복지조사론. 창지사.
정영숙(2009). 사회복지조사방법론. 공동체.
홍봉수 외(2014). 사회복지조사론. 공동체.
황성동(2010). 알기 쉬운 사회복지조사방법론. 학지사.

chapter 04

신뢰도와 타당도

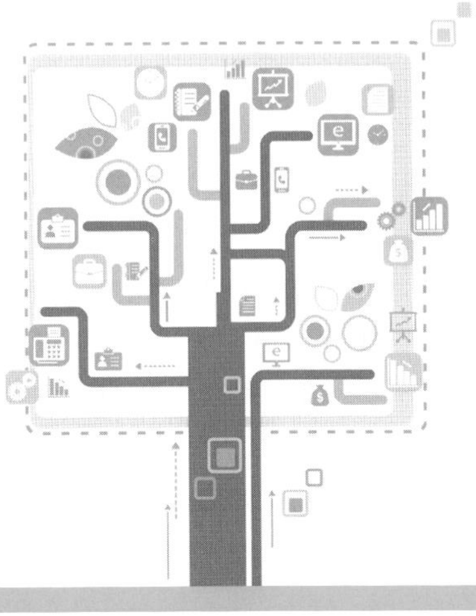

사회복지조사론

제 1 절 신뢰도

1. 신뢰도의 개념

신뢰도(reliability)는 찰스 스피어만(Charles Spearman)에 의해 1904년에 소개되었으며, 측정도구가 측정하고자 하는 동일한 현상을 일관성 있게 관찰할 때마다 동일한 결과가 나타나는 정도를 말한다. 즉, 신뢰도는 측정도구가 안정되고 일관성이 있는 정도를 가리킨다. 따라서 신뢰도가 있는 측정도구를 사용할 때에는 측정한 결과가 일관성이 있게 나타난다(황창순 외, 2011).

2. 신뢰도의 측정방법

어떤 척도가 안정적인 신뢰도가 있는 척도인가를 알기 위한 검증평가방법으로는 몇 가지의 방법이 있다.

신뢰도는 척도의 타당도와는 달리 측정도구와 그 실제 측정값을 중심으로 판단한다. 따라서 평가방법은 동일한 측정도구의 여러 실제 측정값을 상호 비교하거나 여러 측정도구들의 측정치를 서로 비교하는 방식을 취하는 데 있다. 신뢰도를 측정하는 방법은 재검사법, 반분법, 복수양식법, 내적 일관성 분석법, 대안법, 관찰자 신뢰도 등이 있다. 구체적인 내용을 살펴보면 다음과 같다(고수현, 2013).

1) 재검사법

재검사법(test-rest reliability)이란 동일한 변수나 속성을 시간만 달리하여 동일한 상황에서 동일한 측정도구를 이용하여 두 번 측정한 후 그 결과를 비교하는 것이다. 특정 시점에서 측정을 하고 일정기간이 경과한 후 동일한 연구표본을 대상으로 동일한 측정도구를 사용하여 다시 한 번 측정한다. 두 번 측정하여 결과 값이 나오면 그 값의 상관관계를 계산하여 상관계수를 보고 신뢰도를 측정한다.

재검사법은 신뢰도의 개념을 직접 적용하는 방법, 즉 동일 측정도구를 동일 상황에서 동일 대상에게 서로 다른 시간에 측정한 측정결과를 비교하는 방법이다(남동근, 2013).

재검사법을 사용할 때에 유의할 점은 다음과 같다.

첫째, 학습효과로 인해 이전에 한 측정이 그 다음에 한 측정에 영향을 미칠 수 있다.

둘째, 측정을 두 번 하는 동안 조사대상자에게 변화가 일어날 수 있는데, 이러한 외생변수가 작용함으로써 신뢰도가 낮은 것으로 평가될 수 있다.

예를 들면, 실험집단이 양쪽 측정에서 일관성을 보이는 한편, 통제집단은 그렇지 않다면 측정도구는 비신뢰적이며, 실험집단의 일관성은 다검사 효과로 나타났을 수도 있다. 반면에 실험집단이 일관되지 않은 결과를 보이고 통제집단이 실험집단의 첫 검사 결과와 동일한다면, 이 결과 역시 다검사 효과가 작용한 것으로 실험집단이 재검사 동안에 의도적으로 다른 응답을 한 데서 원인을 찾을 수 있다.

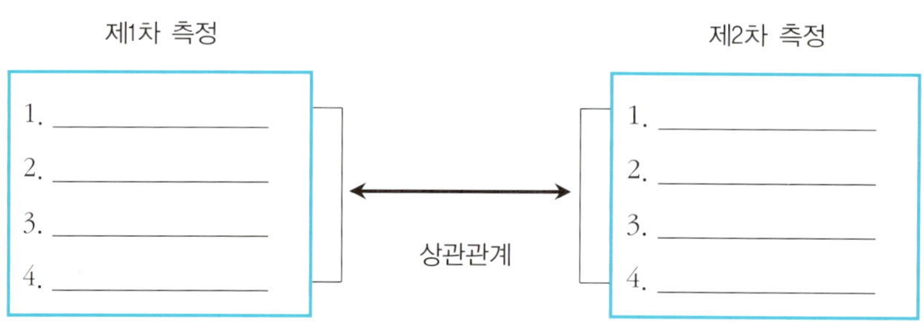

출처: 강종수(2014).

[그림 4-1] 재검사법

2) 반분법

반분법(split-half reliability)은 측정도구를 반으로 나누어, 각각 독립된 두 개의 도구로 삼아 두 개의 측정도구를 동시에 사용함으로써 신뢰도를 측정하는 방법이다.

문항의 전체의 반을 측정도구로 삼아 측정치를 얻은 다음, 문항의 전체의 다른 반을 동일한 표본에 적용하여 측정치를 얻는다. 그런 다음 두 측정치를 비교하여 상관관계를 계산함으로써 신뢰도를 측정하게 된다. 이분절 기법이라고도 한다.

반분법은 두 검사에서 얻어진 점수가 유사하다면 개별적 점수가 어느 한쪽의 표집된 문항에 의해서 영향을 받지 않았다고 생각될 수 있으므로 측정도구의 내적 일관성을 측정하는 방법이기도 하고, 동등하지 않은 문항을 찾아내 배제할 수 있는 장점이 있다. 그러나 하나의 측정도구를 두 개로 나누었을 때, 각 도구의 측정 문항들을 동등하게 만들기 어렵고, 문항 수가 적은 도구는 사용할 수가 없는 단점이 있다.

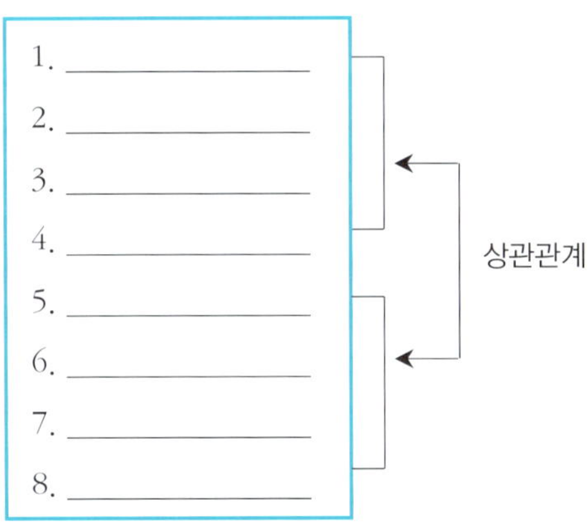

출처: 강종수(2014).

[그림 4-2] 반분법

3) 복수 양식법

복수 양식법(alternate form reliability)은 유사 양식법, 동형검사법(equivalent form reliability)이라고도 한다. 연구변수를 측정할 수 있는 또 다른 조사도구와 같은 형태나 대안적 조사도구를 개발하여 두 가지를 모두 시행하고 나서 그 결과의 상관관계를 비교한다. 복수 양식법은 주 시험 효과를 극복하는 데 도움이 되기는 하겠지만, 동일한 속성이나 현상, 변수를 측정하는 데 사용할 수 있는 두 개의 동등한 측정도구를 개발하는 것이 쉽지 않다. 또한 두 도구를 동일한 연구대상에게 적용할 때 측정상황을 동일하게 조성하는 것도 쉽지 않다.

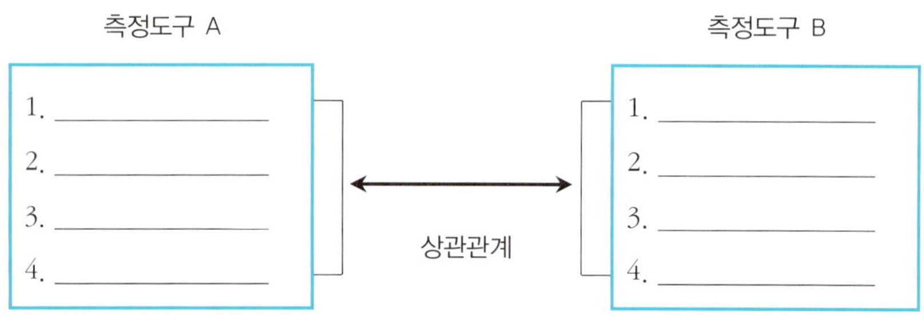

출처: 강종수(2014).

[그림 4-3] **복수 양식법**

4) 내적 일관성 분석법

내적 일관성 분석법(internal consistency reliability)은 신뢰도를 측정하는 방법으로 가장 널리 사용된다. 내적 일관성 분석법은 척도의 각 개별 항목이 전체 척도와 얼마나 상호 연관되어 있느냐를 나타내는 것이다. 이 경우 모든 문항이 가질 수 있는 모든 반분신뢰도를 구한 후 그 평균값을 산출하는 방법으로 주로 SPSS 등의 통계패키지에 의해 분석된다. 특히 연구자가 자신이 사용하는 척도의 신뢰도를 측정하거나 나타내기 위해 사용하는 유용한 기법으로 보통 크론바하 알파계수로 나타낸다. 통계 프로그램의 보급이 일반화되면서 컴퓨터를 통해 쉽게 알파계수를 구할 수 있다.

5) 대안법

대안법(alternate form reliability)은 조사도구와 같은 형태나 대안적 조사도구를 개발하여 두 가지를 모두 시행하고 나서 그 결과의 상관관계를 비교한다. 예를 들어 자아존중감을 측정하고자 할 때 사용하는 척도는 다양한데, 그 중 40문항 척도와 10문항 척도를 동일한 집단에게 각각 실시한 후 그 결과가 비슷하거나 상관관계가 높게 나온다면 이 척도는 신뢰도가 있다고 본다.

6) 관찰자 신뢰도

관찰자 신뢰도(observer reliability)는 한 측정도구의 결과를 관찰자나 면접자를 달리 두어 측정한 결과를 비교하는 방식을 말한다. 이를 효과적으로 수행하려면 관찰자들을 충분히 훈련시켜야 한다.

예를 들어 사회복지시설에 대한 평가에서 평가팀이 교수, 공무원, 실무자 각 1인으로 구성되었다면 이들이 동일한 시설에 대한 평가에서 비슷한 평가 점수가 나와야만 관찰자 신뢰도가 있다고 할 수 있다.

7) 신뢰도를 높이는 방법

비체계적 오차가 발생하지 않도록 하면 신뢰도가 높아질 것이다. 즉, 측정오차의 발생 가능성을 최대한 통제하여 오차분산을 극소화함으로써 신뢰도를 높일 수 있다. 비체계적 오차는 무작위 오차라고도 하는데, 측정도구 측정상황, 연구표본, 측정하는 사람에 의해 비의도적으로 발생하는 오차이다.

비체계적 오차가 커지면 응답의 일관성에 나쁜 영향을 주기 때문에 척도의 신뢰도가 떨어진다. 그러므로 측정도구를 구성하는 과정과 자료수집 시 다음의 사항을 고려하면 신뢰도를 높일 수 있다(정영숙, 2009).

첫째, 측정도구를 명확하게 구성하여 모호성을 제거해야 한다. 동일 개념을 구성하는 항목들이 일관되게 동질성을 지닐 수 있도록 해야 한다. 그러기 위해서는 개념이 실제현상과 연결되도록 측정 가능한 형태로 정의되어야 하고, 이러한 정의가 경험적 세계로 이어주는 측정도구에 명확히 반영되어야 한다.

둘째, 개념을 측정할 항목수를 충분히 만드는 것이 바람직한데 그 이유는 항목수가 많을수록 정규분포를 이루기 때문이다. 항목들이 정규분포를 이루는지의 여부에 따라 추론 통계에서 적용되는 분석방법이 달라진다. 또한 분석결과 나타난 통계치에 대한 신뢰도와 타당성 여부를 검증하기 위해서 그리고 표본결과를 모집단에 적용하여 일반화하기 위해서도 분석대상인 항목들은 모집단과 같은 정규분포를 이루어야 한다.

〈표 4-1〉 **신뢰도를 높이는 방법**

1. 응답자들이 알고 있는 것만 질문한다.
2. 응답자들이 관심이 있는 것을 질문한다.
3. 선행연구를 통해 신뢰도가 입증된 척도를 사용한다.
4. 연구감독자는 조사자들의 조사내용을 응답자들과의 직접 접촉을 통하여 확인한다.
5. 문항을 보다 구체적이고 명료하게 구성한다.
6. 조사자들은 여러 차례 훈련과 연습을 한 후 조사에 임한다.
7. 측정도구 자체의 신뢰도가 낮다고 판단될 경우 측정항목 수를 늘린다.
8. 유사한 문항을 포함시킨다.

출처: 홍봉수 외(2014).

셋째, 조사대상자가 인지하지 못하거나 관심이 없는 내용은 측정하지 않거나 이해할 수 있는 형태로 바꾸어야 한다. 그리고 조사대상자가 응답하는 내용을 인지하고 있는지 그리고 일관성 있는 응답을 하는지를 알아보기 위해 동일한 또는 유사한 질문을 두 번 이상 물어보는 것도 한 방법이다.

넷째, 면접자들이 조사대상자를 대할 때 일관성을 유지해야 신뢰성 있는 자료를 획득할 수 있다.

응답은 조사자의 외모나 태도, 언어, 면접기술 등에 따라 응답 내용이 달라져 오류가 개입될 여지가 있으므로 면접자는 신중하게 일관성을 가지고 자료수집에 임해야 한다.

8) 신뢰도의 차원

첫째, 안정성 신뢰도

측정도구를 동일대상에게 서로 다른 시점에 적용하여도 동일한 결과를 나타내는 정도를 말한다. 측정도구가 안정성이 높다면 측정할 때마다 동일한 결과를 얻을 수 있다. 안정성 신뢰도는 하나의 측정도구를 동일집단에 대하여 두 번 적용하는 재검사법을 사용하여 검사할 수 있다.

둘째, 동등성 신뢰도

하나의 개념을 복수의 문항(지표)으로 측정하더라도 상이한 문장들 사이에 일관성이 있는 결과를 나타내는 정도를 말한다. 신뢰성이 높은 도구라면 모든 지표에서 동일한 결과가 나타나야 한다. 문항이 많은 측정도구의 동등성은 반분법으로 검사하며, 반분법을 발전시킨 것이 내적일관성 분석이다.

셋째, 코더간 신뢰도

동등성 신뢰도의 특수한 형태로서 복수의 관찰자와 평정자 또는 코더가 같은 정보를 측정할 때에는 그 결과가 일치하는 정도를 말한다. 코더간 신뢰도는 내용분석을 이용한 연구에서 흔히 사용되는 방법이지만 복수의 관찰자와 평정자가 개입되는 연구라면 모두 적용할 수 있다.

넷째, 대표성 신뢰도

측정지표를 상이한 하위집단에 적용할 때 동일한 결과를 나타내는 정도를 말한다. 동일한 측정도구를 상이한 계급이나 성별, 인종, 연령집단 등에 적용하더라도 동일한 결가를 나타내야 한다. 예를 들어 연령에 대한 질문에서, 20대는 진짜 나이보다 높게 응답하고 50대는 낮게 응답한다면 대표성 신뢰도가 낮다.

제 2 절 타당도

1. 타당도의 개념

타당도(validity)란 "측정의 정확성을 의미한다. 즉, 타당도란 측정하고자 하는 개념이나 속성을 얼마나 정확하게 실제에 가깝도록 측정했는가 하는 정도를 뜻한다. 예를 들면, 장애인의 직업만족도를 측정하고자 할 경우 먼저 직업만족이라는 추상적인 개념을 측정 가능하도록 개념화하고 조작화하여 측정도구를 만들어야 한다. 즉, 임금수준이나, 근무환경, 동료와의 관계, 지위보장과 같은 직업만족도와 관련된 많은 지표들을 선택하고, 이를 평가함으로써 직업만족도를 타당하게 측정할 수 있다. 이 경우 이러한 다양한 지표들이 실제 장면에서 직업만족도를 측정해낼 수 있는가를 확인하는 절차가 바로 측정의 타당도이다(박선태 외 2012).

2. 타당도의 종류

타당도를 평가하는 방법은 내용타당도(content validity), 기준타당도(criterion), 구성타당도(construct validity)의 3가지로 분류할 수 있다.

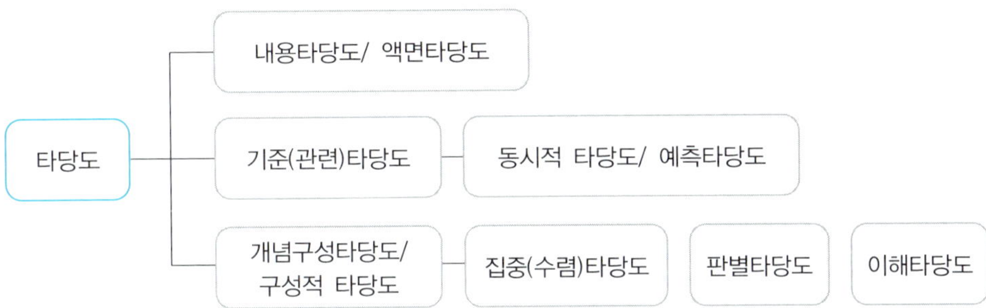

[그림 4-4] 타당도의 종류

1) 내용타당도

내용타당도(content validity)는 액면타당도(face validity)라고도 불리며, 측정도구가 측정하고자 하는 구성이나 개념의 모든 속성을 완벽하게 측정하고 있는지를 평가하는 타당도이다. 즉, 측정하고자 하는 개념의 의미와 영역을 결정하기 위해서 문헌자료나 인터뷰, 집단상담 등을 통해 주제에 대한 구체적 범위와 조작적 정의를 통해 각각의 질문항목들이 측정하려는 개념을 잘 반영하고 있는지에 대해 알아보는 방법이다.

이와 같이 내용타당도는 통계적인 절차를 사용하지 않기에 적용이 쉽고 시간을 절약할 수 있다는 장점이 있다. 전문가의 주관적인 해석과 판단에 의존하기 때문에 오차나 실수가 개입될 수 있으며, 때에 따라서는 형식적 행위로 전락할 여지가 있다. 또한 판단에 있어서 수치적 근거가 없다는 단점을 가진다.

실제로 그동안 많은 연구가 보다 비교가 쉬운 신뢰도에 집중하는 경향을 보여 타당도의 검토가 많이 이루어지지 않는 것이 사실이고, 타당도를 검토하는 경우도 주로 내용 타당도만을 제시하여 왔다. 예를 들면, "기말고사에서 예상하지 못한 지엽적인 문제가 나왔다. 기말고사는 1학기 전반에 걸쳐 배운 내용이 나와야 학생들의 학업성취를 제대로 측정하는 것이므로 큰 문제들이 출제되는 것이 바람직하다면 이 기말고사는 학기 중에 배운 내용을 대표하고 있다고 말하기 어렵고, 따라서 학업성취를 측정하는 척도로서의 타당도가 떨어진다. → 내용타당도의 문제(측정도구의 대표성 정도 평가)

2) 기준타당도

기준타당도(criterion-related validity)는 내용타당도보다 높은 수준의 평가방법이다. 즉, 어떤 측정도구와 측정결과인 점수 간의 관계를 비교하여 타당도를 파악하는 방법을 말하며, 측정도구의 측정치와 기준이 되는 다른 측정도구의 측정치 간의 상관관계로 평가된다. 이미 타당성이 검증된 기준과 관련시켜서 타당성을 검증하기 때문에 경험적 타당성이라고도 할 수 있다(강종수, 2011).

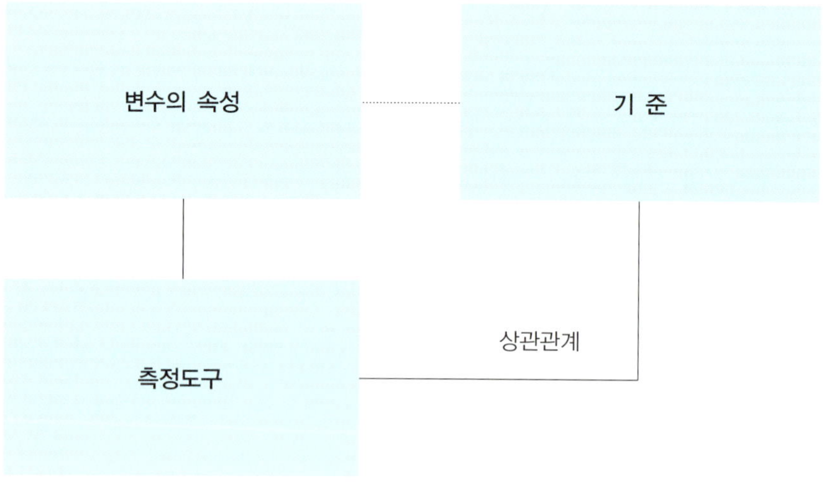

출처: 채서일(1994).

기준타당도는 측정과 기준간의 시간적인 관계에 따라 동시적 타당도와 예측타당도로 구분된다. 예를 들면, 대학학력고사에서 A학생은 성적이 높게 나왔고 B학생은 성적이 낮게 나왔지만 두 학생 모두 같은 학과에 합격하였다. 입학 후에 B학생은 A학생보다 공부를 더 잘하는 것으로 나타났다면, 입학시험의 원래 목적인 입학 후의 수학능력의 예측이라는 측면에서 측정도구인 입학시험은 측정목적인 입학 후 수학능력과의 상관관계가 결여되었으므로 수학능력을 예측하려는데 실패하였기에 타당도가 낮다고 할 수 있다. → 기준타당도가 낮다(측정도구와 측정결과 간의 관계).

(1) 동시적 타당도(concurrent)

현재 상이한 두 대상을 판별해낼 수 있는 측정의 능력 정도를 의미한다. 즉, 어떤 속성면에서 현재의 의미 있는 차이를 가려낼 수 있는지의 문제이다.

동시타당도는 변수 간의 관련성 또는 상관성을 평가하는 적절한 통계량으로 계량화될 수 있다. 하지만 기존에 타당성을 입증받은 측정도구가 없다면 동시타당도를 평가할 수 없으며, 타당성을 입증받은 측정도구가 있을지라도 그 도구와의 관련성 정도에 의해 평가되므로 기존 도구의 타당성 또는 신뢰성이 어느 정도일가를 살펴보는 것이 적당하다. 예를 들어, 정치 성향 측정이 목적인 측정도구가 보수적 성향의 집단과 진보적 성향의 집단을 구분해낸다면 이 측정도구는 동시 타당도가 있다고 할 수 있다.

(2) 예측타당도(predictive)

현재의 상태로부터 차후의 차이를 예측해 내는 도구의 능력 정도를 말한다. 즉, 가리키는 어떤 검사의 결과 예측한 값과 실제 대상자가 나타낸 행위와의 관계를 측정하는 것이다. 그러나 측정도구가 어떤 속성을 완전히 측정했다는 것을 증명할 수 없거나 기준의 사용이 기술적으로 곤란하다거나 기준이 보수적이라는 문제점이 있다. 예를 들면, 다가오는 선거에서 어떤 투표자가 투표할 것인가를 예측하기 위한 측정에서 얻어진 점수는 실제의 투표행위와 비교하여 검증이 가능하다. 한 점수가 투표자가 실제로 투표할 것인지 안할 것인지를 정확히 예측했다면 그 척도는 예측타당도를 가진다.

3) 구성타당도

구성타당도(construct validity)는 가장 높은 수준의 평가방법으로 측정하고자 하는 개념이 여타 관련을 맺고 있는 개념이나 가정을 토대로 하여 그 개념인 전반적인 이론적 틀 속에서 측정도구의 타당성을 경험적으로 평가하는 방법이다(이창희 외, 2011).

척도가 기대되는 방향이나 노선에 얼마나 잘 구별되느냐에 따라 구성타당도가 있느냐가 결정된다. 예를 들어, 결혼만족도 척도를 가정해 보자. 이론적으로 결혼만족도가 낮을수록 가정폭력이 많이 발생한다면 경험적으로 개발한 척도에서 결혼만족도 점수가 높은 부부일수록 가정폭력이 적게 나타나야 한다. 반면, 결혼만족도가 높거나 낮은 사람들이 가정폭력에서 별 다른 차이를 보이지 않으면 새로 개발한 결혼만족도 척도는 구성타당도가 떨어지는 것으로 판단할 수 있다.

이론적으로 예측한 결과가 반드시 나타나지 않아다 하더라도 반드시 구성타당도가 확보하지 않은 것은 아니다. 그 이유는 기존 이론에 문제가 있을 수 있거나 조사 설계가 잘못되어 그럴 수도 있기 때문이다. 구성타당도를 평가하는 방법으로는 수렴타당도, 판별타당도, 이해타당도 등이 있다.

(1) 수렴타당도

수렴타당도(convergent validity)는 동일한 개념을 측정하기 위해 서로 다른 두 가지 방법을 개발하고 측정결과 얻어진 결과들 간에 높은 상관관계가 존재한다. 예를 들어, 공포감 측정을 위한 두 가지 도구를 개발했다고 하자. 분석결과 공포감에 걸린 사람을 의사가 진단한 것과 새로 개발한 공포척도의 점수 간에 상관관계가 높았다면 수렴타당도가 높다고 할 수 있다.

(2) 판별타당도

판별타당도(discriminant validity)는 같은 측정도구로 서로 다른 개념을 측정했다면 얻어진 측정치들 간에 상관관계가 낮아야만 한다. 예를 들어, 문제해결능력과 창조력이라는 서로 다른 개념을 같은 측정방법으로 측정했을 때 결과의 상관관계수가 낮게 나왔다면 판별타당도가 높다고 할 수 있다.

(3) 이해타당도

이해타당도(nomological validity)는 특정 개념을 이론적 구성에 따라 체계적, 논리적, 포괄적으로 이해하고 있는가를 의미한다. 여러 개념을 체계적으로 이용한 이론이나 측정도구가 이해타당도가 높다고 할 수 있다. 예를 들어, 지능의 경우 창조력, 문제를 푸는 능력, 판단력, 순간적인 대처능력 등으로 다양하게 정의될 수 있다.

제 3 절 신뢰도와 타당도와의 관계

신뢰도와 타당도의 관계를 이해하기 위해서는 각각의 의미에서 먼저 타당도에 있어서 측정도구가 무엇을 재는가? 신뢰도는 이러한 척도를 가지고 어떻게 또는 얼마나 정확하게 재는가? 의미해야 한다.

[그림 4-5] 타당도와 신뢰도의 관계

타당도는 척도에 대한 문제지만, 신뢰도는 측정도구가 안정적이고 일관성 있는 정도를 말한다. 예를 들면, 사격선수가 과녁을 향해 사격을 시작할 때 벌어질 수 있는 상황에 대한 비유는 다음과 같다(최성재, 2005).

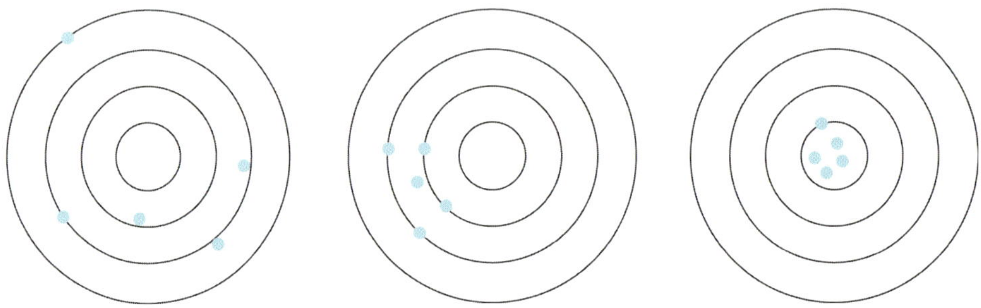

① 신뢰도와 타당도 모두 낮은 경우

② 신뢰도는 높으나 타당도가 낮은 경우

③ 신뢰도와 타당도 모두가 낮은 경우

[그림 4-6] 타당도와 신뢰도와의 관계 예

[그림 4-6]의 ②번과 같이 사격선수가 고장 난 총을 가지고 과녁이 아닌 곳에 집중적으로 쏘았다고 가정해 본다. 결과는 일관되게 한곳에 집중되어 일관된 결과에 따른 신뢰도는 높다고 할 수 있으나 처음에 과녁을 명중하고자 했던 의도는 빗나가 과녁을 벗어났으므로 타당도는 낮게 된다.

이번에는 [그림 4-6]의 ③번과 같이 제대로 된 총으로 과녁을 명중했다고 가정한다. 이때는 타당도도 높을 뿐 아니라 계속해서 과녁을 중심으로 쏘게 되어 신뢰도 또한 높아지게 됨을 알 수 있다.

이와 같이 신뢰도가 높다고 반드시 타당도가 높은 것이 아님을 알 수 있겠으나, 이를 다시 생각해 보면 신뢰도가 높다고 반드시 타당도가 높은 것이 아님을 알 수 있다. 그러므로 타당도를 확보하면 신뢰도는 당연히 높으나 신뢰도만의 확보는 타당도의 높음을 뜻하지 않음을 알 수 있다. 즉, 타당도는 신뢰도의 충분조건이며 이에 반해 신뢰도는 타당도의 필요조건일 뿐이라는 것을 알 수 있다.

현재 이루어지는 대부분의 조사연구는 연구하고자 하는 목적에 부합되는 합당하고 정확한 측정이 이루어졌는지를 알아보는 타당도의 확보가 우선시된다. 그러므로 기본적으로 개념에 대한 충실한 반영을 전제로 하는 타당도의 확보는 신뢰도 또한 높일 수 있는 가장 기본적인 방법이므로 특히 양적 조사를 실시하는 경우 타당도와 신뢰도를 동시에 밝힐 수 있도록 노력하여야 한다.

신뢰도와 타당도를 동시에 높이기 위해서는 다음 사항을 실천하여야 한다(강병서 외, 2005).

첫째, 개념을 명확히 정의한다.

둘째, 측정절차를 명시해주는 조작적 정의를 명확하게 정의한다.

셋째, 가능하면 다항목 측정을 한다.

넷째, 타당도와 신뢰도를 평가하며, 가능하면 예비 테스트를 실시한다.

다섯째, 측정 자료가 연구목적에 합당한가, 그리고 연구질문에 답을 제시하고 있는가를 확인한다.

제 4 절 측정의 오차

측정의 오차(error of measurement)는 기본적으로 신뢰도와 타당도에 관련된 문제이며, 조사연구 과정에서 여러 형태의 오류가 발생할 수 있다.

실제로 사회복지조사 연구에서 이용되는 대부분의 연구조사도구는 어떤 물리적인 사실에 대한 측정이 아니라 대상의 태도나 속성과 같은 추상적인 영역의 개념화나 증명이 대부분이므로 측정오차를 완전히 없애기는 사실상 불가능에 가깝다. 따라서 연구자는 실제의 참값을 정확하게 측정하기 위해 정교한 조사방법론의 사용을 통해 측정오차가 최소화도록 해야 한다(강종수, 2014).

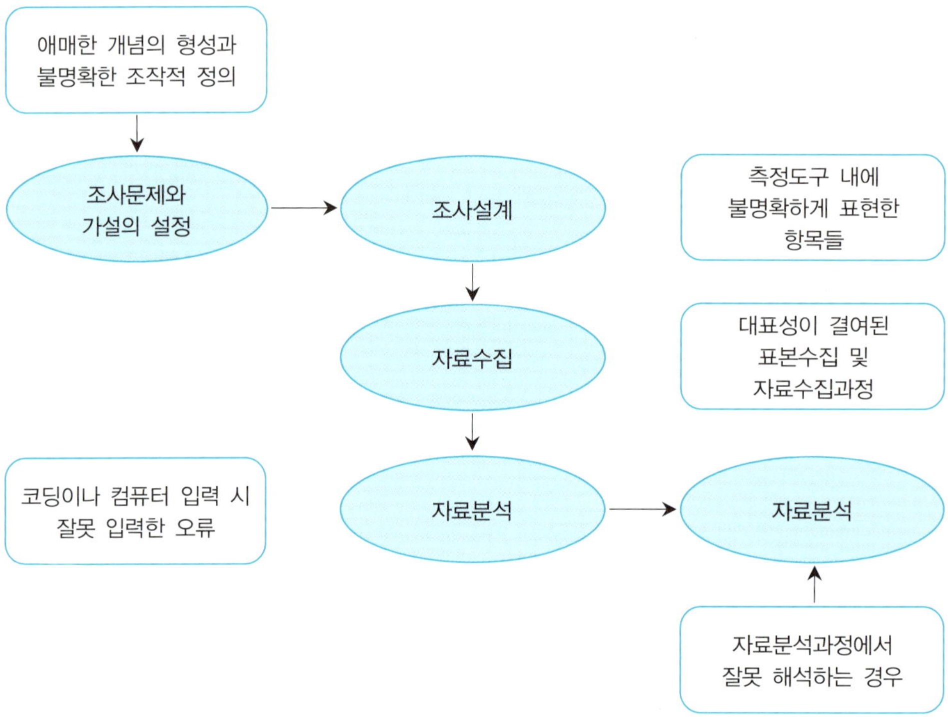

출처: 강종수(2014).

[그림 4-7] 조사연구과정에서 단계별 오류발생 원인

[그림 4-7]은 조사연구과정에서 발생 가능한 오차발생 원인을 단계별로 나타낸 것이다.

1. 체계적 오류

체계적 오류(systematic error)는 자료수집방법이나 수집과정에서 개입되는 오류로,

즉 변수에 일정하게 체계적으로 영향을 주어 측정결과가 모두 높아지거나 낮아지게 되는 편향된 경향을 보이는 오류이다.

구체적으로 다음과 같은 유형이 있다(이창희 외, 2011).

■ 인구통계학적, 사회경제적 특성으로 인한 오류

성별, 학력, 소득, 종교, 인종, 사회적 지위, 문화 등과 같이 인구통계학적 또는 사회경제적인 특성으로 인해 일정한 방향으로 오류가 나타나는 경향을 말한다. 어떤 문화집단에서는 자연스럽게 이해되는 사실도 다른 문화집단에서는 부자연스럽거나 잘 모르는 경우가 흔히 있다. 지능검사는 어떤 저소득 집단에게는 불리한 것으로 지적되어 왔다. 상이한 가치, 기회, 언어습관 등을 지니고 또한 경제적으로 불리한 환경 속에서 성장한 어린이들은 중산층의 환경을 전제로 지능검사를 받을 경우 불리할 수밖에 없다는 것이다.

예) • 응답의 선행효과: 응답자가 고학력일수록 응답문항 중 앞쪽에 있는 답을 선택하는 경향
• 응답의 후행효과: 응답자가 저학력일수록 응답문항 중 뒤쪽으로 답을 선택하는 경향

■ 개인적인 성향으로 인한 오류

개인적 성향에 의한 것으로 무조건 긍정적이거나 부정적이거나 중립적인 개인적인 성향에 따라 나타나는 오류이다.

예) • 관용의 오류: 무조건 긍정적인 입장
• 가혹의 오류: 무조건 부정적인 입장
• 중앙 집중경향의 오류: 무조건 중립적인 입장
• 대조의 오류: 자기 자신과 상반되는 것으로 다른 사람을 평가하려는 오류

• 후광효과: 측정대상의 한 가지 속서에 강한 인상을 받아 그것으로 전체 속성을 평가하는데 부당한 영향을 미치는 영향

2. 무작위 오류

무작위적 오류(random error)는 비체계적 오류로 부르기도 한다. 측정오류의 값이 인위적이거나 편향된 것이 아니라 다양하게 분산되어 있어 무작위적으로 발생하는 오류이다. 측정대상, 측정과정, 측정수단, 측정자 등에 일관성 없이 영향을 미침으로써 발생하는 오류로서 다음과 같은 유형들이 있다.

▪ 측정자로 인한 오류

건강, 사명감, 기분, 관심사 등과 같은 신체적, 정신적 요인

▪ 측정대상자로 인한 오류

긴장, 피로, 불안 등과 같은 신체적, 정신적 요인

측정 장소, 측정시간, 좌석배열, 소음, 조명, 부모참석 등

▪ 측정도구로 인한 오류

측정도구에 대한 사전 교육이 충분하지 않을 때

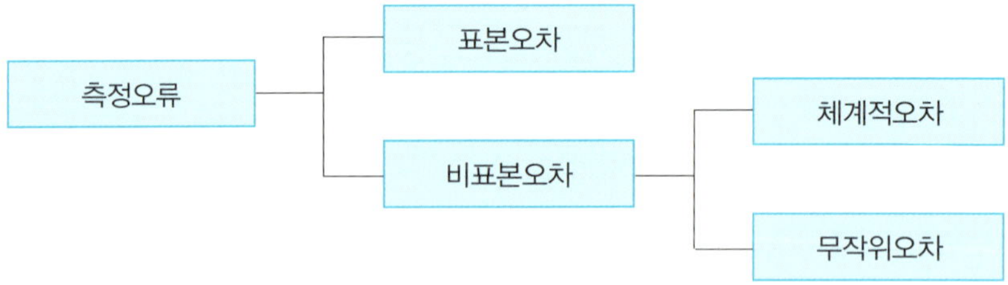

[그림 4-8] 측정오차의 종류

참고문헌

강영걸 외(2008). 사회복지조사론. 학현사.

강이근 외(2015). 사회복지조사론. 창지사.

강종수(2014). 사회복지조사방법론. 양서원.

고수현 외(2013) 사회복지조사론. 정민사.

김갑용 외(2011). 사회복지조사론. 학현사.

남궁근(2013). 행정조사방법론. 법문사.

박선태 외(2012) 사회복지조사론. 정민사.

박창제(2015). 사회복지조사론. 창지사.

이창희 외(2011). 사회복지조사론. 창지사.

이팔환 외(2004). 사회복지조사방법론. 신정.

정영숙(2009). 사회복지조사방법론. 공동체.

최선희(2018). 사회복지조사방법론(제2판). 공동체

최성재(2005). 사회복지조사방법론. 나남출판.

황성동(2010). 알기 쉬운 사회복지조사방법론. 학지사.

황창순(2011). 사회복지조사론. 양서원.

chapter 05

표 본 추 출

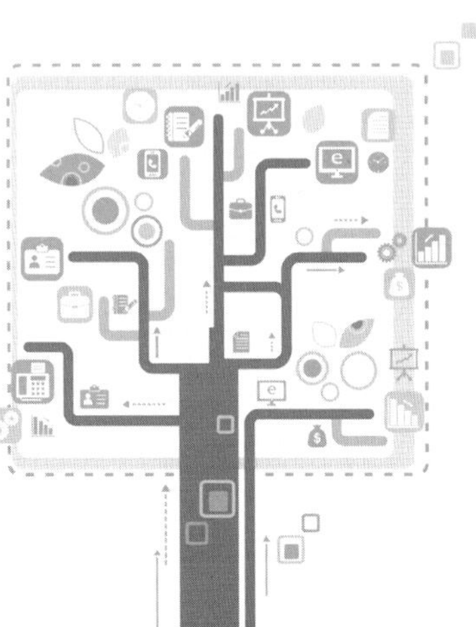

제 1 절 표본추출의 기본 개념

제 2 절 표집방법의 유형

제 3 절 표본의 대표성 및 표본크기와 오차

사회복지조사론

제 1 절 표본추출의 기본 개념

1. 표본추출의 정의

사회복지학을 포함한 사회과학 분야에서는 사회현상에 관한 자료를 수집 · 분석하고 결과를 도출하는 데 있어 가장 좋은 자료는 그 현상과 관련된 연구대상으로 삼는 사람, 집단 또는 사건의 전수를 모두 조사하고 분석하지 않고 전체 대상 가운데 일정한 범주에 속하는 일부를 선택하여 조사를 실시한다.

어떤 조사목적을 달성하기 위해서 연구대상 전체인 모집단(population)으로부터 모집단을 대표하도록 선택된 일부를 표본(sample)이라고 한다. 이러한 표본을 선택하는 과정을 표집(sapling) 또는 표본추출이라고 한다. 추출된 표본으로부터 모집단의 특성을 추정하는 과정을 추리통계의 과정이라고 한다(강이근 외, 2015).

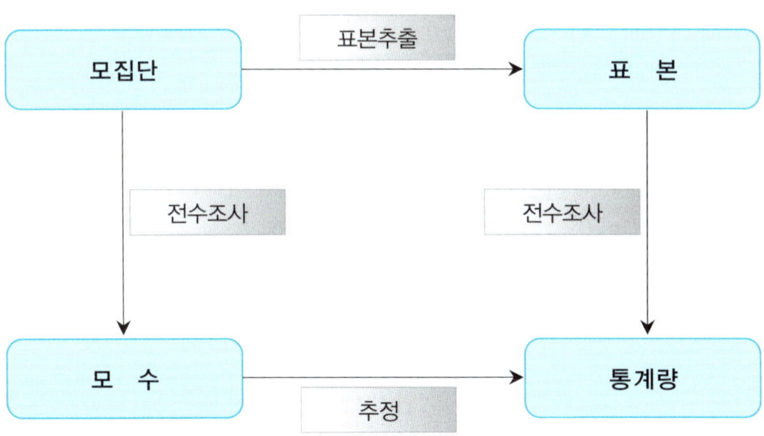

출처: 김병진 외(2006).

[그림 5-1] 전수조사와 표본조사의 관계

2. 표본추출의 장·단점

1) 표본추출의 장점

첫째, 경제성:

전수조사보다 물적 · 인적 자원이 절약된다는 경제성을 가진다.

둘째, 신속성:

조사시간이 많이 절약되기 때문에 연구가 지체되지 않고 조사기간 동안에 변할 수 있는 상황 등 단점을 극복할 수 있다.

셋째, 가능성:

모집단 전체를 파악할 수 없는 경우가 있고 수가 너무 많아서 조사가 현실적으로 불가능할 수 있으므로 표본을 사용한다.

넷째, 정확성:

유능한 조사자들에 의해 조사될 수 있으므로 연구대상을 정확하게 파악할 수 있다.

다섯째, 응답률:

응답자로부터 높은 응답률과 협조를 받을 수 있다.

여섯째, 조직적 반발의 방지:

표본을 사용함으로써 많은 사람들의 감정을 상하게 하지 않을 수 있으며 감정이 상한 사람은 똑같은 질문을 접한 다른 응답자의 신원을 모르기 때문에 공통된 관심을 가지고 조직화될 가능성이 적다.

일곱째, 신뢰도:

전수조사를 하기 위해서는 상당수의 면접자 또는 조사자가 필요하기 때문에 조사자 간의 신뢰도 문제가 발생할 가능성이 높다.

2) 표본추출의 단점

첫째, 모집단을 대표할 수 있는 표본을 찾기 어렵다.

표본은 모집단의 부분 집합으로서 대표성을 가져야 하는데 표본이 모집단을 대표하지 못할 경우 일반화 가능성이 낮아진다.

둘째, 모집단의 크기가 작은 경우에는 표집의 큰 의미가 없다.

모집단이 작으면 모집단을 조사하면 되기 때문에 표집을 추출하여 조사하는 것이 의미가 없어진다.

셋째, 표본설계가 복잡한 경우에는 시간과 비용이 더 소요될 수 있고 표본설계가 잘못된 경우에는 오차가 발생할 수 있다.

3. 표본추출과 관련 용어

표본추출의 과정을 이해하기 위해서 연구에서 기본적으로 사용되는 있는 표본추출의 용어에 대한 이해가 필요하다.

구체적으로 살펴보면 다음과 같다(강이근 외, 2015).

1) 표본조사(sampling Study)

모집단에서 일부를 선정해 표본을 추출하고 추출된 표본에 대해서만 다양한 조사를 실시하는 방법이다.

2) 전수조사(Population Study)

전수조사란 연구대상 전체인 모집단을 대상으로 조사하는 방법이다.

3) 표본요소(Sampling Element)

모집단을 이루고 있는 개별요소를 말하며 자료가 수집되는 조사대상의 기본단위를 뜻한다. 자료 분석의 과정에서 분석단위와 일치하는데, 개인이나 집단, 조직 등이 모두 표본추출의 요소가 될 수 있다.

4) 전 대상(Universe)

전 대상이란 연구대상으로 정의된 사람 모두에 대한 이론적 가설적 집합체를 의미한다. 한국인의 복지의식에 관한 조사연구일 경우, 전 대상은 한국인 전체가 된다. 구체적으로 이론화되지 않아 거의 사용되지 않는 개념이다. 예를 들면, 장애인에 대한 비장애인의 태도에 관한 조사연구의 경우에 있어서 연구대상에서 전체 대상의 범위는 우리나라에 한정하여 장애범주에 해당되지 않는 국민이 된다. 이 용어는 조사연구에 있어서 연구대상을 시간과 공간에 따라 엄격히 배제하지 않기 때문에 현실적으로 유용성이 없어진다.

5) 모집단(Population)

연구대상인 전 대상 중에서 실제로 조사할 수 있는 현실적인 연구대상을 말한다. 즉, 시간, 공간, 자격을 구체화시켜 정의한다. 모집단 가운데 표본이 실제로 추출되는 모집단을 연구 모집단(study population) 또는 조사 모집단(survey population)이라고 한다.

예를 들면, 장애인에 대한 비장애인의 편견 조사의 경우

19~60세 사이의 장애범주에 있지 않은 성인

도시지역에 살고 있는 등록 장애범주에 있지 않은 초등학생

6) 표본(sampling)/(표본추출)

표본을 선택하는 과정이다. 표본추출이라고도 한다.

7) 표본단위(sampling unit)

표본과정 중에 대상이 되는 단위로서 주로 개인이나 집단 등이 표집단위가 될 수 있다. 예를 들면, 전국단위 조사에서 시 · 도를 1차 표집하고 표집된 시 · 도에서 시 · 군 · 구를 표집하고 시 · 군 · 구에서 읍 · 면 · 동을 표집하고 읍 · 면 · 동에서 개인을 표집할 경우 표집단위는 시 · 군 · 구 · 읍 · 면 · 동 개인이 되는 것이다.

8) 표본 틀(Sampling Frame)

표본이 실제 추출되는 연구대상 모집단 전체의 목록을 말한다. 일반적으로 표집틀을 평가하는 3가지 기준은 포괄성(comprehensiveness), 추출될 확률(probability of selection), 효율성(efficiency)이다.

표집 틀을 선정할 때 유의할 사항은 다음과 같다.

첫째, 표집 틀이 연구대상인 모집단 전체를 얼마만큼 포함하고 있는지에 대한 포괄성에 주의해야 한다.

둘째, 표집 틀에서 모집단의 요소들이 표본으로 골고루 추출될 확률이 동일해야 한다.

셋째, 조사자가 연구하고자 하는 필수요소들만 있는 표집틀을 선택해야 시간과 비용을 절약할 수 있다(오혜경, 2005).

예를 들면, 한 고등학교 학생들 중 일부를 표본으로 추출한다면 학생들의 출석부나 학생명부 등이 표집 틀이 될 수 있다.

9) 관찰단위(Observation unit)와 분석단위(Analysis unit)

정보를 수집하는 요소 또는 요소의 총합체이다. 관찰단위와 분석단위는 많은 경우 동일하지만 반드시 그런 것은 아니다. 예를 들면, 가구주와 면접을 통해 가구구성원에 대한 정보를 수집하는 경우가 있는데, 여기서 관찰단위는 가구주가 되지만 분석단위는 가구구성원이 된다.

10) 변수(Variable)

연구대상에는 무수히 많은 속성이 있으며 그것을 구분하는 표식의 지칭이 변수이다. 변수는 반드시 변량(variation)을 가지고 있어야 하며, 반드시 2개 이상의 변수값을 갖는다.

11) 통계치(Statistic)

모집단에서 추출된 표본에서 어떤 변수가 가지고 있는 특성을 요약하여 기술한 수치이다. 표본에서 관찰한 통계치를 활용하여 모수를 추정하는데, 전형적으로 표본의 평균연령이나 소득 등이다. 예를 들면, 표본조사에서 나타난 장애인 근로자의 월 평균 수입이 100만원이라면 이 값은 통계치이다. 이를 토대로 모집단인 우리나라 장애인 근로자의 월 평균수입이 100만원이라고 추정하면 이것은 모수치이다.

12) 모수(parameter)

모집단에서 어떤 변수를 가지고 있는 특성을 요약한 수치이다. 한 도시의 범죄율이나 가구 소득 등이 바로 모수이다. 대부분 사회조사에서는 모수를 정확히 알지 못하며 다만 표본관찰에 근거해서 모집단의 특징인 모수를 추정하는 것이다.

13) 표본간격(Sampling Interval)

모집단에서 표본을 체계적 표집방법(systematic sampling)으로 추출할 때 사용하는 용어이다. 추출되는 표본 사이의 간격을 의미하며, 모집단의 크기/표본의 크기로 구해진다. 예를 들면, 전국의 150만 국민기초생활보장대상자 가운데 100,000명을 뽑아 실태조사를 실시할 경우 표집 간격은 15이다.

14) 표본오차(Sampling Error)

모집단과 표본과의 통계적 차이로서 표집과정에서 생기는 오차가 표본오차이다. 표본의 통계치들이 모집단의 모수와 정확히 일치하지 않고 그 주위에 분산되어 있는 정도이다. 즉, 통계치가 모수와 다른 정도이다. 표본조사를 통해 얻은 모수의 추정값은 전수조사에 의한 모수만큼 정확하지는 않다.

15) 신뢰수준(Confidence levels)

표본에 의한 조사결과의 확실성 정도를 말한다. 즉, 신뢰수준 95%라고 하는 경우에 실제 모수와 추정된 모수 사이의 오차범위가 ±5%라는 의미이다. 예를 들면, 신뢰수준 95%로 통계치의 평균이 100만원이라면, 실제 모수치의 평균은 95만원에서 105만원 사이에 있다.

4. 표본조사의 설계

표본조사설계는 연구대상이 되는 모집단을 확정하고, 적당한 표본틀을 선정한 후 표본의 방법과 표본의 크기를 결정하고 실제로 표본을 추출하는 과정을 거친다.

표본조사설계과정을 살펴보면 같다(강이근 외, 2015).

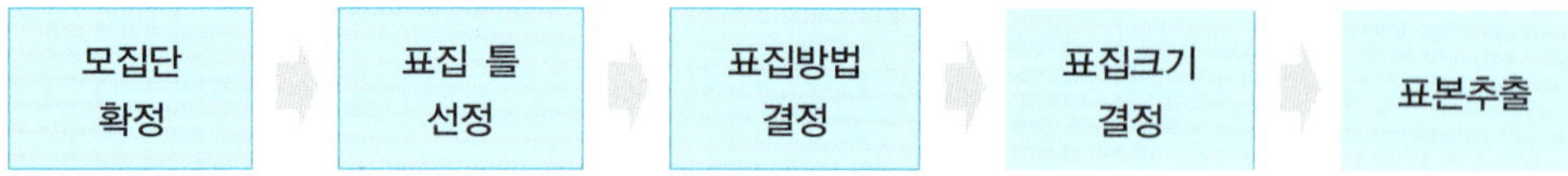

[그림 5-2] 표본조사 설계과정

(1) 모집단의 확정

모집단은 연구대상이 되는 집단으로 연구자가 직접적인 방법이나 통계적 추정에 의하여 정보를 얻으려는 대상 집단이다. 연구목적에 부합되는 자료를 얻기 위해서는 가능한 정확한 모집단의 규정이 필요한데, 이를 위해서는 연구대상, 표본단위, 범위, 시간의 네 가지 요소를 명확히 해야 한다.

(2) 표집 틀 선정

표집 틀은 모집단의 구성요소 목록을 의미한다. 좋은 표집 틀이란 모집단의 구성요소 모두를 포함하면서 어떠한 요소도 이중으로 포함되지 않는 목록이다.

예를 들면, 표집 틀

- 물리적인 형태의 표집 틀: 대구광역시 전화번호부
- 비물리적인 형태의 표집 틀: 매 시간마다 상점 내에 머물고 있는 구매자를 표본으로 추출

(3) 표집방법의 결정

표집 틀이 선정되면 어떤 방법으로 모집단을 대표할 수 있는 표본을 확보할 것인지에 대한 검토가 있어야 한다. 표집방법은 크게 확률표집방법과 비확률표집방법이 있다.

(4) 표본크기 결정

적절한 표본의 크기는 신뢰구간 접근법과 통계적 기법에 의해 결정될 수 있다. 실

제대상으로는 표집방법, 모집단의 성격, 시간과 비용, 연구자 및 조사원의 능력 등을 고려하여야 한다.

(5) 표본추출

결정된 표집방법으로 표본을 수집한다.

제 2 절 표집방법의 유형

표집 혹은 표본추출의 유형에는 확률표집법(probabilistic sampling)과 비확률표집법(non probabilistic sampling) 두 가지가 있다.

확률표집법은 연구자의 의도가 표본추출과정에 개입 없이 모집단의 모든 요소들이 동일하게 추출될 수 있는 확률이 사전에 결정된 확률에 의해 표본추출이 이루어지는 방법이다. 확률표집법은 모집단에 속해 있는 연구대상이 표본으로 선정되는 확률이

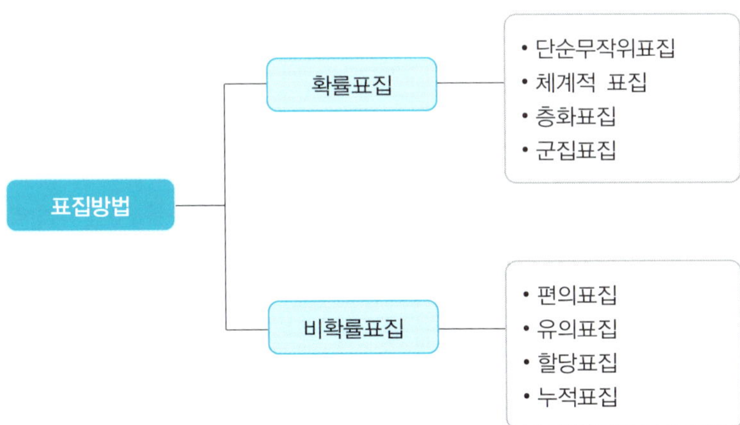

[그림 5-3] 표집방법의 유형

사전에 결정되고, 그러한 확률에 의해 표집 혹은 표본추출이 이루어지는 객관적인 표집방법이다. 비확률표집법은 모집단의 구성요소가 표본으로 추출될 확률을 사전에 알 수 없을 때 사용하는 주관적인 표집방법으로 연구자의 주관에 의해 표집이 이루어지는 방법이라고 할 수 있다.

확률표집법과 비확률표집법의 유형별로 그 특징을 살펴보면 다음과 같다(Royse, 2004).

1. 확률표집법

확률표집법은 모든 조사대상이 추출될 확률이 사전에 알려져 있고 그 확률에 의해 무작위로 표본을 추출하는 표집방법이다. 즉, 모집단에 대한 정보와 그 정보가 수록된 표집틀을 확보할 수 있을 때만 이용될 수 있다.

확률표집법은 다음과 같은 장점을 가지고 있다.

첫째, 모집단의 특성을 좀 더 잘 대변할 수 있는 표본을 추출할 수 있다.

둘째, 조사결과의 통계처리에 의해 모집단의 특성을 몇 퍼센트의 확신을 가지고 ± 얼마 정도 오차범위 내에서 예측할 수 있는가를 계산할 수 있다.

1) 단순무작위표집법

단순무작위표집법은 무작위 방법을 통해 모집단에서 표본을 추출하는 방법으로서 확률표집방법 가운데 가장 간단하면서도 기본적이다. 모집단의 각 요소가 표본으로 뽑힐 확률이 동일하다는 원칙이 적용되고 이론적으로 모집단의 특성을 가장 잘 반영해주는 표집방법이다. 단순무작위방법의 대표적인 예로는 조사대상자 모두에게 번호표를 부여한 후 바구니에 번호표를 다 집어넣고 하나씩 번호표를 뽑아내는 것을 들 수 있다. 이 경우 각 번호표는 표본으로 뽑힐 확률이 항상 일정하다. 또는 난수표를 활용하여 원하는 표본의 수만큼 난수표에 해당되는 번호를 추출해 낼 수 있다.

단순무작위표집법의 장점으로는 모든 요소가 동등하게 추출될 확률을 가지므로 편견이 개입될 확률이 희박하다. 모집단에 대한 사전지식을 필요로 하지 않으며, 표본오차의 계산이 용이하다. 반면 단점으로는 조사자가 모집단에 대해 가지고 있는 지식을 충분히 활용할 수 없다. 또한 동일한 크기의 표본일 경우 층화표집보다 표본오차가 크다. 모집단에서 그 수가 적은 요소는 표본으로 추출될 보장이 없기 때문에 표본의 규모가 커야 한다. 따라서 모집단의 목록을 만들고 번호를 부여하는 작업 등 현실적으로 많은 노력이 소요된다. 최근에는 번호나 숫자를 컴퓨터에 입력하여 무작위로 추출하기도 한다.

2) 체계적 표집법

체계적 표집법은 단순무작위표집법과 거의 유사한 방법으로 모집단에서 일정한 순서에 따라 표본을 추출하는 방법이다. 우선, 전체 모집단에서 무작위표집의 표집 틀(sampling frame)에 일련번호를 부여하고 전체 모집단을 원하는 표본 수로 나누어 표집비율을 정한다. 이렇게 결정된 표집비율에 따라 모집단에서 일정 비율로 표본을 반복적으로 뽑는다.

체계적 표집법의 장점은 단순무작위표집법에 비해 자원 및 노력을 절약할 수 있으며 표집이 용이하다. 더불어 모집단 전체에 걸쳐 보다 공평하게 표본이 추출되기 때문에 모집단을 잘 대표할 수 있다. 반면 단점으로는 모집단의 배열이 일정한 주기성 또는 경향성을 가지고 있기 때문에 편견이 개입되어 대표성이 문제가 될 수 있다.

3) 층화표집

모집단을 의미 있는 몇 개의 층화로 범주화한 다음 각 층화에서 무작위표집을 하는 방법이다. 층화표집은 모집단의 속성에 대한 이해를 바탕으로 한다. 모집단에 대해 알고 있는 속성을 기초로 모집단을 층화로 나눈 후 각 층화별로 무작위표집을 하는 것이다. 일반적으로 층화를 구분하는 기준은 성별, 지역 등 모집단의 특성에 따라 나누는 것으로 조사하고자 하는 목적에 따라 다르게 적용할 수 있다.

층화표집법의 장점은 중요한 집단을 빼지 않고 표본에 포함시킬 수 있다. 동질적인 표본의 수를 줄이더라도 정확성을 기할 수 있다. 더불어 면접자가 직접 표본을 뽑을 경우 할당만 정해주면 쉽게 뽑을 수 있다. 또한 우편조사의 경우에는 회수율이 상당히 높아질 수 있으며, 단순무작위표집법보다 지역적으로 더 좁은 지역에서 조사를 집중시킬 수 있으므로 시간, 노력, 경비를 절약시킬 수 있다. 반면 층화표집법의 단점은 층화 시 모집단에 지식이 요구되며, 무엇에 초점을 두어 층화하는가 하는 문제가 제기된다. 또한 각 계층에 대한 명부가 필요하다. 특히 최적분할 비비율적 층화표집법은 그 과정이 복잡하다.

4) 집락표집

모집단을 여러 개의 집락 또는 집단들로 구분하여 이들 집락이나 집단 중 일부를 선택하고, 선택된 집락 또는 집단 안에서만 표본추출방법이다. 즉, 집락표집은 모집단을 기존의 지리적 구획 또는 행정적 구분단위로 나누어진 집락을 기초로 해서 몇 개의 부분 단위로 나누고, 이러한 부분 단위에서 무작위로 표본을 추출하는 방법이다. 집락표집 중 단순집락표집(또는 1단계 집락표집)보다는 다단계집락표집을 더 자주 사용한다. 단순집락표집은 한 번 추출된 집락을 근거로 그 집락에서 무작위표집으로 표본을 선정하는 반면, 다단계집락표집은 몇 단계로 집락을 무작위표집 한 다음 최종 표지 단위에서 개별 요소를 무작위로 추출한다.

집락표집법의 장점은 시간과 비용을 절약할 수 있으며, 전체 모집단의 목록을 작성하지 않아도 된다. 반면 집락표집법의 단점은 집락이 동질적이면 오차의 개입성이 높으며, 단순무작위표집법보다 특정집단의 특성을 과대, 과소할 위험성이 높다.

2. 비확률표집(non-probability sampling)

비확률표집법은 모집단으로부터 선택될 확률이 미리 알려지지 않거나, 모집단이 명료하게 구체화되지 않거나, 구체화되는 데 시간과 비용이 많이 들거나, 모집단에 대한 지식과 정보가 없는 경우에 이용하는 표본추출방법이다. 비확률표집법은 표집 절차가 복잡하지 않으며, 비용이 훨씬 적게 들고, 통계의 복잡성이 없으며, 활용 가능한 응답자를 즉석에서 활용할 수 있는 장점을 가지고 있으나 반면 각 단위가 표본에 포함될 확률을 알 수 없고, 표집오차를 산정할 수 없다는 단점을 가지고 있다.

그러나 비확률표집법은 어떤 사람이 선택될 확률이 알려지지 않았기 때문에 표본이 모집단을 대표할 수 있다고 말할 수 없으며, 연구의 일반화에도 제한점이 나타나고 있다(양성관 외, 2014).

1) 편의표집

연구자가 연구진행에 편리하게 표본을 선택하는 방법으로서 임의표집이라고도 한다. 예를 들면, 조사자가 어떤 이슈에 대한 조사를 위해 특정 시간과 장소를 정해서 그곳을 지나가는 사람이나 그곳에 모인 사람을 대상으로 편의적으로 표본을 선정하여 조사를 하는 것이다. 하지만 이 방법은 표본의 임의성 때문에 모집단을 대표할 수 없다.

편의표집의 장점은 표본을 선정하는 데 쉬울 뿐만 아니라 시간과 비용이 적게 든다는 것이다. 반면 연구자의 주관에 의존하기 때문에 표본선택의 편의가 생기기 쉽고 표본조사의 결과로 모집단을 일반화하는 데 상당한 제약이 따르고 올바른 결론이 나타나기 어려울 수도 있다.

2) 유의표집

조사자의 주관적인 판단에 따라 조사 의도에 맞는 대상을 표본추출하는 것으로서 '판단적 표집', '의도적 표집'이라고도 한다. 그 조사대상은 조사목적을 가장 잘 반영하는 사람들이 된다. 그러나 이렇게 선정된 표본은 모집단의 전형적인 사례가 될 수 있지만, 확률적 표집절차를 따른 것이 아니므로 모집단을 대표할 수는 없다.

유의표집의 장점은 조사자가 표본을 선택하는 데 있어서 조사자의 지식을 활용할 수 있으며 비용과 시간이 절약되기 때문에 경제적이라고 할 수 있다. 반면 단점으로는 모집단에 대한 상당한 사전지식을 가지고 있어야 하며 표본에 대한 대표성을 확신할 수 없다는 점과 표본오차를 산정하거나 모집단의 분포상에서 표본의 위치를 추정할 수 없다.

3) 눈덩이 표집

눈덩이 표집은 눈덩이를 굴리는 것과 같이 처음에는 최초의 표본에서 시작하여 조

〈표 5-1〉 표집 유형 비교

확률표집	구 분	비확률표집
• 모두 표본추출이 가능 • 사전에 확률 값을 알 수 있음	표본요소의 표집확률	• 표본으로 추출될 확률이 0인 경우 • 확률 값을 사전에 모름
• 정확한 표본프레임이 필요함	표본 프레임	• 표본프레임이 사전에 모름
• 높음	표본의 대표성	• 대표성을 보장할 수 없음
• 추정 가능	모수에 대한 추정오차	• 추정 불가능
• 많이 소요됨	소용시간과비용	• 적게 소요됨
• 단순무작위표집 • 체계적 표집 • 층화표집 • 집락표집	표집방법의 종류	• 편의 표집 • 유의표집 • 눈덩이 표집 • 할당표집

사대상자를 점진적으로 확대해 나가는 방법이다. 조사자는 우선 최초의 표본에서 얻은 정보를 바탕으로 다음 표본으로 연결범위를 확대해 나간다. 이 표집은 모집단에 대한 사전정보가 거의 없어 탐색적으로 조사할 때 주로 사용되는 방법이다.

4) 할당표집

모집단을 몇 개의 범주로 구분하고 각 범주에 대해 모집단과 같은 비율로 표본 수를 할당한 다음 각각의 범주별로 조사자의 판단에 따라 할당된 표본추출 하는 방법

〈표 5-2〉 **표집방법별 장·단점**

구분	표집방법	장점	단점
확률표집	단순무작위표집	• 이해가 용이 • 활용이 용이	• 표집틀 구축이 어려움 • 낮은 정밀도 • 대표성을 보장할 수 없음
	체계적표집	• 단순무작위표집보다 이해가 용이 • 대표성이 증대됨	• 대표성이 떨어질 수 있음
	층화표집	• 가능한 모든 부분집단이 포함 • 정밀도 역시 증가됨	• 층화가 관련된 변수선택 어려움 • 변수가 많을 경우 층화가 어려움 • 비용이 많이 소요됨
	집락표집	• 적용이 용이 • 비용이 효율적임	• 정밀하지 못함 • 계산과 결과해석에 어려움
비확률표집	편의표집	• 최소의 비용과 최소의 노력 • 최소의 시간 소비	• 표집에 편의가 발생 • 대표성 없는 경우가 있음 • 설명적 조사에는 부적합
	유의표집	• 낮은 비용과 편의성 • 시간소비가 없음	• 일반화의 어려움 • 연구결과에 대한 신뢰성 한계
	눈덩이표집	• 표본은 특정한 특성에 의해 통제	• 표집에 편의가 발생 • 대표성을 보장할 수 없음
	할당표집	• 모집단 특성이 많지 않은 경우 적합	• 많은 시간이 소요 • 일반화와 계량화의 어려움

이다. 할당표집의 장점은 층화표집과 비교했을 때 적용이 쉽고 범주에 대한 사전정보가 없어도 적용이 가능하다는 것이다. 모집단의 대표성 측면에서 보면 편의표집이나 판단표집보다 우수하다. 반면 단점으로는 연구결과를 일반화시키기가 어렵다.

제 3 절 표본의 대표성 및 표본크기와 오차

1. 표본의 대표성

추출된 표본이 모집단의 집합적 특성과 거의 동일한 집합적 특성이 비슷하다면 그 표본은 모집단에 대해 대표성(representativeness)을 갖는다고 할 수 있다. 예를 들어, 전국의 사회복지학과 대학생을 대상으로 자원봉사에 대한 인식과 실천에 관련된 조사를 실시하고자 할 때 모집단인 전국의 대학생 중에 표본으로 추출된 대학생들은 다양한 요인과 특성이 골고루 반영되어 있어야 한다. 즉, 대도시와 농어촌 학생, 비장애인학생, 성적이 높은 학생과 낮은 학생 등의 인식과 실천에 영향을 미칠 만한 요인들이 표본에 모두 포함되어 있어야 한다. 그러나 추출된 표본이 어느 한 특성만을 갖고 있는 대학생에게만 편중되어 표집이 이루어졌다면 이 같은 과정에서 측정된 표본 통계치에 대해 신뢰할 수 없게 된다.

이처럼 모수란 반드시 대표성이 확보된 표본을 통해 구해진 통계치에 의한 모수추정이 가능하며 특히 양적 연구 확률표집의 방법을 사용해 모든 요소가 동일하게 뽑힐 수 있는 표본의 대표성을 확보할 수 있다. 이와 반대로 좀 더 중점적인 깊은 연구만을 목적으로 하는 비확률표집인 경우에는 표본의 대표성 여부와는 별개로 더 많은 정보를 얻고자 할 때 쓰인다(김환준, 2007).

2. 표본의 크기

모집단을 대표할 수 있는 정확한 모수를 구하기 위해서는 많은 표본의 수를 뽑아 통계치로 분석하는 것이 가장 바람직하다. 그러나 현실적으로 너무 많은 노력과 경비가 들 수 있으므로 연구목적에 맞는 모집단의 특성을 반영한 표본을 추출해 정확한 통계분석 결과를 얻으려면 표본의 크기를 결정하는 데 다음과 같은 원칙을 고려해 표집이 이루어져야 한다(박선태 외, 2012).

첫째, 표본의 크기가 크면 클수록 모수의 정확한 추정이 가능해진다. 예를 들어, 다문화가족 자녀의 장애발생률을 구하고자 할 때 8%의 통계치가 나온 결과와 9%의 나온 결과와의 차이는 매우 크다고 할 수 있다. 이와 같이 정확한 모수를 측정하려 한다면 표본의 수를 크게 잡아야 한다.

둘째, 모집단 내의 특성들이 서로 상이한 정도를 고려하여 표본의 크기를 증가시켜야 한다. 이는 모집단을 구성하고 있는 요소가 서로 동일하다면 단 하나의 표본만으로도 모집단의 특성을 정확하게 반영할 수 있으나 서로 이질성 정도가 큰 경우에는 다양한 특성들이 골고루 표본으로 뽑혀져야 모집단의 특성을 잘 반영할 수 있기 때문이다.

셋째, 변수 간의 상관관계를 분석하고자 할 때에는 사용되는 변수의 수와 표본의 수는 비례하여야 한다. 예를 들어, 노인의 자살에 미치는 영향을 분석하고자 할 때 '연령, 성별, 경제력, 질병, 교육수준 등'의 속성에 관련된 자료들은 위의 5개 변수들을 골고루 측정할 수 있도록 더 많은 대상을 필요로 하는 충분한 표본의 수가 고려되어야 한다. 왜냐하면 표본이 너무 적어 몇 개 안되는 변수 간의 분석은 특성에 큰 차이를 찾기가 어려워 상관관계를 추정해 내기가 어렵기 때문이다

3. 표본오차

조사연구에서 발생하는 표본오차(sampling error)는 모집단의 값과 표본의 값 간의 차이를 의미한다. 어떤 표본도 실제적인 의미에서는 모집단 전체의 값을 알 수 없기 때문에 표본으로부터 얻어진 값을 토대로 연구자가 정한 일정한 신뢰수준(예: 95% 또는 99%) 하에서 나타날 수 있는 오차의 범위를 추정하게 된다(이창희 외, 2011).

1) 표준오차

표본의 통계치와 모집단의 모수와의 차이로 표본조사의 성격상 거의 필요적으로 발생하는 표준오차에 대한 개념을 이해하기 위해 분산(variance) 및 표준편차(standard deviation)의 개념을 살펴보자.

분산이란 각 관찰 값이 평균으로부터 떨어진 거리를 제곱한 것을 평균한 것이며, 표준편차란 분산을 제곱근한 값이다. 표준편차란 각 관찰 값이 평균으로부터 떨어진 거리를 제곱한 것의 평균에 대한 제곱근이다.

이를 공식으로 나타내면 다음과 같다.

$$\sqrt{\frac{\Sigma(X-\overline{X})^2}{N}}$$

S=표본편차, X=각 사례의 관찰 값, $\overline{X}$=산술평균, N=총 빈도

예를 들면, 모집단 10만 명 중 100명을 표본추출해서 설문조사를 한 결과 그들의 점수가 100점 만점에 10점, 15점, 18점, … 98점 이었다면, 그 표본의 산술평과 표준편차를 구하라.

(풀이)

산술평균 $\overline{X} = \dfrac{10+15+18\cdots+98}{100}$

표준편차 $S = \sqrt{\dfrac{\Sigma(10-\overline{X})^2+(15-\overline{X})^2+(18-\overline{X})^2+\cdots+(98-\overline{X})^2}{100}}$

표준오차는 N예의 무작위적인 표본추출을 계속했을 때 그 표본평균들의 표준편차($\sigma_{\overline{X}}$)이다. 즉, 표준오차($\sigma_{\overline{X}}$)란 각 표본평균들($\overline{X}$)이 표본평균($\overline{\overline{X}}$)으로부터 떨어진 거리를 제곱한 것을 더하여 표본들의 수로 나누어 제곱근을 취한 값으로 이를 구하는 공식은 다음과 같다.

$$\sigma_{\overline{X}} = \sqrt{\frac{\Sigma(X-\overline{\overline{X}})^2}{N}}$$

$\sigma_{\overline{X}}$=표본오차, $\overline{X}$=각 표본의 평균, $\overline{\overline{X}}$=산술평균, N=표본평균들의 수

그러나 표준오차($\sigma_{\overline{X}}$)를 구하기 위해서는 무수히 많은 표본들을 전부 조사해서 그들의 평균과 표준편차를 구해야 하는데, 이는 현실적으로 어려운 일이다. 따라서 표준오차는 모집단의 표준편차(σ)를 표본수의 제곱근으로 나눈 다음의 공식에 의해 구해진다.

$$\sigma_{\overline{X}} = \frac{\sigma}{\sqrt{N}}$$

$\sigma_{\overline{X}}$=표본오차, σ=모집단의 표준편차, N=표본수

2) 비표본오차

비표본오차는 표본추출 과정에서 발생하는 오차가 아니라 설문지나 조사자료의 작성, 또는 인터뷰 과정에서 비롯되는 오류, 분석된 자료의 그릇된 해석, 자료집계나 자료를 분석하는 도중에 발생하는 오차를 말한다. 응답자의 불성실한 태도 등에 야기되는 오차를 의미한다. 표본의 크기를 크게 하면 표본오차는 감소하지만, 비표본오차의 가능성이 높아진다.

참고문헌

강이근 외(2015). 사회복지조사론. 창지사.

김병진 외(2006). 사회조사방법론. 법문사.

김환준(2007). 사회복지연구조사방법론. 나남.

박선태 외(2012). 사회복지조사론. 정민사.

이창희 외(2011). 사회복지조사론. 창지사.

Royse, D.(2004). *Research Methods in Social Work*(4th ed.). Belmont, CA: Brooks/ Cole-Thomson Learning.

chapter 06

설 문 지

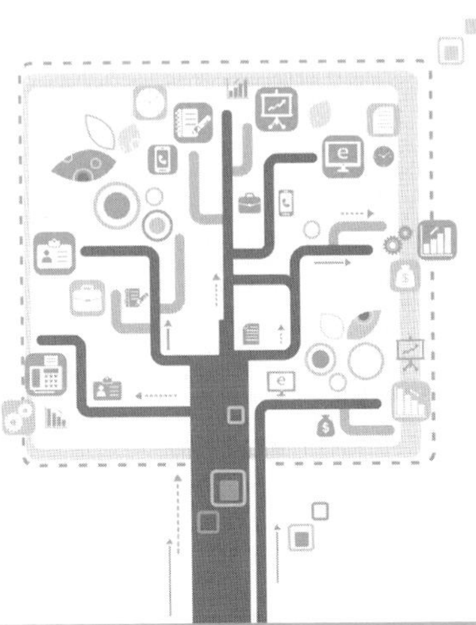

사회복지조사론

제 1 절 설문지의 개념

1. 설문지 의의 및 장·단점

설문지는 커뮤니케이션 도구이다. 설문지는 연구자가 조사하고자 하는 조사항목을 체계적으로 배열하여 인쇄한 문서이다. 따라서 설문지는 사전에 작성된 설문지의 질문항목에 따라 응답자가 직접 기록하는 자료수집방법이다. 설문지는 조사자와 조사대상 간 한 가지 이상의 이야기 주제에 관해 의사소통할 수 있도록 도와주는 도구이다. 설문지는 짧은 시간 내에 많은 자료를 수집하는 데 매우 편리한 방법으로써 사회과학 연구자들이 가장 많이 사용하는 방법이지만, 오류를 범할 가능성이 가장 큰 방법이기도 하다.

설문지의 장 · 단점을 살펴보면 다음과 같다(강종수, 2014).

1) 장점

- 큰 표본에도 용이하게 적용할 수 있다.
- 비용이 비교적 적게 든다.
- 현장 연구원이 필요 없다.
- 문제에 따라서는 보다 솔직한 응답을 구할 수 있다.
- 면접 시 발생할 수 있는 면접자 편견의 개입이 없다.
- 응답자가 충분한 시간을 가지고 응답에 신중을 기할 수 있다.
- 설문지를 통해서만 접근이 가능한 응답자들이 있다.

2) 단점

- 무응답률이 높다. 응답률이 낮으면 비용이 증가되고 연구가 지연된다.

- 설문지에 대한 통제를 제대로 할 수 없다.
- 생략된 부분의 보충설명이 곤란하다.
- 응답해야 할 사람이 응답했는지가 의문시 된다.
- 응답내용이 허위나 과장일 수 있다.

2. 설문지를 이용하는 이유

첫째, 조사결과의 비교가능성을 높일 수 있다. 모든 응답자에게 동일한 내용을 동일한 방식으로 질문을 하게 되므로 측정도구의 변화에 따른 측정의 오류를 최소화할 수 있다.

둘째, 빠른 시간 안에 핵심적인 정보만 선별하여 객관적이고 정확한 정보를 얻을 수 있다.

셋째, 불필요한 내용은 설문지에서 삭제할 수 있고, 응답자가 무기명으로 응답을 기록하는 경우 솔직한 응답이 가능하며 응답의 용이성과 정확성을 높일 수 있다.

3. 설문지의 구성요소

설문지는 가능하면 표준화된 형식으로 작성하는 것이 바람직하다. 일반적으로 응답의 오류를 방지하고 필요한 정보를 포괄적으로 얻어내기 위해서 설문지의 구성요소는 다음과 같이 이루어진다.

첫째, 설문조사에 대한 소개와 응답자에 대한 협조요청이다.

이 부분에서는 조사자나 조사기관의 소개, 조사취지, 설명, 개인적 응답항목에 대한 비밀보장을 기입한다.

설문 표지문에 포함되어야 할 사항은 다음과 같다.

- 연구의 목적을 간결하게 설명한다.
- 응답자의 솔직한 응답이 매우 중요하다는 인식을 주도록 한다.
- 응답 자료에 대한 비밀이 보장된다는 사실을 주지시킨다.
- 응답에는 정답이나 오답이 없으므로 솔직하게 답해주도록 언급한다.
- 응답에 소요되는 예상시간을 밝혀둔다.
- 우편조사라면 회수 마감일을 명확하게 적어 둔다.
- 안내문의 앞과 끝에 정중한 감사의 표시를 한다.
- 연구자의 소속이나 이름, 연락처를 밝혀 둔다.

둘째, 식별 자료이다.

각 설문지를 구분하기 위한 일련의 번호, 응답자의 이름, 조사자의 이름, 조사일시 등이다. 이는 설문지의 첫 장에 나타낸다.

셋째, 지시사항이다.

우편조사의 경우 응답자가 혼자서 전체 설문지를 완성시킬 수 있도록 상세한 작성법을 기록한다. 지시사항에는 일반적 지시사항과 문항별 응답요령을 알려 주는 구체적 지시사항이 있다.

넷째, 필요한 정보를 획득하기 위한 문항이다.

설문지에는 가장 중요한 부분으로 연구목적에 필요한 대부분의 자료가 수집되는 부분이다.

다섯째, 응답자의 분류를 위한 자료이다.

이는 응답자의 특성을 파악하기 위한 자료이다. 학력, 성별, 연령, 종교, 주거, 소득, 직업 등과 같은 인구통계학적 또는 사회경제적 변수들을 질문하게 된다. 이는 개인적 질문에 해당하기 때문에 자칫 응답자의 인격이나 프라이버시 침해가 되지 않도록 주의하여야 한다(강이근 외, 2015).

4. 설문지의 작성절차

일반적으로 설문지는 필요한 자료의 결정, 자료수집방법의 결정, 개별항목의 내용 결정, 설문형태의 결정, 개별항목의 완성, 설문순서의 결정, 설문지의 외형 결정, 설문지의 사전검사, 설문지의 완성의 순으로 진행된다.

구체적인 내용을 살펴보면 다음과 같다(강영걸 외, 2014).

1) 필요한 자료가 무엇인지 결정한다.

설문조사의 목적, 관련 개념 및 이론, 개념 또는 이론 사이의 상호관계, 가설 등을 검토하여 수집할 자료의 내용을 결정한다. 그리고 관련 이론이나 개념에 대한 조작적 정의를 올바르게 내려야 설문내용의 결정이 쉬워진다.

2) 자료수집을 위한 설문조사방법을 결정한다.

어떤 자료수집을 선택하느냐에 따라 시간 · 비용상의 제약으로 인하여 조사할 수 있는 정보의 양 · 내용 · 설문방식이 달라질 수 있다. 적합한 방법의 결정이 중요하다.

3) 개별 설문내용 결정

첫째, 설문을 작성할 때 조사자는 꼭 필요한 내용이 아닌 항목이라도 조사와 조금이라도 관련이 있으면 그것들을 설문지에 포함하고 싶은 유혹을 받게 된다. 설문조사결과가 자신이 원하는 대로 나오지 않을 경우를 대비하기 위해서 또는 해당 조사 외의 다른 조사목적을 충족시키기 위해서 습관적으로 그렇게 하는 경우가 있는데 설문내용은 원칙적으로 설문조사 목적에 부합되는 것만 포함해야 한다.

둘째, 조사자에게는 필요한 내용이라고 하더라도 응답자가 묻고 있는 내용에 대해서 잘 알고 있지 않거나, 알고 있다고 하더라도 바로 답을 할 수 없거나 또는 응답하기를 원하지 않는다면 필요한 자료는 수집할 수 없을 것이다.

셋째, 설문내용을 결정할 때 조사자는 한 문항으로 내용을 충분히 측정이 가능한지 고려해야 한다.

4) 설문형태의 결정

설문내용이 결정되면 설문의 내용별로 설문의 형태와 방법을 선정한다. 이는 설문을 어떠한 형식으로 제시하고 요구하는 응답형식을 어떻게 표현하는가에 따라 응답의 설문과 내용이 달라질 수 있기 때문이다(박선태 외, 2012).

(1) 설문형태

구분	개방형(open-ended) 설문
정의	• 응답범주가 상세히 구체화되지 않은 채 설문만 던지는 형태이다.
장점	• 어떤 상황에 대한 기본적 쟁점이 무엇인지 탐색하려고 할 때 유용하다. • 응답자의 감정을 개인적으로 진술하는데 압력을 가하지 않는다.
단점	• 응답률이 낮다는 것과 외적 타당도의 감소: 개방형 설문이 많으면 설문지가 길어지고 대답할 용기를 잃게 한다. • 응답자에게 심리적 부담을 준다. 글로써 표현할 능력을 요구하기 때문에 심리적 부담을 준다. • 측정오차의 문제인 내적 타당도의 문제: 한 가지 설문에 대한 여러 가지 답이 동일한 범주에 속하는지 여부를 판단하는 과정에서 오류발생 가능성을 배제하지 못한다.

예를 들면, 개방형 설문을 보면

귀하께서는 대구광역시 지역에서 달서구 월성동에 거주하는 노인들을 위하여 어떠한 새로운 사회복지서비스가 필요하다고 생각합니까?

구분	폐쇄형(closed-ended) 설문
정의	• 설문문항과 미리 범주화된 일정한 수의 응답범주를 제시하여 응답자로 하여금 선택하도록 하는 설문이다. • 예, 아니오, 또는 찬성의 정도, 응답범주 목록에서 선택 등의 형식이다.
장점	• 신뢰성 있는 응답의 확보 가능 • 소득수준과 같이 구체적으로 밝히기 어려워하는 설문에 유용하다.
단점	• 컴퓨터 프로그램 패키지에는 적합하지 못하다. • 응답을 범주로 묶음으로써 자료를 얻지 못하게 된다.

예를 들면, 폐쇄형 설문을 보면

귀하는 부모님을 모시고 계십니까?

① 예 ② 아니오

(2) 응답범주의 형식

이분형 질문과 이분형 응답방식
• 폐쇄형 설문의 한 형태로서 "예–아니오", "찬성한다–반대한다"와 같이 간단한 찬반양론을 묻는 설문에 적당한 방법이다. • 때로는 두 선택지 사이에 "차이가 없다"는 중간응답이 필요한 경우가 있다. • 의견이 없거나 찬반이 아닌 의견을 가질 수 있기 때문에 "모르겠다", "의견없다" 등의 응답자를 제공해야 한다. • 양적이고 연속성을 가진 내용으로 구성된 선다형 응답방식이다. 가능한 한 동일한 영역에서 연속성을 갖도록 하고 높은 곳에서 낮은 것으로, 좋은 것에서 나쁜 것으로 또는 그와 반대로 질서 있게 열거한다. • 예) 당신은 귀사의 장애인 편의시설에 어느 정도 만족하고 계십니까? (○ 하십시오)

+3	+2	+1	0	-1	-2	-3
크게 만족	대체로 만족	만족	모르겠다	불안	대체로 불만	크게 불만

선다형 설문과 선다형 응답방식

- 3개 이상의 응답범주 가운데 하나를 선택하도록 하는 설문으로 보통 3~5개의 선택항목으로 구성된다. "기타"라는 범주도 포함시켜야 하는데 "기타"란에도 구체적으로 답을 기입하도록 하는 것이 좋다.
- 예) 절대빈곤을 타파하기 위한 책임은 누구에게 있다고 생각하십니까?
  ① 정부　② 종교기관　③ 기업　④ 지역사회　⑤ 기타(　)

서열형 질문

- 일련의 응답 카테고리들에 대한 중요성, 선호나 우선순위 등에 따른 순서에 따라 응답하도록 하는 설문이다.
- 예) 교회의 사명 가운데 가장 중요하다고 생각하는 운선순위를 표시 하십시오
  (1 = 가장 중요,　3 = 보통 중요,　5 = 가장 중요하지 않음)
  전도(　)　예배(　)　교육(　)　봉사(　)　친교(　)

평정형 질문

- 강도를 달리하여 서열화 된 응답 카테고리들 중 하나를 선택하게 하는 것이다.
- 예) 산재보험을 민영화하는 것에 대해 어떻게 생각하십니까?
  1. 적극 찬성　2. 중립　3. 절대 반대

행렬식 질문

- 동일한 응답항목을 가진 설문들을 체계적으로 묶어서 하나의 질문세트를 만드는 것으로 평정형 설문의 응용형태이다.
- 예) 장애인근로자 직장 만족도에 관한 조사에서 귀하가 근무하는 직장은 어떻습니까?

	매우 그렇다	그렇다	보통	그렇지 않다	전혀 그렇지 않다
1. 일한 만큼 임금을 지급한다.					
2. 상사는 고충을 잘 해결해 준다.					
3. 편의시설이 잘 되어 있다.					

척도법

- 사물이나 개념에 대한 응답자의 반응을 평가한다는 점에서 평정형 설문의 유형이다.
- 서로 반대되는 형용사 어의를 양극단에 두고 이 사이에 5~7개 단계의 어의차 척도로 응답범주를 제시하여 어떤 대상이나 개념에 대한 응답자의 반응을 측정한다.

- 예) D노인복지회관에 근무하는 사회복지사들이 노인들을 대하는 태도가 어떠하다고 생각하십니까?

	3	2	1	0	-1	-2	-3	
친절한	___	___	___	___	___	___	___	불친절한
신속한	___	___	___	___	___	___	___	느린
명랑한	___	___	___	___	___	___	___	우울한
적극적	___	___	___	___	___	___	___	소극적

여과 설문과 부수 설문

- 여과 설문은 조사대상자의 일부를 거르는 설문으로 일부 응답자에게만 해당되는 설문으로 폐쇄형 설문이다.
- 예) 장애인 의무고용제도에 대해서 어떻게 생각하십니까?(여과 설문)
  1. 찬성　　2. 반대
  반대하신다면 그 이유는 무엇이라고 생각하십니까?(부수 설문)

5) 개별적인 항목의 완성

같은 내용의 정보를 얻기 위한 질문에 있어서도 사소한 의미의 변화에 의해서 응답이나 분석결과에 많은 차이를 가져올 수 있기 때문에 연구에 필요한 올바른 자료를 제대로 얻기 위해서도 적절한 질문을 완성할 필요가 있다.

설문지의 개별항목을 작성할 때 유의해야 할 사항은 다음과 같이 살펴볼 수 있다.

① 설문문항은 명확하면서도 평이한 말로 작성할 것

② 복잡한 내용을 한 항목으로 물으려고 하지 말 것

③ 설문에 대한 응답내용이 중복되지 않도록 할 것

④ 지나치게 정확한 답을 요구하는 설문이나 답변이 곤란한 문제에 대한 설문은 피할 것

⑤ 응답자에 대해서 미리 가정하거나 유도형 질문을 하지 말 것

⑥ 질문내용에 대해서 잘 모르거나 시간에 쫓길 경우 중간 값을 선택하는 경향이 있음

6) 설문순서의 결정

① 유사한 문항끼리 묶을 것

② 설문지의 처음 몇 설문은 쉬우면서도 설문에 대한 흥미를 유발할 수 있는 것부터 배열할 것

③ 설문순서를 정할 때 설문 사이의 관계, 난이도, 범위 등을 고려할 것

④ 인적사항에 관한 설문은 가급적 나중에 할 것

7) 설문지의 외형 결정

실제 조사에 있어서는 똑같은 설문내용에 대해서도 설문지의 외관적인 인상에 따라 응답자의 협조 · 조사의 진행에 많은 차이가 있다. 따라서 설문지의 물리적인 외형에 많은 주의를 기울여야 한다. 조사자가 설문지를 직접 들고 가는지, 우편을 통해서 설문지를 회수하는지, 전화조사와 같이 조사자가 설문지를 작성하는지 등을 고려하여 외형을 결정해야 한다.

8) 설문지의 사전검사

설문지의 사전검사(pre-test)는 설문지의 초안을 작성한 후에 예정응답자 중 일부를 선정하여 예정된 본 조사와 동일한 절차와 방법으로 설문지를 시험하여 설문의 내용,

어구구성, 반응형식, 설문순서 등의 오류를 찾아내 설문지의 타당도를 높이기 위한 절차이다.

9) 인쇄 및 편집

사전검사를 통해 필요시 설문지를 수정하고 모든 것이 순조롭다고 확인되면 설문지를 인쇄한다. 이때 인쇄된 설문지가 응답자에게 호감을 주고 중요한 것이라는 인식이 들도록 크기, 용지, 활자, 표지, 공간, 번호, 부호 등 여러 가지를 세밀히 검토해야 한다.

5. 서베이 조사

1) 서베이 조사 의의

자료수집방법으로서 서베이 조사(survey research)는 조사자가 조사대상자에게 말과 글로 무언가를 물어서 자료를 수집하는 방법이다. 말과 글이라는 의사소통 수단을 통해서 자료를 수집하는 서베이 조사는 대학에서는 물론 사회 각 분야에서 가장 많이 활용되는 사회조사방법이다. 하지만 질적 조사방법의 도전과 더불어 조사기술상 해결해야 할 많은 과제에 직면해 있기도 하다.

서베이 방법은 일정한 시점에서 다수의 조사대상자로부터 직접 어떤 수단을 활용하여 자료를 수집하느냐에 따라 우편조사, 면접조사, 온라인 조사 등으로 분류할 수 있다. 우편조사와 면접조사는 서베이 조사에서 가장 많이 사용되는 방법이고, 통신기술의 발전으로 다양한 방법들이 개발되고 있다.

서베이 조사는 다음과 같은 장 · 단점을 가지고 있다(사회복지교육연구센터, 2011).

(1) 서베이 조사의 장점

① 대규모 모집단으로부터 적은 비용으로 정보를 얻을 수 있다. 규모가 큰 모집단의 특성을 묘사하는 데 유용하다.

② 현실상황에서 이루어지기 때문에 현실의 상태를 정확하게 반영하는 자료를 획득할 수 있다. 여기에서 정확도는 표본오차의 범위 내에서의 정확도를 의미한다.

③ 표본오차가 있긴 하나 비교적 외적 타당도가 높은 정보를 얻을 수 있다.

④ 동일한 자료를 이용하여 다양한 주제에 대해 연구할 수 있다.

⑤ 자료의 범위가 넓어 일반화의 수준이 높다.

⑥ 일괄적인 설문지를 사용함으로써 객관적으로 측정할 수 있다.

⑦ 비교적 공간에 구애받지 않고 사용할 수 있다.

(2) 서베이 조사의 단점

① 응답자의 심리적인 상태를 알 수 없으므로 피상적인 결과가 나타나기 쉽다.

② 외생변수의 통제가 불가능하기 때문에 변수들 간의 인과관계를 규명함에 있어 내적타당도가 결여될 수 있다.

③ 한 시점에서 끝나는 경우가 많아 시계열적인 정보를 얻기 어렵다.

④ 고도의 조사지식과 기술을 요한다.

⑤ 설문지는 모든 응답자들을 대상으로 구성하기 때문에 소수의 특수한 집단을 대상으로 하는 질문은 누락될 수 있다.

⑥ 분석단위가 개인이기 때문에 광범위한 사회적 맥락을 다루기 어렵다.

⑦ 연구 설계를 변경하지 않고 유지하기 때문에 현장연구에 비해 돌발적인 연구상황에 대한 대처가 유연하지 못하다.

⑧ 서베이 조사로는 사회적 행동을 측정하지 못한다. 오직 과거행동에 대한 회상의 기록이나 미래에 대한 가설적 행동에 관한 기록을 수집할 수 있을 뿐이다.

⑨ 태도를 측정한다는 것 자체가 태도에 영향을 미칠 수 있다.

제 2 절 설문조사의 종류 및 장·단점

설문조사는 조사원이 조사대상자에게 직접 질문하여 설문지에 응답을 기록하는 면접조사법, 전화면접법, 우편조사법, 인터넷조사법, 집단조사법 등이 있다. 이들 설문조사는 각각 장·단점을 가지고 있기 때문에 어느 설문조사의 형태가 보다 우월하다고 단적으로 말할 수 없다(Babbie, 2001; Neuman, 2006).

설문조사의 종류를 구체적으로 살펴보면 다음과 같다(양성관 외, 2014).

1. 면접조사법

면접조사법은 조사자가 표본으로 선정된 조사대상자를 상대로 일대일(face to face)로 만나서 설문지에 따라 질문을 하고 응답을 기록하는 방법이다. 따라서 다양한 조사내용을 비교적 긴 시간에 걸쳐서 상세하게 조사할 수 있고 회수율이 높으며 조사자가 응답의 내용을 점검할 수 있어서 응답의 오류를 줄일 수 있고 설문지에 포함된 내용 외에 연구에 필요한 기타 관련 정보의 수집이 가능하다. 그러나 시간이 많이 들고, 면접오류가 발생할 수 있고, 조사원의 부정행위가 가능하며, 특수층의 사람을 만나기가 어려운 단점이 있다.

면접조사는 대규모 표본을 사용할 수 있기 때문에 그 결과를 일반화하기 좋다. 따라서 외적 타당도가 높고 내적 타당도는 낮다. 또한 일반적으로 응답의 타당도보다 신뢰도를 더 잘 보장한다.

1) 면접조사의 장점

① 면접조사는 응답률이 높다.

② 면접상황을 통제할 수 있다.

③ 면접조사는 시각, 청각적인 보조물을 사용할 수 있고, 다른 조사에 비해 설문지가 길어도 가능하며, 설문의 내용이 조금 복잡하거나 응답의 내용이 분명하지 않을 경우 추가로 설명을 해주거나 더 자세하게 설문을 할 수 있다.

④ 글을 읽지 못하는 사람이나, 노인들을 상대로 조사가 가능하다.

⑤ 특정 집단에 대한 접근이 쉽다.

2) 면접조사의 단점

① 조사자가 조사대상자를 직접 대면해야 하므로 일반적으로 조사비용과 시간이 많이 든다.

② 면접조사의 가장 큰 문제점은 조사자에 의한 비표본오차이다.

③ 다른 조사에 비해 익명성을 유지하기가 어렵다.

④ 집단별로 낮 동안에 집에 있지 않는 비율의 차가 크며, 사생활 침해 등의 이유로 일반 가정에 방문하여 조사대상자를 찾아 응답을 받아내기가 점점 더 어려워지고 있다.

⑤ 면접조사는 옆 사람들의 영향을 받아 자신의 생각이 아닌 공통의 생각을 적는 경우도 있고, 자기식인 까닭에 엉뚱한 응답을 하였거나 응답을 빼먹는 경우에 이를 파악하기 어렵다. 또한 학교나 업체에서 사정에 맞는 조사대상자를 정해 주는 경우가 많아 연구자의 의도와는 달리 표본에 편향이 생길 수 있다.

2. 전화면접법

전화면접법은 훈련된 조사원이 응답자를 전화로 이용하여 정보를 수집하는 방법이다. 전화를 이용하여 비교적 쉽고 정확하게 모집단에서 표본을 추출할 수 있고, 빠른 시간에 저렴한 비용으로 정보를 수집할 수 있다.

최근에는 정치, 경제, 사회적인 문제에 대한 여론수렴에 많이 사용된다. 면접조사는 10~15분이 적당하다. 조사대상자를 통제할 수 있는 방법이 한정되어 있기 때문에 양질의 많은 정보를 얻기가 어렵다.

1) 전화조사의 장점

① 준대면적인 성격이 있는 것에 비해 시간과 비용이 적게 든다.
② 조사자에 대한 감독이 가능하여, 비표본오차를 줄일 수 있다.
③ 면접조사에 비하여 조사대상자에게 접근하기가 쉽다
④ 표본추출이 쉽다.

2) 전화조사의 단점

① 질문의 길이와 내용에 제한을 받는다.
② 시청각적인 보조물을 활용할 수 없다.
③ 조사대상자의 표정이나 주변상황 등을 직접 확인할 수 없으므로 조사대상자가 아무렇게나 응답을 해도 확인이 어렵고 주변상황에 대한 보조적인 정보수집이 어렵다.
④ 전화를 통해 접근하기 어려운 집단이 있다.
⑤ 표본의 대표성이 문제이다.

3. 우편조사법

우편조사법은 설문지를 우편을 이용하여 조사대상자에게 보내고 편리한 시간이나 장소에서 기록하게 한 후 이를 반송용 봉투를 이용하여 회수하는 방법이다.

1) 우편조사의 장점

① 설문지의 인쇄비와 발송 및 회수를 위한 우편료 정도의 비용 외에는 큰 비용이 들지 않기 때문에 자료수집을 위한 비용이 가장 저렴하다.

② 면접조사법이나 전화면접법으로 질문하기 힘든 내용도 조사할 수 있어, 조사대상자가 조사문제에 대해 관심이 있는 경우에는 설문지의 양이 길어도 대답을 해줄 가능성이 높다.

2) 우편조사의 단점

① 면접조사법이나 전화면접법에 비해 상대적으로 응답률이 낮아 우편조사의 응답률은 10~40% 정도밖에 되지 않는다.

② 대표성에 문제가 있다면 신뢰성 있는 자료를 구하기 어렵고 조사대상자가 질문내용을 이해하지 못할 경우 보충설명이 불가능하기 때문에 응답률이 낮아질 수 있다.

③ 전화면접에 비해 상대적으로 자료수집 기간이 길어진다.

우편조사법에서 회수율을 높이는 기법은 다음 〈표 6-1〉과 같다.

〈표 6-1〉 우편조사 회수율을 높이는 기법

방 법	최적조건
후속독촉 (우편엽서, 전화)	• 보통 3회까지 후속독촉은 필요함 • 2회 이상부터는 설문지를 재발송하는 것도 필요함
설문내용의 중요성	• 설문내용이 중요하다고 인식되어야 함
조사주체	• 조사기관이나 조사자가 권위나 사회적 지위가 있을 때
협조의뢰 편지	• 연구자와 연구기관 표시, 익명성 보장 등
유인책의 사용	• 사례금이나 기념품 지급 등의 유인책 사용함 • 후원자, 대상 집단, 설문 유형에 따른 적절한 유인책 사용함
반송의 용이성	• 회송우표와 반송봉투를 동봉해야 함 • 회송우표 동봉보다는 요금후납봉투 사용
발송시기	• 주말이나 연휴, 학생은 시험기간 등 바쁜 기간을 피해야 함
설문지 외관	• 설문지의 형태, 색깔, 글씨 크기 등의 외관이 매력적일수록 좋음
민감한 질문의 처리	• 사적인 비밀이나 개인적인 이해를 침해할 경우 응답률이 낮음 • 이름이나 소득 등 개인 신상은 가능하면 생략해야 함
설문지 길이	• 짧을수록 좋으나 길이에 따라서는 큰 차이 없음

출처: Miller(1983).

4. 인터넷 조사법

인터넷에서 설문조사를 실시하여 정보를 수집하는 방법이다. 온라인 조사방법이라고도 한다. 인터넷 조사에는 e-mail을 사용하는 방법, 홈페이지를 활용하는 방법, 전문조사기관의 사이트에 의뢰하는 방법 등이 있다.

1) 인터넷 조사의 장점

① 인력, 시간 비용 절약

② 조사대상자에 대한 접근이 용이함

③ 상호작용적 설문문항 작성 가능함

④ 실시간 분석과 연속 조사 가능함

2) 인터넷 조사의 단점

① 익명성 보장이 어렵다.

② 표본집단의 대표성 보장하기 어렵다.

③ 조사대상자의 중복응답 여부 통제가 어렵다.

5. 집단조사법

집단조사는 여러 사람이 일정한 한 자리에 모이게 하여 조사자의 지도하에 일시에 설문조사를 실시하는 방법이다. 주로 기존의 조직체를 대상으로 그 구성원들로부터 자료를 얻고자 하는 것이므로 그 조직체의 적절한 협력을 얻는 것이 좋을 것이다.

1) 집단조사의 장점

① 설문 소요시간과 경비의 최소화

② 조사대상자의 응답과정에서 타인의 개입 차단

③ 설문지에 대한 의문과 질문 해결

2) 집단조사의 단점

① 원하는 표본을 구하기 어렵다.

② 조사대상자의 옆 사람으로부터 영향을 받을 가능성이 있다.

제 3 절 설문조사방법의 선택기준

일반적으로 설문자료수집방법은 조사목적과 내용, 설문의 특성 등에 따라 결정된다. 설문자료수집방법 선택에서 질문의 내용과 유형, 설문자료수집에 소요되는 시간과 비용이 중요하다(채서일, 2003).

1) 설문의 내용과 유형

면접조사법에서 자료를 어떤 방법으로 수집할 것인가에 대한 결정은 연구자가 조사하고자 하는 질문의 내용과 질문유형이 어떻게 구조화되어 있느냐에 달라진다. 질문의 내용이 복잡하고 심층적인 경우나 질문유형이 다양하고 개방형으로 구성된 질문이 포함되어 있을 경우 효과적이다.

인터넷조사법에서 질문내용에 그림이나 색채 음악이나 동영상 등의 시청각적 자료가 포함되어 있을 때는 멀티미디어의 활용이 효과적이다.

2) 설문자료수집에 필요한 시간과 비용

설문자료수집에 필요한 시간은 연구자가 고려해야 할 중요한 요인 중의 하나이다. 설문자료수집기간과 처리기간은 면접조사법, 우편조사보다 전화조사가 상대적으로 짧으며, 인터넷조사법이 가장 짧다. 단시간에 많은 정보를 수집하고자 한다면 전화면접법도 가능하지만 인터넷조사법을 적용하는 것이 가장 효과적이다.

설문비용을 결정하는 주요 요소들은 설문지 제작비용, 설문문항 수, 표본의 지역적 분포, 조사대상자 선정방법, 재조사 여부, 훈련된 조사자의 이용 여부 등이며 우편조사와 전화조사는 면접조사법에 비해 비용이 대체로 적게 들며, 인터넷조사가 가장 저렴하다.

참고문헌

강영걸 외(2014). 사회복지조사론. 학현사.

강이근 외(2015). 사회복지조사론. 창지사.

강종수(2014). 사회복지조사방법론. 양서원.

박선태 외(2012). 사회복지조사론. 공동체.

사회복지교육연구센터(2011). 사회복지조사론. 나눔의 집.

채서일(2003). 사회과학조사방법론. 비앤엠북스.

Babbie, Earl(2001). *The Practice of Social Research*(9th ed.). Belmont, CA: Wadsworth.

Miller, D. C.(1983). *Handbook of research design social measurement*. Newbury Park, CA: Sage Publications.

Neuman, W. Lawrence(2006). *Social Research Methods*(6th ed.). Allyn & Bacon.

chapter 07

면 접 법

제 1 절 면접법의 개념

1. 면접법 의의

면접법(interviewing)이란 연구가설의 적합한 대답들을 획득하기 위해, 그에 적절하도록 고안된 질문들을 조사자와 조사대상자가 얼굴을 맞대고 상호작용하면서 필요한 자료를 수집, 얻어 내는 방법, 즉 일정한 조건하에서 언어를 매개로 하여 질문과 응답을 통해 자료를 얻는 방법이다.

면접법은 질문지법과 함께 사회과학 연구, 특히 통계적 처리가 필요한 연구의 자료수집에서 가장 많이 활용되는 방법의 하나이다. 면접법은 응답자에게 질문지가 주어지지 않고 응답자에게 질문을 읽어주고 조사자가 직접 응답내용을 기입한다. 질문지법의 단점을 보완하기 위해서 면접법의 기술을 발전시키게 되었다. 그 후 심리학자들에 의해 면접기술이 더욱 발달되어 자료를 수집하는 방법으로 널리 활용되고 있다. 다른 사회과학에서도 연구조사 시 자료를 수집하는 방법으로 광범위하게 활용되고 있다(양정하 외, 2006).

- 얼굴을 맞대고 상호작용하면서 필요한 자료를 얻어내는 방법
- 정신치료나 상담에서 면접은 진단, 지도, 치료가 주 목적, 사회조사에서의 면접은 정보수집이 주 목적
- 면접조사는 면접자와 피면접자 간의 정서적 교감이 가능하다는 데 있음
- 면접자의 엄격한 감정중립의 자세 필요

제 2 절 면접법의 종류 및 장·단점

1. 면접법의 종류

면접법은 여러 가지 관점에서 분류할 수 있다. 면접목적에 따라 정보수집 혹은 사회조사 면접, 진단적 결정적 면접, 치료적 면접, 면접 형태에 따라 전화면접, 대면면접, 면접에 참여하는 사람의 수에 따라 개인면접과 집단면접, 면접에 소요되는 시간에 따라 단기면접과 장기면접 등으로 분류할 수 있다.

여기에서는 면접내용의 구성형식에 따라 표준화 면접, 비표준화 면접, 반표준화 면접으로 나누어 설명하고자 한다(김태성 외, 2006).

1) 구성형식 정도에 따른 분류

(1) 표준화 면접(Standardized interview)

사전에 조사표 또는 질문지를 만들고 모든 응답자에게 같은 순서와 언어로 질문하여 면접하는 방법이다. 조사표는 면접자가 피면접자와 면접할 때 사용하는 조사항목들의 한 묶음을 의미한다. 조사표에 따라 면접하므로 면접자가 임의로 질문의 표현을 바꾸거나 새로운 질문을 추가하거나 질문순서를 바꾸는 등의 행위를 할 수 없다.

표준화 면접은 다음과 같은 장·단점을 가지고 있다

▪ 장점으로는

첫째, 질문문항이나 질문순서에서 오는 오류를 최소한으로 줄일 수 있다. 동일한 질문을 같은 순서에 따라 조사하기 때문에 질문문항이나 순서가 바뀜으로써 발생하는 오류를 방지할 수 있다.

둘째, 응답의 차이를 비교할 수 있다. 응답자에게 동일한 질문을 하지 않은 경우,

응답의 차이가 질문의 차이에서 오는 것인지 실제 차이에서 오는 것인지 알 수 없다. 그러나 표준화 면접법은 동일한 질문을 하기 때문에 질문에 의한 차이를 배제할 수 없다.

셋째, 표준화 면접은 비표준화 면접에 비해 신뢰도가 높다. 비표준화 면접은 질문을 달리할 가능성과 응답을 달리할 가능성이 있어 신뢰도가 떨어질 수 있으나, 표준화 면접은 같은 질문에 응답자가 다르게 응답할 가능성만 있어 신뢰도가 높다.

넷째, 동일한 순서에 의해 동일한 질문을 사용하기 때문에 자료의 수량적 표준화와 통계적 처리가 가능하다. 동일한 순서에 의해 동일한 질문을 사용하기 때문에 질문문항만 수량화할 수 있도록 작성하면 통계처리가 가능하다.

▪ 단점으로는

첫째, 응답자의 지식을 충분히 끌어낼 수 있는 융통성이 없기 때문에 오히려 타당도가 저하될 수 있다.

둘째, 표준화된 조사표에 의해 조사해야 하기 때문에 애매한 상황에서 캐내는 질문을 하거나 융통성 있는 질문을 할 수 없어 응답자의 정확한 의견을 파악하기가 어려울 수도 있다.

(2) 비표준화 면접(Unstandardized interview)

질문의 문항이나 순서가 미리 정해져 있지 않고, 면접상황에 따라 적절히 변경될 수 있도록 되어 있는 비교적 자유로운 면접방법이다.

조사되어야 하는 문제의 범위만 결정되어 있고, 구체적인 내용은 조사자가 면접상황에 따라 융통성 있게 조사하도록 하는 방법이다. 질문 자체가 고정되어 있지 않기 때문에 자유응답식인 경우가 많고, 응답자에게 응답할 내용에 대해 최소한의 지시나 방향을 제시할 뿐이다. 비표준화 면접이라 할지라도 연구주제가 설정되어 있거나 연구를 통해 얻고자 하는 목적이 있다면, 그러한 목적을 달성할 수 있도록 인도해주는 면접지침이 있어야 한다. 예를 들면, 이 방법은 정신치료 분야에서 발전되어 온 것으로 응답자의 숨은 감정과 경험을 캐내고 면접 이전에 파악하지 못했던 정서, 태도, 믿음 등을 밝혀내는 데 이용되고 있다.

비표준화 면접은 다음과 같은 장·단점을 가지고 있다.

■ 장점으로는

첫째, 비표준화 면접은 면접상황에 따라 융통성 있게 진행될 수 있다. 면접자는 응답자의 개인적인 특수상황에 따라 질문의 어구나 순서를 조절할 수 있다.

둘째, 비표준화 면접은 표면적인 측면보다 의미의 표준화를 가능하게 한다. 같은 말이라도 사람에 따라 다른 의미를 가질 수 있으므로 표면적인 표현만으로는 표준화가 될 수 없는 경우가 있다. 이 경우 표준화된 질문에만 의존하게 되면 더 큰 오류를 범할 수 있다.

셋째, 표준화 면접은 신뢰도가 높은 반면, 비표준화 면접은 면접결과의 타당도가 높다. 응답자의 개인적인 상황을 고려하여 질문을 할 수 있어 라포를 형성하기가 쉬우며, 결과적으로 응답자의 협력을 얻게 됨으로써 보다 정확한 자료를 얻을 수 있다.

넷째, 비표준화 면접은 표준화 면접에서 필요한 질문을 만드는 데 유용한 자료를 제공해 줄 수 있다.

■ 단점으로는

표준화 면접이 가지고 있는 장점이 곧 비표준화 면접의 단점으로 작용할 수 있다.

(3) 반표준화 면접(Semi-standardized interview)

반표준화 면접은 표준화 면접과 비표준화 면접의 장·단점을 보완한 면접이다. 일정한 수의 중요한 질문을 표준화하고 그 외의 질문을 비표준화 하는 방법이다. 반표준화 면접은 면접의 목적과 질문목록이 기재되어 있는 면접지침을 사용하되, 이 지침의 범위 내에서 면접자가 어느 정도 융통성을 가지고 면접하는 방법이다.

이상의 세 가지 면접방법 중에서 어느 것이 더 좋은 방법인가를 정할 수 있는 기준은 없고 조사목적과 범위, 대상 및 면접상황 등을 고려하여 결정하여야 할 것이다.

① 조사의 준비단계에서의 면접은 문제점 발견에 초점을 두고 있기 때문에 비표준화 면접이 더 좋을 것이고

② 많은 수를 조사하거나 숙련된 면접자가 없는 경우에는 표준화 면접이 더 좋을 것이다.

2) 상황에 따른 분류

(1) 면접법

면접법은 일반적으로 서베이(survey)의 한 형태로서 조사대상자에게 질문을 하고 응답내용을 면접원이 직접 기록하는 설문조사이다. 즉, 면접원과 조사대상자 간의 상호작용이 이루어지기 때문에 면접원의 역할이 매우 중요하다. 면접원은 조사대상자들을 조사에 참여토록 독려하고 질문의 내용을 전달, 그 결과를 기록하는 것을 수행한다. 그러므로 면접조사에서 면접원은 응답의 충실성, 응답 오류의 정도, 조사결과의 신뢰도와 타당도 및 응답률 등 조사의 성패에 결정적인 영향을 미치게 된다(김환준, 2004).

(2) 전화면접(Telephone interview)

전화면접은 전화를 매개로 면접을 하는 방법이다. 전화를 이용하는 간편함과 시간과 비용의 절감이 있다. 또한 전화가 없는 계층이나, 전화를 공개하지 않은 사람들은 표본에서 배제하며, 질문이 극히 단순명료해야 하기 때문에 심층적인 정보를 얻어내기에 어려움이 있다.

(3) 집단면접(Group interview)

집단면접은 집단을 대상으로 구체적인 연구가설을 정립하기 이전 단계로서 질문문

항에 필요한 정보를 얻기 위해 사용되는 면접방법이다. 집단면접은 면접원과 가능한 많은 정보를 제공할 수 있는 10명 내외의 응답자 집단으로 구성된다.

2. 면접법의 장·단점

1) 면접법의 장점

(1) 교육 정도에 관계없이 모든 사람에게 적합한 자료수집방법이다. 질문지법은 읽고 쓸 줄 알아야 하기 때문에 응답자가 어느 정도 교육을 받은 사람이어야 하는 데 반해, 면접법은 특히 한국의 농촌과 같이 교육수준이 낮고 노인이 많은 지역에서는 면접법이 적합한 자료수집방법이다.

(2) 질문지법보다 더 공정한 표본을 얻을 수 있다. 질문지법은 회수율이 낮고(특히 우편조사의 경우) 회수된 것은 대개 그 문제에 대해 관심을 가지고 있는 사람들의 것이기 때문에 회수된 자료를 가지고 모집단의 특성을 추정하기가 어려워진다.

(3) 개별적 상황에 따라 높은 신축성과 적응성을 가진다. 응답자가 이해하지 못하거나 잘못 이해했을 때, 질문을 반복할 수 있고 알아듣기 쉽게 설명할 수 있거나 적합한 추가질문을 하는 등 융통성이 있다. 추가질문, 응답자의 표정, 태도까지 관찰할 수 있기 때문에 진실이 의심되는 것에 대해 추가 질문을 할 수 있다.

(4) 복잡한 질문을 사용할 수 있고 정확한 응답을 얻어낼 수 있다. 경험이 있고 훈련된 면접자는 부수질문을 통해 응답자가 복잡한 질문에 응답하는 데 도움을 줄 수 있고, 캐묻는(probing) 질문 등을 통해 응답자의 정확한 의도를 얻어 낼 수 있다.

(5) 조사환경을 통제하고, 표준화할 수 있다. 질문지법과 달리 면접 조사자는 다른 사람의 방해를 받지 않고 개별적으로 진행될 수 있도록 면접환경을 통제하고

표준화할 수 있다. 질문지조사는 다른 사람의 방해를 받을 수 있을 뿐만 아니라 산만한 주위환경에 의해 영향을 받을 수 있는데, 면접조사는 이러한 것을 방지할 수 있다.

(6) 제삼자의 영향을 배제시킬 수 있다. 질문지법의 경우 우편조사나 배포조사의 경우 친구, 친척, 가족 등 다른 사람의 영향을 받을 수 있다.

(7) 관찰법에서는 현재 나타나고 있는 행동에 대해서만 조사할 수 있으나, 면접법에서는 응답자의 과거 행동이나 사적 행위에 관한 정보도 얻을 수 있다.

2) 면접법의 단점

(1) 절차가 복잡하고 불편하다. 질문지법은 어떠한 방법으로든지 질문지를 보내고 회수하기만 하면 되는데, 면접법은 사전에 전화를 해서 협조를 얻어야 하고, 조사대상자의 편리한 시간에 맞추어 일정을 잡고 직접 찾아가서 만나야 하며, 더 나은 응답을 얻을 수 있도록 질문을 준비해야 한다.

(2) 시간과 비용, 노력이 많이 들어간다. 면접자가 응답자를 현장에서 직접 만나 면접을 실시해야 하기 때문에 많은 시간과 비용이 소요되며, 면접에서 얻은 자료를 정리하는 데에도 많은 시간과 노력이 요구된다.

(3) 면접자에 따라 면접내용이 달라질 수 있다. 그러한 오류로는 면접자가 질문의 언어구성을 변경하거나 특정 문항을 빠뜨리거나 필요 이상의 질문이나 적대감을 유발시켜서 응답에 부정적인 영향을 미치거나 기록의 잘못이나 미완성된 응답을 보충함으로써 발생할 수 있다(채구묵, 2002).

(4) 응답자가 피곤하거나 다른 일에 전념하는 등 조사에 응하기 불편한 상황에서 면접이 이루어지면 피로, 짜증, 불편 등이 초래되어 응답에 부정적인 영향을 미칠 수 있다.

(5) 응답에 대한 표준화가 어려울 수 있다. 응답자에 따라 다른 질문을 하고 캐묻는 질문을 해야 하는 경우가 많은데, 이러한 것은 융통성을 높일 수 있다는 장점이 되기도 하지만 응답자의 응답을 표준화해서 비교할 때 곤란을 초래할 수도 있다.

(6) 넓은 지역에 걸쳐 분포된 사람을 대상으로 면접을 실시하는 경우 어려움이 많다.

(7) 익명성이 결여되어 사적인 질문에 대하여 정확한 응답을 얻기 어렵다.

(8) 응답자에 따라 자기의 상황을 노출시키는 것을 꺼려 조사 자체에 부담을 줄 수 있다. 면접의 경우 응답자를 개인적으로만 만나는 것이 아니라 집에 가서 가정환경, 가족, 이웃 등 개인의 사생활을 관찰하게 되는데, 이러한 일들이 응답자에게 부담을 줄 수 있다.

제 3 절 면접자의 역할과 선정 및 훈련

1. 면접자의 역할

1) 조사협조의 요청

표본추출로 선정된 조사대상자와 연락이 쉽지 않을 때가 있다. 응답자의 협조를 구하기 위해서 면접자는 인내심을 가지고 꾸준하게 응답자와 접촉을 시도하고 그를 설득하기 위해 노력을 해야 한다. 면접자가 확신을 가지고 조리 있게 조사의 목적을 설명하거나 응답자와의 원활한 의사소통을 통해 인간적 친밀감을 유지 할 수 있는 능력이 필요하다.

2) 정확한 응답의 도출

조사에 적극적으로 임하도록 해서 정확한 응답을 하도록 대화를 이끌어 가는 것이다. 응답자는 질문에 대해 오해도 있을 수 있고 이해를 못할 수 도 있기 때문에 이에 대해 자세히 설명해 주고 응답자가 자신의 생각이나 상황을 올바르게 표현하도록 격려함으로써 조사의 정확성을 높일 수 있다.

3) 객관적 조사와 기록

면접자는 객관적이고 표준화된 조사와 기록을 하여야 한다. 응답자들의 응답내용이 서로 다른 것은 그들의 생각이나 경험, 처한 상황이 서로 다르기 때문에 면접자가 질문을 달리 하거나 면접의 분위기가 달라서 또는 기록을 잘못하여서 응답이 서로 다르게 나타나면 안 된다.

면접자는 가능하면 응답자에 따라 면접환경에 차이가 나지 않도록 유의하여야 한다. 특히, 면접분위기를 편안하게 하기 위해 사적인 대화를 나누는 것을 가급적 자제하고 설문조사는 본연의 목적에 충실하여야 한다(최성철, 2009).

2. 면접자의 선정

면접자를 선정할 때 연령, 인종, 성, 언어구사, 목소리 등도 고려해야 한다. 면접자 선정은 면접대상자의 특성, 면접대상자에 대한 접근 용이성, 조사목적 및 질문내용 등에 따라 결정되어야 한다. 면접자와 응답자가 그 특성에 있어서 상이하거나 유사하다는 점은 수집될 자료의 유용성에 영향을 미칠 수 있다.

면접원 선정 시 고려사항은 다음과 같다(김경동 외, 1986).

1) 면접자의 수

면접자의 수를 결정하기 위해서 고려해야 할 사항

(1) 연구에 소요되는 경비의 규모

(2) 면접대상자의 수(표본의 크기)

(3) 면접당 소요되는 평균시간(이동시간, 면접장소를 찾는 시간, 실제 면접시간, 방문 시 부재중인 사람을 재방문하는 시간 등 포함)

(4) 면접조사의 종결에 필요한 총 조사기간

(5) 면접원의 수는 가급적 20명 이내로 하는 것이 바람직하며, 면접원이 증가하면 면접원의 다양성으로 인해 편기가 발생하기 쉽다.

2) 면접자 모집

면접원은 전문조사기관이나 자원봉사기관, 자원들로는 조사를 후원하는 기관에서 모집하기가 쉽다. 가급적 전문적인 훈련을 받은 면접원을 쓰는 것을 권하고 있다.

3) 면접자 선발기준

면접자를 선발할 때는 면접자의 객관적 · 주관적 사항들이 고려되어야 한다.

(1) 객관적인 측면: 면접자는 피면접자와 성별, 사회경제적 지위, 출신지역 등이 비슷한 사람이 좋고 건강상태가 양호해야 하며, 용모도 단정하고 조사경험이 있는 사람은 더욱 좋다.

(2) 주관적인 측면: 면접자는 우선 정직해야 하며, 모든 사람과 잘 이야기할 수 있고 다양한 응답을 논리 정연하고 정확하게 기록할 수 있어야 함. 또한, 강한 인내력을 가지고 어떤 문제든지 열성과 관심을 가질 수 있어야 하며, 상황 판단이 빠른 사람이 좋다.

3. 면접자의 훈련

선발과정을 통해 좋은 면접자들을 얻는 것은 매우 어렵기 때문에 면접원에 대한 교육과 감독의 필요성이 더욱 중요해진다. 면접원에 대한 교육훈련의 과정은 설문조사의 종류, 난이도, 면접원의 경험자 자질 등 다양한 요소에 따라 달라질 수 있다.

훈련시간은 면접내용에 따라 대개 3~4시간이 바람직하며, 면접내용이 복잡하지 않으면 1~2시간 이내에 훈련을 마칠 수 있다. 모든 면접자들은 이전의 조사경험에 관계없이 교육이나 훈련에 의무적으로 참가하도록 해야 한다. 면접자 훈련 또는 교육은 개인적 훈련과 그룹훈련이 있으나 그룹훈련이 바람직하다. 그룹훈련은 훈련시간을 단축시킬 뿐만 아니라 훈련기간 중 제기된 문제점들은 모든 참가자에게 도움이 될 수 있다.

일련의 면접원 훈련과정은 사전준비, 일반교육, 심화교육, 역할놀이의 네 단계로 구분할 수 있다(김태성 외, 2006).

1) 사전준비

면접훈련을 시작하기 전 면접원들에게 제공되어야 할 자료나 물품들을 미리 준비하는 것으로 시작된다. 면접원의 훈련은 집단으로 이루어지기 때문에 훈련 일정표, 면접원의 지침서, 질문지, 면접기술에 관한 조언, 지역사회의 긴급연락망 및 자원 목록, 필기도구, 기타 관련 정보 및 자료 등을 봉투에 넣어 면접자에게 제공하는 것이 바람직하다.

2) 일반교육

(1) 면접원들에게 조사에 대한 개괄적인 이해를 시키는 것을 목적으로 한다. 즉, 연구사업의 목적에 대한 설명은 면접자들에게 연구사업의 본질과 중요성에 대

한 명백한 이해를 갖도록 하는 데 도움이 되며 개별 질문들의 이해를 높일 것이다.

(2) 조사후원기관과 표본의 추출방법 등에 대한 정보를 제공해야 한다. 면접원이 질문지의 작성과정, 표본추출방법, 자료의 수집방법 및 분석방법과 같은 조사의 전반적인 절차에 대해 이해함으로써 조사에서 면접원 역할의 중요성을 인식하게 되고 조사에 보다 적극적으로 참여할 수 있다.

(3) 정확한 자료수집, 지역사회나 응답자와 좋은 사회적 관계 및 정해진 기간에 면접을 완성하는 것이 왜 중요한지 등에 대해 충분히 설명하여야 한다.

(4) 구체적인 면접기간, 요구되는 주당 면접시간, 보상의 수준 및 방법 등과 같은 요소들에 대해 명확하게 하는 것이 바람직하다.

3) 심화교육

연구자는 면접자에게 사업계획 추진에 필요한 전체적인 연구방법에 대해 설명해 주어야 한다. 각각의 질문을 실시하는 방법과 그에 대한 반응을 기록하는 방법에 대한 특정한 지시와 함께 조사도구에 수록된 질문들을 충분히 검토해야 한다. 각 질문들은 그 질문이 포함되어야 하는 이유에 대해 충분한 설명을 해주는 것이 바람직하며, 면접자들로 하여금 조사도구에 익숙해져서 이를 사용하는데 편안함을 느끼도록 해야 한다.

4) 역할놀이

면접자들 간에 서로 짝을 지어 면접 실시 과정을 연습하도록 하는 것은 유용한 방법이다. 역할놀이 과정은 면접자가 면접도구와 면접절차에 익숙해지도록 도움을 줄 수 있다. 면접자와 응답자 입장에서 각각 역할놀이는 그들에게 다양한 질문에 대한 양측의 입장을 이해하도록 하고, 얻어진 응답 속에 무엇이 포함되어야 하는가에 대한 이해를 증진시킨다.

제 4 절 면접조사의 과정

1. 면접의 시작

면접의 과정은 소개와 방문으로 시작한다. 면접원은 문 앞에서 만나고 공식허가서를 보여준다. 응답자로부터 협조를 얻고 재확인한다. 면접조사에 대한 협조를 요청하는 과정은 지역사회의 협조를 요청하는 방법과 응답자 개인의 협조를 얻는 방법으로 구분할 수 있다.

1) 지역사회의 협조를 얻는 방법

한 지역의 주민들을 대상으로 면접을 하고자 하는 경우 연구주제와 관련이 있는 다양한 여러 지역단체나 인물들의 협조를 구하는 것이 바람직하다. 한편 그 지역의 행정관서의 협조를 얻는 것도 중요하지만, 그 지역의 이장, 유지, 마을 어른 등을 예방하고 조사의 취지를 잘 설명하여 협조를 얻는 것이 중요하다. 지역에서의 표본추출을 할 때는 지정한 면접대상자 수보다 10~20% 더 선정하는게 좋다(채구묵, 2002).

2) 응답자 개인의 협조를 얻는 방법

면접을 시작하기 전이나 시작할 때, 면접대상자의 협조를 구하기 위해 다음과 같은 사항을 고려해야 한다.

(1) 방문시간에 대한 사전약속

(2) 좋은 첫인상: 호감을 갖게 하는 신체적 용모 및 태도

(3) 기본사항(면접자 소개, 연구목적, 표본 선정방식 등) 소개

(4) 응답자가 가지고 있는 심리적 장애 제거

(5) 바쁘거나 부재중일 때 대처방법

2. 면접조사 시행-다양한 면접기술의 적용

면접자들은 면접을 효과적으로 실시하기 위해서 또는 면접 시 발생할 수 있는 상황에 적절히 대처할 수 있기 위해서 다양한 면접기술을 습득하고 이를 적용해야 한다.

(1) 면접 시 의사소통

목소리의 적절한 사용, 음조의 변화, 긍정적 태도 등

(2) 면접 시 질문하는 태도와 방법

면접자는 어느 정도 여유를 가지고 위엄 있게 보여야 하며 면접대상자와 면접과정을 신중하게 다룬다는 것을 응답자가 느끼도록 해야 한다. 너무 경직된 분위기를 조성해서는 안 되며, 자유롭게 응답할 수 있는 상황을 조성해야 한다. 사전에 조사표(질문지)를 점검하고, 질문할 때는 응답자와 마주보고 자연스럽게 대화하는 것처럼 진행하는 것이 바람직하다.

(3) 질문의 순서와 내용

면접자는 조사표의 순서대로, 조사표에 있는 질문을 그대로 해야 한다. 특히, 구조화 면접의 경우에는 이 원칙이 지켜져야 한다.

(4) 반대질문을 받았을 때

면접자의 말이 응답자의 응답에 영향을 미칠 수 있기 때문에 신중하게 대처해야

한다.

(5) 응답에 필요한 시간

응답자에게 대답에 필요한 적절한 시간적 여유를 주는 것이 바람직하다.

(6) 응답자가 잘 이해하지 못하거나 오해했을 경우

질문을 한 번 더 그대로 반복하여 응답자가 문항을 이해할 수 있도록 하고, 그래도 이해하지 못할 때는 질문을 알아듣기 쉽게 바꾸어 물을 수도 있다.

(7) 모른다는 대답을 했을 경우

면접자는 피면접자가 정말 모르는 것인지 아니면 다른 이유가 있는 것인지를 주의 깊게 파악하여 가능한 한 구체적이고 정확한 응답을 얻도록 노력해야 한다.

(8) 면접 중 응답자의 대답이 먼저 말한 내용과 상반될 경우

면접자는 응답자의 체면을 지켜 주면서 정확한 정보를 얻을 수 있도록 밝혀내야 할 필요가 있다.

(9) 면접의 내용이 주제에서 일탈하거나 말이 길어질 경우

응답자가 말하고 있는 내용을 주제와 관련시켜 질문함으로써 그의 말이 주제에서 벗어났다는 것을 알게 해주고, 응답내용을 전환하도록 한다.

(10) 라포의 형성 및 유지

면접조사를 성공적으로 수행하기 위해서는 면접을 시작할 때 라포(rapport)를 형성하는 것이 중요하다. 이러한 관계는 면접의 전 과정을 통해 유지되어야 한다. 면접자와 응답자 간의 라포 형성은 면접의 협조와 면접기간 동안에 가장 많은 영향을 미치는 요소 중의 하나라고 해도 될 것이다(양정하 외, 2011).

3. 프로빙 기술

응답자의 대답이 불충분하거나 정확하지 못할 때 추가질문을 하여 충분하고 정확한 대답을 얻을 수 있도록 캐묻는 질문이다.

(1) 간단한 찬성적 응답

응답자가 대답할 때 "예, 그렇겠군요." 등의 찬성적 어구를 자연스럽게 사용함으로써 응답자의 대답에 관심을 표명하는 것이 좋다.

(2) 무언의 암시에 의한 자극

면접자는 다음 말을 기대하는 듯한 표정으로 상대방을 응시함으로써 응답을 계속할 수 있도록 자극을 줄 수 있다.

(3) 명확한 대답의 요구

응답자의 응답이 모순되거나 애매하거나 일관성이 없는 경우에는 추가적인 질문에 의해 명확한 대답을 얻어낼 필요가 있다. 예를 들면, "죄송하지만 지금 말씀하신 내용을 좀 더 자세히 말씀해 주시겠습니까?" 등의 질문을 할 수 있다.

(4) 비지시적인 질문을 사용

캐묻는 질문은 비지시적이어야 한다. 즉, 질문에 대답의 방향을 지시하거나 암시하는 요소가 들어가서는 안 된다. 예를 들면, "그것에 대해 긍정적으로 생각하는 견해는 없는지요?"라고 질문하는 것보다 "그것에 대해 선생님의 더 자세한 설명을 듣고 싶습니다."와 같이 비지시적으로 질문을 하는 게 좋다.

(5) 적절한 곳에서 종결

캐묻는 질문은 적절한 시점에 끝내야 한다. 때때로 질문을 계속해서 하게 되면 응답자가 불안을 느껴 라포(rapport)를 손상시킬 수 있다.

제 5 절 면접 결과의 기록 및 종결

1. 면접 결과의 기록

1) 면접을 기록하는 방법

(1) 현장에서 면접 중에 기록하는 방법: 현장에서 면접내용을 모두 기록하는 방법과 중요한 내용만 기록해 두었다가 이후에 자세하게 기록하는 방법이 있다.

(2) 응답내용을 기억해 두었다가 면접을 마친 후 기록하는 방법이 있다.

(3) 녹음기와 같은 기계를 사용하여 기록하는 방법이 있다.

2) 면접결과를 정확하게 기록하기 위한 원칙

(1) 중요한 내용은 면접 중에 바로 기록해 두어야 한다.

(2) 응답자가 말한 내용을 그대로 정확하게 기록한다.

(3) 면접목적에 관련된 것이면 사소한 내용이라도 전부 기록한다.

(4) 캐묻는 질문과 응답내용을 모두 기록한다.

(5) 면접상황, 즉 면접자와 피면접자의 태도면접에 영향을 미쳤다고 생각되는 모든 사실을 기록해 두어야 한다.

(6) 기록에 집중하여 면접을 진행하는 데 소홀해서는 안 되며, 응답자가 흥미를 잃지 않도록 주의해야 한다.

2. 면접법의 종결

(1) 면접자들은 면접의 종결에 대해 필요한 사항을 숙지하도록 훈련되어야 한다.

(2) 면접이 끝났다고 해서 친절함을 잊어서는 안 되며, 응답자의 협조로 인해 면접이 성공적으로 진행되었다는 점과 응답해준 내용이 지역사회의 문제해결에 많은 도움이 될 것이라는 점을 말하는 것이 좋다.

(3) 응답자가 면접과정에서 가지고 있었던 질문이나 의심을 모두 해결해 주어야 한다. 예를 들어, 다소 민감한 질문에 대한 반응이나 면접과정에 발생한 일을 기록해 두는 것도 연구에 도움이 된다.

참고문헌

김기태 외(2001). 정신보건복지론. 양서원.

김경동 외(1986). 사회조사연구방법. 박영사.

김태성 외(2006). 사회복지조사방법론. 서울: 청목출판사.

김환준(2004). 사회복지연구조사방법론. 경기: 나남출판.

양정하 외(2011). 사회복지조사방법론. 공동체.

최성철(2009). 사회복지조사방법론. 공동체.

채구묵(2002). 사회복지조사방법론. 경기: 양서원.

Babbie, Earl.(1990). *The Practice of social Research*(6th ed.). Belmont, CA: Wadsworth Publishing Company.

chapter 08

관 찰 법

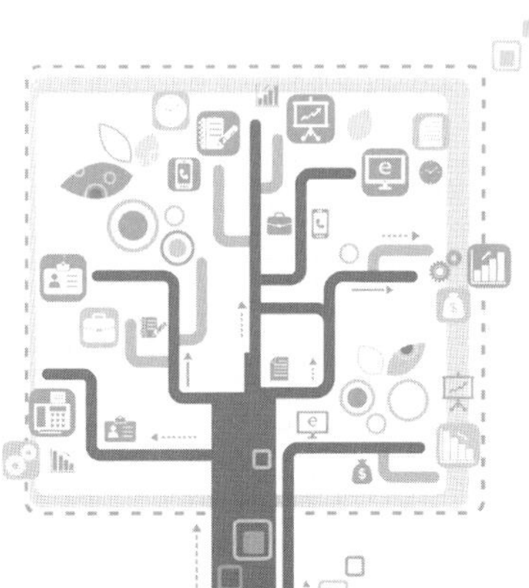

사회복지조사론

제 1 절 관찰법의 개념 및 유형

1. 관찰법 의의

관찰법(observational method)은 연구대상을 통제하지 않고 일정한 시간에 걸쳐서 연구대상의 형태를 지켜보고 들으며 관찰결과를 기록하는 방법이다. 즉, 조사대상자의 특성, 상태, 언어적 행위, 비언어적 행위, 기능, 업적, 환경적 특성 등을 감각적 기관을 통해서 자료를 수집하는 방법이다.

관찰법에서 유명한 예를 들어보면, 페스탈로찌(Pestalozz, 1774)가 42개월 된 아들의 발달을 직접 관찰을 통해 관찰, 기록하여 결과 연구물로 발표한 것이 체계적인 아동연구의 시초가 되었으며, 피아제(Piaget)의 아동인지발달이론도 직접 관찰에 의존하였다(강종수, 2014).

관찰을 통한 자료수집방법은 양적 연구를 위한 자료수집방법과는 다르게 조사대상자가 아닌 조사자가 자료를 직접 수집하는 방법으로 질적 연구라고 할 수 있다. 이러한 질적 연구 중의 하나인 관찰은 연구의 대상과 목적에 따라 사회복지의 다양한 영역에서 사용되고 있다. 특히 사회복지학계와 실천현장에서 관찰을 통한 자료수집과 연구에 대한 관심이 날로 증가하고 있다(박창제 외, 2015).

관찰은 사물의 현상이나 사람의 행위와 같은 외면적 조사에는 적절할 수 있으나, 사람의 심리상태나 행동의 동기와 같은 내면적 조사에는 부적절한 점이 있다. 관찰은 언어적, 비언어적 행동 및 조사대상의 특성을 구조화된 관찰 틀을 갖고 관찰할 수 있다.

일상적인 관찰에 비하여 과학적 관찰이 되기 위해서는 체계적으로 내용이 계획되고 결과를 기록하여 관찰에서 타당도와 신뢰도를 높이기 위한 검증과 통제가 가능해야 한다(홍봉수 외, 2014).

관찰법에서 예를 들어보면, 인간관계론을 탄생시킨 호손 실험이다. 1924년 미국 호손(Hawthone)시 소재 웨스턴일렉트릭(Western Electric) 회사 근로자를 대상으로 하버드대 심리학과 메이요(E. Mayo)가 작업조건(조명, 소음, 습도 등)이 생산성에 미치는 영향을 조사했는데, 원래 가정은 작업환경을 개선하면 생산성이 향상된다는 것이었으나 조사결과 작업환경과 생산성은 별 관계가 없고 대신 일의 보람, 긍지, 동료 간의 우애 등 심리적 요인이 더 큰 영향을 미치는 것으로 나타났다(이를 확인하기 위해 1927년 재조사가 실시되었다). 그러나 호손공장 근로자의 생산성 향상은 근로자 본인 스스로 실험대상임을 자각하여 능동적으로 행동했기 때문이라는 비판이 있다(원석조, 2012). 이러한 관찰방법을 통하여 수집된 자료를 의미있게 해석하기 위해서는 수집된 자료의 부호화와 분류 그리고 분석에 많은 노력과 시간을 투입해야 한다(남궁근, 2013).

2. 관찰법의 유형

관찰은 연구목적에 맞게 다양하게 적용될 수 있다. 문제형성이나 가설을 찾기 위한 탐색적 수준에서도 사용되며, 다른 조사기술에 의해서 얻어진 사실의 해명을 돕기 위한 보충적 자료의 수집을 위해서도 쓰이고 정확한 사회적 상황의 기술을 위해서 그리고 인간관계의 가설을 검증하기 위한 자료수집에 이르기까지 폭넓게 적용되고 있다(남세진 외, 1988).

이처럼 관찰법은 관찰자의 참여 정도와 관찰 정도의 환경과 구조화 정도 등에 의하여도 분류된다. 관찰방식이 얼마나 직접적인가? 관찰대상자가 자신이 관찰되고 있다는 사실을 알고 있는가? 관찰상황이 인위적인가? 얼마나 체계적인가? 어떤 측정도구를 사용하는가?에 따라 관찰법의 유형이 나누어진다(박창제 외, 2015). 관찰법은 그 용도와 방법에서 광범위하게 활용되기 때문에 다양한 형태로 분류될 수 있다.

1) 직접관찰과 간접관찰

(1) 직접관찰

직접관찰은 대상자 행동이 실제로 일어난 때에 직접 보고 관찰하는 방식이다. 즉, 연구자가 그 관찰한 바를 기록하여 자료로 사용하는 것이다. 또한 대상자의 행위가 일어나기까지 기다려야 하는 불편함과 시간과 비용이 많이 든다.

(2) 간접관찰

간접관찰은 대상자 과거행동의 결과로 나타나 물리적인 흔적을 관찰하는 방식이다. 즉, 연구자가 연구대상인 행동이나 사건 등의 사회적 현상을 직접 관찰할 수 없는 상황이나, 조건 속에서 기록이나 문헌 또는 사후적인 흔적 등을 이용하는 것이다. 또한 적은 비용으로 손쉽게 자료를 수집할 수 있다.

2) 참여관찰, 비참여관찰, 준참여관찰

참여관찰은 관찰자가 관찰대상자 속의 일원이 되는 내부로부터의 관찰이며, 비참여관찰은 관찰자가 제3자로서 관찰대상자의 활동에 관여하지 않고 폐쇄회로나 일방향 거울 등을 사용하는 관찰기법을 의미한다.

(1) 참여관찰(Participant Observation)

연구자가 자신의 신분을 밝히지 않고 관찰대상 집단의 내부에 들어가서 그 집단구성원으로 공동생활에 참여하면서 관찰하는 방식이다. 즉, 연구자가 집단구성원으로서 역할을 수행하면서 관찰하는 방법이다. 참여관찰은 어떠한 행위의 동기나 사람들 간의 미묘한 감정관계 등 외부로 나타나지 않는 사실까지 직접 경험하면서 관찰할 수 있다. 관찰대상의 자연성과 유기적 전체성을 보장할 수 있는 장점이 있다.

참여관찰은 관찰대상의 구성원으로 가장하고 역할을 수행하는 것이 현실적으로 어려움이 있다. 예를 들면, 갱 조직이나 윤락여성 집단은 그 구성원으로 침투하기가 어려울 뿐만 아니라 구성원으로 행동하는 데 많은 애로점이 있다. 또 관찰자의 역할이 너무 과중한 경우에는 충실한 관찰을 하기 어렵다. 참여관찰을 하더라도 부담이 많은 역할은 될 수 있는 대로 피하는 게 좋다. 관찰에 있어 객관성을 잃기 쉬우며, 관찰자가 관찰에서 얻은 자료의 표준화가 어려운 단점이 있다.

(2) 비참여관찰(Non-participant Observation)

관찰자가 관찰조사대상집단의 외부에서 관찰대상의 형태를 수행하지만, 구성원과 어떤 상호작용도 하지 않고 제3자적의 입장에서 자연스럽게 관찰하는 방식이다. 예를 들면, 자폐아동들의 행동, 학교폭력 행위, 오토바이 폭주족의 행위 등을 제삼자의 입장에서 관찰이다. 비참여관찰은 비조직 구성원이 객관적인 입장에서 전체를 정확하게 관찰할 수 있다는 장점이 있다. 비참여관찰은 관찰을 받고 있다는 사실이 관찰대상자들의 행위의 자연성을 해칠 수 있는 단점이 있다.

(3) 준참여관찰(Quasi-participant Observation)

준참여관찰은 참여관찰과 비참여관찰의 중간형태로 관찰대상의 생활 전부에 참여하는 것이 아니고 생활의 일부에만 참여하는 관찰방식이다. 이 방식에서는 주로 피관찰자들이 관찰을 받고 있다는 사실을 알고 있다. 예를 들면, 어떤 방법을 사용할 것인지는 조사대상이나 조사내용 등에 따라 선택할 수 있을 것이다. 참여관찰은 조사대상자들의 생생한 삶을 깊이 있게 파악하고자 하면 좋을 것이다. 그러나 비참여관찰은 자폐아동의 행동과 같이 스스로 그러한 입장이 될 수 없는 경우 또는 윤락행위와 같이 역할수행이 어려운 경우에 수행해야 할 것이다.

일반적으로 참여관찰은 구성원으로서 역할을 수행하면서 관찰을 해야 하기 때문에 비조직적 관찰에 많이 사용되고, 비참여관찰은 조직적 관찰에 많이 사용된다. 그러나 참여관찰도 고도로 조직적인 관찰에 사용될 수 있다(채구묵, 2011).

3) 구조적 관찰과 비구조적 관찰

관찰자가 사전에 관찰해야 할 조건들을 미리 구성했느냐 아니면 하지 않았느냐에 따라 구조적관찰과 비구조적관찰로 구분된다.

(1) 구조적 관찰(Structured Observation)

관찰대상, 내용(측정도구), 절차 등을 사전에 결정하여 체계적으로 관찰하는 방식이다. 따라서 관찰내용을 구체적으로 정하고 관찰도구의 표준화를 시도한다는 의미이다.

(2) 비조직 관찰(Unstructured Observation)

관찰대상, 내용(측정도구), 절차를 명백히 규정하지 않고 어떤 현상을 관찰하는 방식이다. 현실적으로 구조적 관찰과 비구조적 관찰을 명확하게 구분하기는 쉬운 것이 아니다. 비록 구조적 관찰을 시도한다고 할지라도 예측하지 않았던 관찰대상자의 행동을 기록할 수밖에 없고, 또한 연구에 있어서 그 목적을 달성하기위하여 활용해야 한다(김영종, 2007).

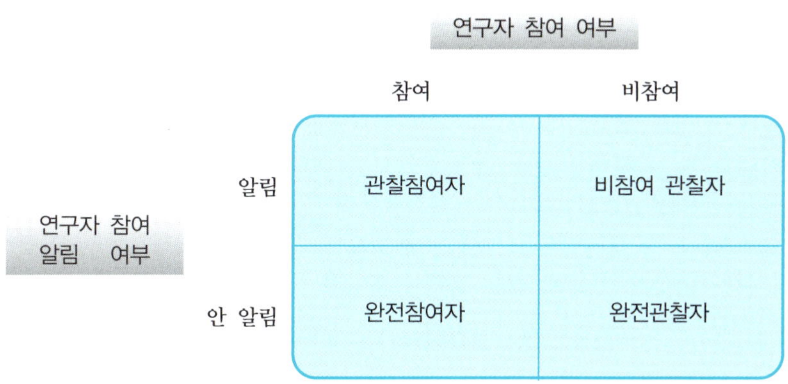

출처: 원석조(2012).

[그림 8-1] 관찰자의 유형

제 2 절 관찰법의 장 · 단점

자료수집방법으로서 관찰법의 장 · 단점을 구체적으로 살펴보면 다음과 같다(홍봉수 외, 2014; 박선태 외, 2012, 강종수, 2014).

1. 관찰법의 장점

첫째, 조사대상의 행동을 직접현장에서 즉각적으로 어떠한 사실을 포착 · 기록할 수 있다.

둘째, 자연스러운 환경에서 행동에 관한 자료를 수집한다. 연구대상이 유아, 동물 등 자기행위나 감정의 구두표현 능력이 없는 경우에 관찰이 유일한 자료수집 방법이 될 수 있다.

셋째, 비언어적 사실이나 개인, 집단의 행동 및 복잡하고 이해하기 어려운 사회현상 조사에 효과적이다.

넷째, 조사대상자의 무의식적인 행동을 관찰할 수 있다.

다섯째, 장기간의 종단적 분석이 가능하다. 즉, 자연스러운 상황에서 장기간에 걸쳐 자료를 수집할 수 있으므로 어떤 현상의 종단적 분석을 할 수 있다.

여섯째, 개인이나 집단의 행동에 관한 정보를 얻는 방법으로 적절하다. 특히 가족이나 집단 구성원 간 또는 의사소통의 형태를 연구하는 방법으로 적합하다.

2. 관찰법의 단점

첫째, 표본의 크기가 작다. 관찰대상의 표본이 적어 조사결과의 일반화와 계량화가 어렵다.

둘째, 통제의 어려움이 있다. 자료수집과정의 통제가 어려워 일관성이 떨어질 수 있다.

셋째, 관찰자료를 수량화할 수 없는 경우가 많아 통계적 처리가 어렵다. 즉, 조사결과의 분석, 해석이 어렵다.

넷째, 익명성의 결여이다. 익명성의 결여로 민감한 문제에 대한 조사가 어렵다.

다섯째, 관찰은 상황발생시점을 기다리거나 현장을 찾아가는 데 시간과 비용이 많이 소요된다.

여섯째, 관찰자의 선택적 관찰과 주관적 해설에 의해 객관성이 저하될 수 있다.

일곱째, 관찰조사는 관찰자가 항상 현장에 있어야 한다.

〈표 8-1〉 **관찰법의 장·단점**

구 분		내 용
관찰법	장점	• 전개되는 상황을 즉시 포착하여 기록할 수 있음 • 주어진 상황 하에서 벌어지는 행동과 같은 비언어적 자료를 획득할 수 있음 • 비인위적인 자연스러운 상황에서 관찰할 수 있음 • 장기간의 종단적 변화를 추적할 수 있음 • 질문지나 표준화검사에서 측정할 수 없는 개인의 내면적 특성을 파악할 수 있음 • 자기 보고서에 의해서 얻을 수 있는 자료보다 더 정확한 자료를 얻을 수 있음
	단점	• 수량화하기가 곤란 • 상황을 통제하기가 거의 불가능 • 대상이 소규모적일 수밖에 없음 • 익명성 결여 • 연구자에게 상당한 심리적, 경제적 부담을 줌 • 관찰자의 주관이 개입될 수 있음 • 관찰자에 의하여 관찰상황이 변화됨(연구대상의 행동이 부자연스러워지거나 스스로 연구목적에 부합되는 행위를 하는 경우가 있음) • 많은 시간이 소요됨 • 자료수집과정이 상당히 복잡하며 많은 시간 작업

구분		내용
참여관찰법	장점	• 연구대상에 의한 연구방해가 없음 • 언어구사력이 떨어지는 집단에 효과적 • 자료의 세밀함과 정교함을 담보할 수 있음 • 행동의 미묘한 차이를 연구 조사 할 수 있음 • 종단적 연구에 효과적 • 조사연구 설계가 항시 수정 가능
	단점	• 외적 타당도가 떨어짐 • 주관성 등으로 결론이 제한적 • 관찰자의 선입견이 개입될 수 있음 • 관찰자 효과가 발생 • 연구대상이 제한적 • 시간적 · 공간적 · 물리적 제약이 있음

출처: 원석조(2012).

제 3 절 관찰의 기록

1. 관찰기록의 시기

관찰에 있어서의 가장 일반적 기록 시기는 즉시 기록하는 방법으로 즉시 기록하는 것이 사후에 기억을 더듬어서 기록하는 데서 오는 약점들을 제거할 수 있어 더 효과적이다. 실제에 있어서 즉시에 기록할 수 없는 경우 관찰은 기록의 정확성을 저해시킬 염려를 가지고 있다. 비디오나 녹음기를 사용 현장을 생생하게 기록할 수 있으나, 법적 · 윤리적 문제가 제기될 수 있다(채구묵, 2011).

2. 기록자의 관점과 추리

관찰의 단점의 하나는 그 행위가 일어난 결과만을 알 수 있다. 왜 그러한 행위가 이루어졌는지에 대한 내심을 알 수 없다. 관찰자가 관찰결과를 기록할 때 누구의 관점, 즉 행위자의 행위인지 상대방의 행위인지, 제3자인지의 관점 파악이 중요하다. 대부분의 경우 부정확한 관찰과 무리한 추리를 막기 위해 제3자적 관점을 택하는 것이 바람직하다고 알려져 있다. 또한 관찰자는 행위의 원인이나 이유를 추리하게 되는데 행위자에게 묻지 않고서는 정확히 알기 어렵다.

추리의 정도는 관찰자로 하여금 정확한 동작이나 행동을 일어난 그대로 정확하게 기록하게 함으로써 최소화하여야 하고 추리해야 할 경우라도 중간 정도만 하는 것이 바람직하다(양성관 외, 2014).

3. 기록의 형식

관찰된 자료는 설화적 서술, 척도에 따른 등급, 범주체계의 형식으로 기록된다.

1) 설화적 서술

설화적 서술은 가장 기본적인 방법이며 관찰자가 현지조사나 참여관찰처럼 비구조화관찰에 주로 활용되는 형식으로 기록지에 자기가 보고 느낀 대로 빠짐없이 서술하는 방식이다. 이때의 서술은 일반적 행위에 대한 관찰자의 해석이 포함되어 있다. 질적 접근에서 사용되며 사건과 상호작용의 큰 부분을 기술한다.

2) 척도에 따른 등급

척도에 따른 등급은 관찰이 완전히 끝난 후 기록하며, 특정한 행위를 요약평가하는 방식이다.

3) 범주체계

범주체계는 관찰하는 동안에 받은 행동에 대한 전반적인 인상을 요약하는 대신 각 행위를 단위로 분리해서 각각 부호화 하는 방식으로 되어 있다. 이때 관찰내용의 범주들은 분명해야 하고 포괄적이어야 하며, 상호 배타적이어야 한다.

4. 관찰기록의 내용

관찰기록의 내용은 관찰개요, 관찰기록, 총평으로 구성된다.

1) 관찰개요

관찰개요는 관찰의 일시 및 장소, 프로그램명, 참가대상자, 관찰자, 관찰목표, 관찰내용 요약, 관찰평가 요약, 특기사항으로 구성된다.

2) 관찰기록

관찰기록은 관찰현장 상황 묘사, 참가자의 특징, 담당사회복지사의 특징, 프로그램 진행과정, 기타 현장 활동의 특징으로 구성된다.

3) 총평

총평은 프로그램에 대한 요약과 총평, 이를 토대로 한 결론을 정리한 후 프로그램 자체의 개선방안과 프로그램 활성화를 위한 정책적 제언, 그리고 기타 개인적인 의견이나 느낌 등으로 구성된다.

5. 관찰도구

관찰을 기록하기 위한 관찰도구로는 여러 가지가 있다(김기원, 2001).

1) 영상카메라(motion picture camera)

영상카메라를 이용하여 관찰대상의 행동을 기록, 정확한 측정 가능, 반복 재생되는 것이 있다.

2) 오디메터(audimeter)

라디오, TV 등을 켜면 작동하여 시청자의 시청 프로그램, 시청시간 등을 자동적으로 기록하는 기계이다.

3) 싸이코갤버노메터(psychogalvanometer)

어떤 사람에게 말, 그림 등과 같은 자극을 주었을 때, 그 사람의 감정상태를 측정하게 위해 땀, 흘리는 정도를 측정하는 것이다. 즉, 좋아하는 인물이 나왔을 때 손바닥 등에서 미세하게 증가되는 수분의 양을 측정하여 응답자의 감정상태를 측정하게 된다.

4) 동공카메라(eye camera)

눈동자의 움직임을 측정한다. 즉, 신문, TV 등을 볼 때 어느 순서로 보고 얼마 동안 보는가를 관측하여 관심이 있다는 것이 무엇인가 측정한다.

5) 퓨필로메터(pupilometer)

눈동자 동공의 크기를 측정하는 것이다. 동공의 크기 변화에 따라 응답자의 반응을 측정한다.

6) MIDCRS(Minnesota Interaction Data Coding and Reduction System)

녹음용 카세트에 목소리의 높낮음 기록과 부호와의 채점, 시간 조절, 삭제 등을 위한 누름단추를 10개나 부착한 기계이다.

7) 일반녹음기

지나간 사건을 재검토하고 기록을 영구히 보존, 활용할 수 있다는 점에서 유리하지만, 여러 사람 간 언어적 상호작용을 판독 할 수 없거나 누구의 목소리인지 식별하기 어려운 경우 등 적절하지 못한 경우도 많다.

6. 관찰 오류

관찰에서 가장 큰 문제는 관찰자의 주관이나 편견에서 오는 오류이다. 관찰의 오류는 지각과정과 인식과정에서 나타난다(강종수, 2014).

1) 지각과정 오류

지각과정 오류에서 지각이란 감각기관을 통해 관찰대상의 성질, 형태, 관계를 의식하는 작용을 말한다. 관찰의 지각과정 오류는 신뢰도와 관련된 것으로 관찰자마다 똑같은 현상에 대해서 느낌이 다르고, 관찰대상이 많을수록 정확한 관찰이 어려운 상황이 되고, 관찰자의 자신의 환상이나 상상이 지각과정에서 작용하며, 이질적이고 혼합된 관찰대상의 경우에 나타나는 현상 자체가 복잡하여 관찰 자체를 방해하는 경우 발생할 수 있다.

지각과정 오류의 해결방안으로는 카메라 등 객관적인 관찰도구를 이용하고, 세세한 관찰단위보다는 큰 관찰단위로 관찰하며, 관찰자 자신에게 초래하는 혼란 및 자극은 가급적 통제한다. 또한 감각기관 중 가장 예민한 것을 사용하고, 관찰기간을 짧게 한다.

2) 인식과정 오류

인식과정에서 인식이란 관찰대상을 감지하고, 분별 · 판단하는 작용을 말한다. 관찰의 인식과정 오류는 타당도와 관련된 것으로 관찰자마다 경험이 다르고 인식을 다루는 지적능력과 추리능력이 다르며, 각자마다 인식하는 준거의 틀이 있다.

인식과정 오류의 해결방안으로는 이론적 개념을 분명히 하고 조사 시 필요한 개념을 경험적으로 정의하며, 개념 간의 관계를 한정하여 사고의 규칙이 주어지도록 하고 관찰 즉시 기록하도록 한다. 또한 관찰자의 지적 자기 인식을 강화시키고 관찰기간을 짧게 한다.

제 4 절 관찰자의 신뢰도, 타당도

1. 신뢰도와 타당도에 미치는 영향요인

관찰의 신뢰도(reliability)는 관찰대상을 여러 번 관찰했을 때 일관된 결과가 나오는 정도이며, 관찰의 신뢰도는 관찰자의 질과 관련이 있다. 관찰자가 관찰경험이 부족하거나 훈련이 제대로 되어 있지 않음으로써 측정결과가 일관성이 없을 때 신뢰도의 문제가 제기된다.

관찰의 타당도(validity)는 본래 관찰하려고 한 것을 제대로 관찰하였는가의 문제이다. 관찰법에 있어서 타당도의 문제는 보통 실제 관찰한 것과 관찰하고자 한 것 사이에 차이가 발생하기 때문에 대두된다. 특히 관찰의 경우 관찰자 개인의 추리에 의한 기록과 해석이 있을 수 있으므로 즉, 관찰자가 본래 의도한 관찰을 하였는가 하는 타당도의 문제가 자주 제기된다(김기원, 2001).

관찰의 신뢰도, 타당도와 관련된 요인으로는 관찰대상, 관찰도구, 관찰자 등이 있다.

첫째, 관찰대상 요인

관찰대상인 행위, 사건, 현상 등이 지속적인 것인가, 반복되는 것인가 하는 문제이다. 즉, 관찰대상의 지속적, 반복적 관찰되면 고정된 요인으로 간주 신뢰도가 높다.

둘째, 관찰도구 요인

관찰도구의 명확성과 구체성과 더불어 복잡성도 문제가 된다. 관찰 틀, 기록 틀, 부호화의 틀에서 지정하는 범주체계와 적용규칙이 모호, 불분명하게 된 경우 타당도, 신뢰도는 떨어진다.

셋째, 관찰자 요인

관찰자의 일관성과 편의 그리고 오류의 문제이다. 관찰자의 피로, 긴장, 권태, 전혀 기대하지 않던 상황의 전개에 대한 놀라움의 충격 등이 이러한 문제를 발생 시킬 수 있다. 또는 관찰자의 개인적 욕구, 가치관, 과거의 경험 등이 관찰한 바를 왜곡시키는 경우도 있다(양정하, 외, 2011).

2. 신뢰도와 타당도를 높이기 위한 방안

관찰의 신뢰도와 타당도를 높이는 방법은 관찰자의 선발과 훈련, 복수의 관찰자 활용, 피관찰자 활용, 모든 관찰사실의 기록, 다른 자료수집 방법의 활용, 사실과 해석의 구분이 있다.

첫째, 관찰자의 선발과 훈련이 필요하다.

관찰의 타당도와 신뢰도는 관찰자의 능력에 달려 있으므로 관찰을 제대로 수행할 수 있도록 사전훈련이 필요하다. 사전훈련에는 충분한 시간이 배려되어야 하고, 관찰방법, 관찰상황, 관찰내용, 기록, 부호화, 체계, 기록명부, 도구 등에 익숙하도록 교육해야 한다. 이론교육에 더하여 실습교육도 철저하게 실시될 때 신뢰도와 타당도를 높일 수 있다.

둘째, 복수의 관찰자 활용할 수 있다.

관찰대상을 여러 사람이 동시에 관찰한 후 그 결과를 서로 비교해 보고 편견을 끄집어냄으로써 관찰의 신뢰성을 높일 수 있다. 동일한 관찰 내용을 두 사람 이상의 관찰자가 관찰 · 기록한 후 비교 검토하는 방법이다. 이것이 오류를 최소화하는 방법이 될 것이다.

셋째, 피관찰자를 활용할 수도 있다.

관찰자가 피관찰자와 친밀한 관계를 형성하고 있는 경우에는 조사에 대한 비밀을 유지할 수 있기 때문에 피관찰자들의 직접설명은 매우 도움이 되는 것이다.

넷째, 관찰의 기록에서 실제적인 사건과 그것의 해석을 명백히 구분하여 기록함으로써 해석에 있어서 편견 개입 여부를 검토해 볼 수 있다. 관찰자가 관찰내용에 대한 기록에 있어 지나친 해석을 삽입하게 되면 그 관찰결과는 신뢰도와 타당도가 손상되게 된다(김기원, 2001).

다섯째, 관찰의 신뢰도를 높이기 위해서 같은 형태라든가 유사한 형태에 대해서는 동일한 용어로 기록 및 평가하도록 할 필요가 있다.

여섯째, 관찰된 것을 선별적으로 기록하는 것이 아니라 완전하게 기록하는 것은 관찰자가 객관성을 유지할 수 있다.

일곱째, 동일한 관찰대상이라고 관찰시간이 달라짐에 따라 다른 내용으로 취급될 가능성이 있다는 것을 인식해야 한다.

여덟째, 면접법이나 질문조사 등 다른 수집방법을 병행하는 것이 좋다.

관찰법이 현실 상황을 직접 관찰하는 방법이라면 면접법이나 질문지법은 간접적 방법이므로 이를 병행하여 실시하는 것이 신뢰도와 타당도를 한층 높일 수 있는 것이다.

참고문헌

강종수(2014).사회복지조사방법론. 양서원.
김기원(2001). 사회복지조사론. 나눔의 집.
김영종(2007). 사회복지조사방법론. 학지사.
김태성 외(2006). 사회복지조사방법론. 서울: 청목출판사.
남궁근(2013). 행정조사방법론(제4판). 법문사.
박선태 외(2012). 사회복지조사론. 정민사.
박창제 외(2015). 사회복지조사론. 창지사.
양성관 외(2014) 사회복지조사론. 정민사.
양정하 외(2011). 사회복지조사방법론, 공동체.
원석조(2012). 사회복지조사론. 공동체.
채구묵(2011). 사회복지조사방법론. 양서원.
홍봉수 외(2014). 사회복지조사론. 공동체.

chapter 09

내 용 분 석

제 1 절 내용분석의 개념 및 목적

제 2 절 내용분석의 특징

제 3 절 내용분석법의 절차

제 4 절 내용분석법의 분석단위 및 카테고리

사회복지조사론

제 1 절 내용분석의 개념 및 목적

1. 내용분석 의의

내용분석(content analysis)은 질적인 내용을 양적인 자료로 전환하는 방법인데 연구의 목적에 따라 변수를 측정할 수 있도록 의사전달의 내용을 객관적이며 계량적으로 전환하는 연구방법이다.

현재에는 인문학뿐만 아니라 사회과학 분야에서 주요 자료수집 및 분석방법으로 일반화되었다. 특히 사회복지 분야에서 사회문제분석, 사회복지발달사 분석, 사회복지 실천론 분석 등에 유용하게 활용될 수 있다(채구묵, 2011). 예를 들면, 의약분업에 대한 여론을 파악하기 위해 국내 중앙일간지 7개 신문을 선정하여 의약분업을 다룬 기사를 선별한 후, 의약분업에 대한 찬반 여부, 찬반의 강도 등을 분석해 볼 수 있다. 또 다른 예로 사회복지 학과에서 가르치는 교과목들이 시대에 따라 어떻게 변화되어 왔는지를 검토해 볼 수 있다. 내용분석은 기록물의 내용을 수집하여 분석하는 방법이다(박선태 외, 2012).

내용분석의 기록물은 의사소통의 매개체로서 역할을 하는 것으로 쓰여진 것, 시각적이거나 구술한 것 등이다. 책을 포함해서 신문, 잡지기사, 광고, 연설, 공식적인 문서, 영화나 비디오테이프, 음악의 가사, 사진 의상 또는 예술작품들을 포함한다(Kerlinger, & Neuman, 2006).

내용분석이란 인간의 의사소통의 기록을 객관적이고 계량적이며 체계적으로 분석하는 방법이다. 즉, 다른 사람이 같은 절차를 사용해서 분석하면 같은 결과를 가져올 수 있을 정도로 객관적이고 계량적, 체계적이어야 한다.

내용분석을 종합해 보면 "인간의 의사소통에서 수단인 기호, 문자, 메시지 등의 요소들을 체계적으로 분류 및 수량화할 뿐만 아니라 원인과 결과에서 체계적으로 추론하고 기술하는 것이다. 즉, 내용분석은 조사대상에게 직접적인 접근이 어려울 경우, 조사대상이 방대할 경우, 실증연구의 보충자료가 필요한 경우에서 활용되고 있으며 연구주제의 범위 안에서도 수집된 자료의 내용을 분류, 추론, 기술하는 것이라고 할 수 있다(박창제 외, 2015).

2. 내용분석의 목적

내용자료에서 일정한 연구문제 · 가설을 경험적으로 검증하기 위하여 구어적, 비계량적 자료를 계량적 자료로 변화시키는 데 수단적인 내용분석의 목적이 있다고 할 수 있다. 내용분석에서 파악하고자 하는 내용이 누가, 무엇을, 누구에게, 어떻게, 그 효과는 무엇인가라면, 내용의 특성, 원인 · 동기, 효과 · 결과가 내용적 목적이라고 할 수 있다.

내용분석의 목적을 좀 더 구체적으로 다음의 3가지로 나누어 볼 수 있다(박희서 외, 2006).

첫째, 내용분석은 의사전달의 특징에 대한 추론을 위해 사용된다. 둘 이상의 자료가 포함하고 있는 특성, 내용의 비교, 동일한 출처이지만 환경이 다른 상황에서의 차이점 비교, 유사한 내용에 대한 시계열상 자료 간의 특성 비교, 또는 두 가지 이상의 변수들의 관계분석을 목적으로 한다.

둘째, 내용분석은 의사전달의 원인에 대한 추론을 위해 사용된다. 의사전달 내용에 나타나 있는 의미를 그대로 받아들여야 하는 의문에 대한 해답을 찾기 위함이다.

셋째, 내용분석은 의사전달 내용의 효과에 대한 추론을 위해 사용된다. 문헌을 통하여 전달하고자 하는 내용으로 "피전달자에게 얼마나 영향을 주었는가?"를 파악하기 위한 목적이다(임병우, 2008).

내용분석의 적용대상에서 내용분석은 구체적으로 다음과 같이 살펴볼 수 있다(홍봉수 외, 2014).

첫째, 연구대상자에의 접근이 어렵고 자료가 문헌으로 존재할 때

둘째, 연구대상자의 언어, 문체 등을 연구할 때

셋째, 실증적 자료의 보완적 연구가 필요할 때

넷째, 분석자료가 방대할 때

다섯째, 매스미디어의 내용의 경향 변천, 논조의 분석, 주제의 분석 등을 연구할 때 적합하다.

내용분석의 용도는 내용의 특성, 내용의 효과에 따른 용도와 전달을 받는 사람에 따른 용도, 내용의 산출자에 따른 용도로 구분된다(홍봉수 외, 2014).

첫째, 내용의 특성에 따른 용도는 내용의 실체와 내용의 형식에 관한 용도로 나뉜다.

둘째, 내용의 효과에 따른 용도는 관심의 초점을 확실히 하기 위하여 이용하거나 커뮤니케이션에 대한 태도 및 행동상의 반응을 검토

셋째, 전달을 받는 사람에 따른 용도는 대중의 태도나 관심 또는 가치 파악

넷째, 내용의 산출자에 따른 용도는 전달자의 의도와 기타의 특징을 연결

제 2 절 내용분석의 특징

1. 특징

내용분석법의 특징과 관련하여 두 가지 차원으로 분류된다. 수집된 자료의 내용에서 외재적 내용과 내재적 내용의 특성으로 분류된다.

외재적 내용의 특성은 특정 단어, 기호, 문장 스타일과 같이 내용을 읽으면서 즉각

적으로 나타나는 특성을 의미한다. 내재적 내용의 특성은 대화 중 또는 문장 행간의 뜻과 같이 연구자의 판단 또는 추론과 같은 정신적인 활동을 필요로 하는 특성을 의미한다(박창제 외, 2015).

내용분석법에 대한 많은 학자들을 의견을 종합해 보면 구체적으로 다음과 같은 요소를 포함하고 있다(강이근 외, 2015).

(1) 의사전달의 내용(메시지)이 분석대상이다.

어떤 메시지를 누가, 언제, 무엇을, 왜, 어떻게 의사전달을 했느냐의 문제에 대한 답을 찾아가는 연구방법이다

(2) 메시지의 현재적 내용뿐만 아니라 잠재적 내용도 분석대상이다.

현재적인 내용이란 분명히 파악할 수 있는 내용을 말한다. 잠재적인 내용이란 메시지의 내부에 숨어 있는 표면적인 의미를 말한다.

(3) 문헌연구의 일종이다.

문헌이란 문자로 기록된 자료로서 방송, 영화, 그림, 사진, 만화 등도 내용분석의 대상이 될 수 있다.

(4) 객관성, 체계성, 일반성 등 과학적 연구방법의 요건을 갖추어야 한다.

객관성이란 연구자의 개인적인 특성이나 편견이 개입되어서는 안 되며 다른 연구자가 반복해 연구를 하여도 같은 결과가 나와야 한다는 것이다. 체계성이란 분석대상을 선정하고 평가는 과정에서 적절한 절차와 동일한 방식을 적용하여야 한다는 것이다. 일반성이란 연구결과가 이론적인 관계성을 가져야 한다는 의미이다.

(5) 양적인 분석방법과 질적인 분석방법 모두를 사용하고 있다.

2. 내용분석법의 장·단점

내용분석법의 장 · 단점의 구체적인 내용은 다음과 같다(박선태 외, 2012).

1) 내용분석법의 장점

(1) 적은 비용으로 단기간에 연구를 수행할 수 있다.

연구과정을 도서관이나 인터넷상에서 내용을 수집하고 분석처리하기 때문에 시간과 경비의 부담이 상대적으로 적다. 그러나 경우에 따라 방대한 자료의 내용을 분석처리할 경우 시간과 경비가 더 많이 소요될 수도 있다(박희서 외, 2006).

(2) 자료수집 과정에 있어서 안전도가 높다.

표본조사의 경우 조사과정에서의 실수로 유의도가 나오지 않을 경우 자료를 다시 수집하여야 하지만, 내용분석의 경우 주로 기존 문헌의 재점검으로 수정, 보완이 가능하다.

(3) 역사적 연구에 적용 가능한 유용한 방법이다.

장기간에 걸쳐서 발생하는 과정을 연구할 수 있으므로 역사적 연구에 유용하다. 다른 조사는 소급조사가 불가능하기 때문에 장기간에 걸친 역사적 연구가 어렵다.

(4) 조사대상자가 반작용을 일으키지 않으며, 조사자가 연구대상에 영향을 미치지 않는다.

이미 기록되어 있고, 행해져 있기 때문에 피조사가 영향을 받지도 않으며, 조사자가 아무런 영향을 미칠 수도 있다.

2) 내용분석법의 단점

(1) 내용분석은 타인에 의하여 기록된 의사소통에 한정된다.

기록된 것만을 분석해야 하기 때문에 기록에 남지 않은 것은 분석할 수 없다. 의사소통은 구술이나 저술, 그림이 될 수 있는데 분석이 가능하도록 일정한 행태도 기록되어야 한다.

(2) 내용분석은 타당도를 확보하기 어렵다.

기록된 내용이 현실을 그대로 반영한다고 할 수 없기 때문에 내용분석에 있어서 타당도의 문제가 제기될 수 있다. 이미 기록된 내용에 기반하여 추상적인 개념을 측정하고자 하기 때문에 타당도 확보가 어렵다(임병우, 2007).

(3) 내용분석은 신뢰도에 문제가 있다.

분석절차에 객관성이 확보되어야 하며, 분석자 상호 간에 일관성을 가져야 하므로 신뢰도에 문제가 있을 수 있다.

(4) 내용분석을 수행하는 데 시간, 비용, 인력이 많이 들어 비효율적이다.

제 3 절 내용분석법의 절차

내용분석은 학자마다 각각 다른 과정을 적용하고 있다. 인간이 만들어낸 의사소통의 기록물을 통하여 연구절차(연구문제 선정, 가설 설정 및 개념정의, 조사 설계, 자료수집, 자료 분석 및 해석)상의 자료수집단계에서 수집하는 방법이지만, 인문·사회과학 분야에서의 연구방법이기도 하다.

다음에서 연구문제 형성, 대상 모집단 선정 및 표본추출, 분석단위, 분석범주 선정,

계량화의 체계 구축, 자료의 분석을 중심으로 살펴보기로 한다(남세진 외, 2001).

1. 연구문제 형성

내용분석 연구를 시작하려면 먼저 연구문제 형성에서 연구자의 경험을 통하여 잠정적으로 결정하고 기존의 자료를 검토하여 확정한다. 연구문제는 내용분석법이 아니고는 탐구할 수 없거나 다른 연구방법보다 더 효율적이 될 수 있는 주제를 선정하여 명확하게 의문문 형식으로 논리적인 설득력이 전제되어야 한다(홍봉수 외, 2014).

2. 대상 모집단 선정 및 표본추출

연구조사대상이 되는 신문, 문헌, 기록, 문학, 음악, 미술작품의 종류와 범위를 확정 등 모집단을 연구주제와 관련하여 설정한다. 아울러 모집단을 결정하는 데 있어서 모집단이 너무 모호하거나 광범위해서 어려움이 있을 수 있는데, 이때는 일정한 선정기준을 마련할 필요가 있다.

모집단이 구성되면 표본추출을 시도하게 된다. 여기서 모집단이란 분석대상 전체의 문헌을 말하고 모집단에서 선택된 일부가 표본이며 표본을 선택하는 과정을 표본추출이라고 한다. 일반적으로 내용분석을 위한 표본추출은 층화와 군집을 곁들인 다단계 표집을 한다. 예를 들어, 학술지에 게재된 논문에서 노인빈곤에 대한 내용을 분석하고자 한다면 언제부터 언제까지를 표집하고 구체적으로 어떠한 주제를 선택할 것인지를 결정해야 한다(양정하 외, 2006).

3. 분석단위

분석단위는 내용범주에 포함시켜 집계할 수 있는 의사소통의 단위이다. 분석단위는 분석하고자 하는 내용의 특징 요소가 한 번 일어난다는 것을 말하는 분석의 최소 단위는 단어, 주제, 인물, 문단, 품목, 공간으로 나눌 수 있다.

4. 분석범주 설정

분석내용의 범주는 분석하고자 하는 내용의 분류, 기준 혹은 분류항목으로서 연구목적에 적합하여야 하고 포괄적이어야 하며, 또한 상호배타적이어야 한다. 분석내용의 범주가 확실히 규정되고, 문제에 적합해야 만이 좋은 범주라고 할 수 있으므로 연구결과에 매우 중요한 영향을 미친다. 예를 들면, 대통령 후보들의 선거공약 분석의 경우, 사회보험, 공공부조, 사회복지서비스 등으로 범주를 설정할 수 있다.

5. 계량화의 체계 구축

내용분석은 질적인 자료를 양적으로 계량화하여 분석하는 것이다. 계량화는 다음의 네 가지의 계량체계 등 하나를 사용하여 이루어진다(박선태 외, 2012).

(1) 출현체계

주어진 자료의 규정된 단위 속에 연구자가 찾고자 하는 현상의 특정 속성을 나타내는 내용의 요소가 있는지 없는지를 파악한다. 예를 들어, 대통령 후보들의 선거공약 분석에서 각 단위 및 카테고리별로 공약사항이 있었는지 없었는지를 파악한다.

(2) 빈도체계

특정 범주의 요소가 얼마나 자주 나타나는가를 파악하는 방법이다. 예를 들어, 성역할의 변화에 대한 분석의 경우 시대별로 남성 및 여성 주인공들이 전통적인 역할을 얼마나 자주 수행했는가 또는 전체 역할수행 중 몇 %나 전통적인 역할을 수행했는가 등을 파악한다.

(3) 시간 및 공간체계

자료의 여러 범주들이 상대적 강조를 알기 위한 체계로서 할애된 시간의 길이나 지면의 크기를 측정하는 것이다. 예를 들어, 방송매체에서는 한 요소, 한 범주가 나타나서 화면이나 방송에 남아 있는 시간의 길이로써 이를 비교할 수 있고, 인쇄매체에서는 그것들에게 할애한 공간의 크기에 의해 비교할 수 있다.

(4) 강도체계

어떤 진술의 힘이나 강도를 측정하는 것으로서 주로 태도나 의식 등을 다룰 때 적절하게 이용할 수 있다. 이것은 내용분석에 있어서 가장 수량화의 수준이 높은 분석 방법으로써 갖가지 서열적, 등간적 척도를 활용할 수 있는 분석법이다. 예를 들어, 대통령 선거공약의 경우 각 카테고리별로 "① 매우 개선, ② 개선, ③ 현재와 같음, ④ 개악, ⑤ 매우 개악" 등으로 서열척도를 구성하여 조사할 수도 있고 "10점 만점(가장 많이 개선된 경우가 10점)에 몇 점 정도라고 생각하십니까?"와 같은 등간척도를 적용하여 조사할 수도 있다.

6. 결론도출

다음과 같은 네 가지 종류의 비교에 의해 결론을 도출한다(채구묵, 2011).

(1) 경향 비교

카테고리의 출현빈도의 시간적 변화에 대해 결론을 내는 경우이다. 장기간에 걸쳐 계속적으로 변화의 추이를 기술할 수도 있고, 두 시점 간의 변화를 파악할 수도 있다.

(2) 내용의 상이성 비교

어떤 사건에 대해 진보적인 신문과 보수적인 신문이 각각 어떻게 취급하고 있는지를 비교한다든지, 어떤 문제에 대해 양 적대국가에서 자기 국민들에게 어떻게 선전, 보도하는지 비교, 연구하는 것이다.

(3) 한 가지 내용에서의 비교

시대별로 노인복지 프로그램이 어떻게 변화되어 왔는가, 시대별 또는 지역별로 청소년 상담을 위해 어떤 기법들이 많이 사용되었는가, 시대별 또는 연령별로 어떤 종류의 신문(일반신문, 스포츠신문, 경제신문 등)을 많이 구독하는가 등을 분석할 수 있다.

(4) 내용과 기준의 비교

내용과 그 내용의 준거가 되는 기준을 비교하여 결론을 내는 것이다. 예를 들면, 대립적으로 투쟁 중인 사건의 보도가 정의, 공명, 균형이라는 기준에서 볼 때 얼마나 이탈되었는가를 보는 것이다.

제 4 절 내용분석법의 분석단위 및 카테고리

1. 내용분석법의 분석단위

내용분석을 위해서는 우선 내용요소를 수량화하기 위한 기준항목을 설정해야 하는데, 이를 내용분석법의 분석단위라 한다. 내용분석법을 위한 분석단위로 주로 다음과 같은 것이 많이 이용되고 있다(Nachmias and Nachmias, 1992).

1) 단어(word)

단어는 내용분석단위 중 최하위단위이고 내용분석에서 사용되는 최소단위이다. 이

단위는 구와 복합어도 포함된다. 단어를 분석단위로 설정한 경우에는 선택된 단어가 얼마나 많이 사용되었는가를 분석함으로써 내용을 분석한다. 예를 들어, 사회복지실천에 관한 책이나 논문에서 1960년대. 1970년대, 1980년대, 1990년대, 2000년대별로 진단, 치료라는 용어와 사정, 개입이라는 용어가 얼마나 사용되는가를 비교, 분석해 볼 수 있다.

2) 주제(Theme)

주제는 어떤 내용의 중심이 되는 제목 또는 문제를 의미한다. 주제는 한 문장으로 표시되지만 때때로 여러 개의 문장이나 문단 혹은 전체 본문에 나타나 있을 수도 있다. 단어에 비해 자료수집의 양은 줄어드나 주제를 구분하는 경계를 정하기 어렵고 더 중요한 주제를 구별하는 데 주관적 판단이 개입될 여지가 많아진다. 대하소설 같은 대량의 자료나 선전물, 태도, 가치 등을 분석하는 데 유용하다.

3) 인물(Character)

인물은 의사소통에서 등장하는 개인 또는 집단을 말한다. 인물의 희곡, 소설, TV 극 등에 있어서 분석단위로 많이 사용된다. 인물이나 주인공을 단위로 하는 경우 그 특성에 대한 시대별 변화를 파악해 볼 수 있다. 예를 들어, 드라마에서 백인, 흑인, 동양인 등의 범주에 속하는 인물이 각각 얼마나 등장하는가를 분석의 단위로 기록할 수 있다.

4) 문단(Paragraph)

문단은 여러 개의 문장으로 구성된 문장의 단락을 의미한다. 문단은 형식적으로 구분하기는 쉬우나, 한 문단에 다양하고 복잡한 내용이 담겨 있을 수 있어 이를 구분하여 부호화하기 힘들기 때문에 잘 이용되지 못한다. 문단에 주제나 내용이 들어 있을 경우에는 이를 분류하여 처리하기 어려운 경우가 있기 때문에 분석단위로 널리 활용되지 못한다.

5) 항목(Item)

소재를 크게 분류하는 것으로 빈번하게 사용된다. 어떤 의사소통 전체의 단위 서적(한 권), 잡지(한 편), 논문(한 편),하나의 TV 프로그램 등으로 분류할 수 있으며, 신문의 경우에는 국내문제, 국제문제, 노동문제, 사회문제 등으로 분류할 수 있다. 이 단위는 소재를 크게 분류하기 때문에 빈번히 사용된다. 예를 들면, 신문의 종류를 시대별로 분석해 본 결과 1960년대에는 일반신문이 대부분을 차지했으나, 1970년대, 1980년대에는 스포츠신문이 많이 늘어났고, 1990년대, 2000년대에는 경제신문이 많이 늘어난 것을 볼 수 있으며, 이로 인해 어떤 독자층이 많이 증가했는지 알 수 있다.

6) 공간(Space) 및 시간(Time)

인쇄물의 지면이나 방송의 시간도 분석단위가 된다. 예를 들면, 신문의 사회면 또는 정치면, 소설의 페이지, 방송시간의 저녁 9시 등이 분석단위가 될 수 있다.

2. 내용분석법의 카테고리

내용분석의 범주는 커뮤니케이션 내용의 특징을 분류하는 체계를 의미한다. 내용분석의 단위가 커뮤니케이션 내용을 분석하기 위한 기준항목이라면, 범주는 그러한 기준항목의 특성을 파악하기 위한 분석틀이라 할 수 있다. 예를 들면, 문학작품의 주인공을 통해 시대별 성역할의 변화를 분석한다고 하면 주인공, 즉 인물은 단위이며, 주인공의 성역할은 카테고리에 해당한다. 내용분석의 범주 설정은 자료수집의 성패를 좌우한다. 즉, 범주가 명확히 규정되고, 문제를 파악하는 데 적합하게 만들어졌을 때 연구에서 추구하는 목적을 달성할 수 있다.

내용분석의 범주에는 구체적으로 다음과 같다(박선태 외, 2012).

- 내용의 실체에 관한 범주(무엇을 말하는가?)
- 내용의 형식에 관한 범주(어떻게 말하는가?)

1) 내용의 실체에 관한 범주

(1) 주제내용

가장 많이 사용하는 범주로서 단어, 주제, 항목 등이 무엇에 대해서 말하는가를 분석하기 위한 범주이다. 의사소통이 무엇에 관한 것인가? 즉, 주체는 무엇인가? 예를 들면, 신문1면 톱기사가 어떤 내용을 다루고 있는가, 저녁 9시 TV뉴스의 첫 번째 기사가 어떤 내용을 다루고 있는지를 분석할 때, 어떤 내용인지가 이에 해당한다. 이 경우 범주는 정치, 경제, 사회, 문화, 노동, 복지 등으로 분류할 수 있다.

(2) 방향

주제를 취급하는 찬반의 태도를 의미한다(호의적인가? 악의적인가?). 예를 들어, 신문사설이 어떤 문제에 대해 찬성, 반대 혹은 중립적인가를 파악하는 경우이다.

(3) 기준

이것은 '근거'라고 부르는 것으로 방향 분류의 기초가 되는 것이다. 방향에 의한 분류가 근거는 무엇인가? 가장 일반적인 기준 카테고리에는 강자-약자, 도덕성-비도덕성 두 가지가 있다. 즉, 주제가 승인되는 것은 그것이 강자이기 때문인가 도덕적이기 때문인가?

이 두 가지를 다시 세분할 수 있는데, 강자-약자 카테고리를 존경, 힘(재력, 권력, 무력 등), 권위, 착취 등으로 분류한다. 도덕적-비도덕적 카테고리를 선, 윤리, 정의.

공평, 자비, 진리 등으로 분류할 수 있다. 또한 안정, 발전, 보수, 진보, 효과, 효율 등이 기준 카테고리로 이용될 수 있다.

(4) 가치

기준과 밀접한 관련이 있는 것으로 사람들이 원하고 구하는 것을 파악하는 카테고리이다. 이것은 목표 또는 욕망이라고도 한다. 예를 들면, 사람들이 무엇을 추구하는가를 분석하기 위해 돈, 명예, 권력, 사랑, 지위, 출세 등의 가치를 분석의 카테고리로 이용할 수 있다.

(5) 방법

가치가 행위의 목적을 취급하는 데 반해 방법은 목적을 실현하기 위해서 사용되는 수단을 말한다. 즉, 목적이 여하한 방법에 의해 획득하는가 하는 문제이다. 예를 들면, 정치적 목적을 실현하기 위한 수단을 분석하기 위해 선전, 회유, 교섭, 조직, 재물, 폭력 등의 방법을 카테고리로 이용할 수 있다.

(6) 특성

이 카테고리는 능력, 주체의 상태라고 할 수 있다. 주로 개인적 특성이나 심리적 특성 등 사람을 묘사하는 데 많이 사용되지만, 제도나 정책의 특성을 밝히는 경우에도 사용된다. 사람을 기술하는데 사용된 특성은 무엇인가? 예를 들면, 개인적 특성을 분석할 때 성, 연령, 직업, 혼인관계, 사회적 계급, 종교, 거주 지역, 국적 등을 카테고리로 사용할 수 있다.

(7) 행위자

행동의 주도자로서 사람 또는 집단에 적용된다. 예를 들면, 어떤 행동을 하는데 주도자가 누구인가, 어떤 집단의 대표자가 누구인가 하는 것이다.

(8) 권위

한 사람, 집단, 대상이 어느 정도의 권위를 가지고 있는지 파악하는 데 활용된다. 한편, 인용문의 근원을 파악하는 경우에도 활용된다. 예를 들면, 뉴스에서 취급한 내용의 권위(신뢰도), 근원 등을 파악하는 것이다.

(9) 기원

권위가 커뮤니케이션 정보의 지위(신뢰도)를 의미한다면, 기원은 커뮤니케이션 내용의 발생지를 의미한다. 예를 들면, 커뮤니케이션의 발생지로 국내, 국외, 시 · 도, 시 · 군 · 구 · 읍 · 면 · 동 등을 의미한다.

(10) 표적

커뮤니케이션이 누구를 향하여 이루어졌는가를 살펴보는 것이며, 주로 커뮤니케이션이 어떤 특수한 집단을 대상으로 이루어졌는가를 파악하는 데 사용될 수 있다.

(11) 갈등

갈등의 원인과 정도는?

(12) 갈등의 종결

갈등이 행복하게/모호하게/비극적으로 해결되었는가?

(13) 시간

행위는 언제 발생했는가?

2) 내용의 형식에 관한 범주

(1) 커뮤니케이션 형식

형식적 구별에 해당하는 것으로, 출판경향에 대한 분석에서 소설과 비소설, 라디오

방송의 내용연구에서 고전음악, 대중음악, 드라마, 뉴스 등으로 분류하는 것이다.

(2) 발언 형식

커뮤니케이션이 이루어지는 문법적 혹은 구문론적 형식을 보는 것이다. 발언 형식에는 3가지 분류가 사용된다.

① 사실진술(fact statement)

(예) 한국인들은 대통령을 직접 선출한다.

② 선취진술(preference statement)

(예) 한국인들은 통일을 원한다.

③ 동일시진술(identification statement)

(예) 나는 민주주의자다.

커뮤니케이션이 가지는 힘 또는 강도를 분석하는 것으로, 신문에 있어서 활자의 크기, 지면의 크기, 위치 등은 강도를 다르게 나타낸다고 할 수 있다. 예를 들면, 어떤 내용을 큰 활자로 다룬 것과 작은 활자로 다룬 것, 많은 지면을 할당한 것과 적은 지면을 할당한 것, 신문의 톱에 기재된 것과 구석에 기재된 것은 강도의 정도가 다르다 할 수 있다.

참고문헌

강이근 외(2015). 사회복지조사론. 창지사.

남세진 외(2001). 사회복지조사방법론, 서울: 서울대학교 출판부.

박선태 외(2012). 사회복지조사론. 정민사.

박창제 외(2015). 사회복지조사론. 창지사.

박희서(2006). 사회복지조사방법론. 비엔엠북스.

양정하 외(2011). 사회복지조사방법론. 공동체.

임병우 · 손용진(2007). 사회복지조사연구방법론. 2판. 청목출판사.

채구묵(2011). 사회복지조사방법론. 양서원.

홍봉수 외(2014). 사회복지조사론. 공동체.

Kreuger, L. W. & Neuman, W. L(2006). *Social Work Research Methods*. Pearson.

Nachmias, D. & Nachrnias, C,.(1992). *Research Metbods in Social Science*. St. Martin's Press.

chapter **10**

단일사례조사

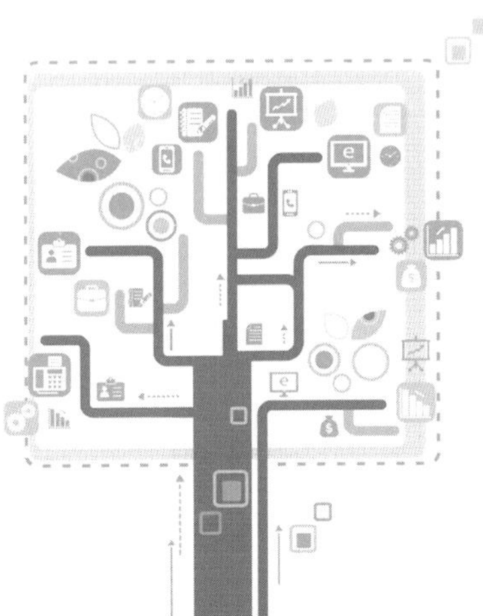

사회복지조사론

제 1 절 단일사례조사의 개념

1. 단일사례조사 의의

1) 의의

단일사례조사(single-case design)는 개인이나 가족 및 집단을 대상으로 사회사업적 개입이 시계열설계의 논리를 적용하여 과연 효과가 있는지를 과학적으로 입증하는 방법이다. 다양한 분야의 실천현장에서 활동하고 있는 사회복지 전문가들은 각 사례에 대한 개입의 효과성을 과학적으로 입증하지 못할 경우가 많다. 이것은 사회복지사의 전문성에 심각한 도전을 받을 수 있으며, 서비스 자원의 낭비 또는 클라이언트를 문제를 오히려 악화시킬 수도 있다는 측면에서 윤리적 비판을 받을 수 있다. 이러한 문제들에 대한 하나의 대안으로서 사회복지실천 현장에서 각광을 받게 된 것이 단일사례조사이다.

개입(intervention)이란 문제에 직면한 대상자의 표적행동을 변화시키기 위한 심리치료, 상담 등과 같은 프로그램이나 실험자극을 의미한다. 연구자에게 있어 개입은 독립변수에 해당되고 조사대상자의 표적행동의 변화는 종속변수 또는 결과변수이다.

단일사례조사의 도입배경은 1960년대 행동수정 연구에서부터 시작되어 치료특수교육 및 사회복지서비스 개입 평가에 확대 적용되고 있다. 사회복지 영역에서는 실천 지향적 자료의 필요성과 사회복지 현장의 실증적 기반의 발전이란 측면에서 단일사례설계의 중요성이 강조되고 있다. 왜냐하면 단일사례기법이 행동수정 연구에서 비롯되었기 때문에 임상과 관련된 대부분의 이론들은 인접 학문의 패러다임에 기반하고 있어 문제해결을 위한 개입이 실제로 얼마나 효과가 있는지를 평가하는 것은 사회복지 현장에 적용한 실천이론을 과학화한다는 취지를 지니고 있기 때문이다(정영숙, 2009).

2) 단일사례조사의 특성

단일사례조사는 개입이 계획되고 실행되는 모든 과정 속에서 개입의 효과성에 대해 클라이언트에게 즉각적으로 피드백을 제공해 줄 수 있다.

자료의 기록은 대부분 외부 관찰자가 하지만 클라이언트가 스스로 작성할 수도 있다. 또한 표적행동의 변화를 직접 관찰하여 기록할 수도 있지만 행동의 발생 여부를 간접적으로 관찰하여 기록할 수도 있다. 단일사례조사는 시계열설계의 논리를 단일대상에서 적용한 것이라 할 수 있으며, 사례조사의 과정과 실천과정이 통합될 수 있다. 이러한 단일사례조사의 특성을 구체적으로 제시하면 다음과 같다.

첫째, 사례수가 하나이다.

즉, 표본의 크기가 "1"이다. 여기서 1이라는 것은 표본 단위 또는 클라이언트의 체계가 개인, 가족, 집단, 지역사회 등으로 구분될 때 추출되는 표본수가 하나라는 의미이다. 다시 말하면, 클라이언트가 개인일 경우 한 명, 가족일 경우 한 가족, 지역사회일 경우 한 지역을 대상으로 조사하는 것이다.

둘째, 개입 전과 개입 후의 효과성 검증을 할 수 있다.

개입 전 문제행동을 상태를 측정하고 개입 후 문제행동의 개선상태가 지속되는지를 측정하여 비교할 수 있다. 이러한 개입 전후의 비교는 표적행동에 대한 개입의 효과를 관찰하여 분석하는 것으로 개입방법의 효과를 규명하는 데 초점을 두고 있다.

셋째, 반복 측정할 수 있다.

단일사례설계는 경향과 변화를 알 수 있도록 반복적인 관찰을 한다. 즉, 하나의 사례를 대상으로 반복되는 측정을 통해 종속변수 값의 변화를 관찰하여 개입이라는 독립변수의 효과를 파악한다.

넷째, 개입방법이 수정 가능하다.

즉각적인 피드백, 즉 단일사례설계는 개입도중 효과를 계속해서 측정할 수 있으므로 효과가 없는 개입은 수정하여 효과적인 방안을 강구할 수 있다.

다섯째, 개입효과를 관찰, 분석할 수 있다.

표적행동에 대한 개입효과를 관찰하고 평가하기 위해 적용하는 기법이다. 표적행동이란 개인이나 가족의 기능을 저해하는 문제행동을 말하며, 이러한 문제행동을 해결하기 위해 개입하는 것이다.

3) 단일설계조사와 집단설계조사의 비교

단일설계조사와 집단설계조사는 조사대상의 규모에 따라 구분되지만 상호보완관계이다. 집단설계가 확률표본을 이용하고 가설을 검증하며 이론을 일반화에 기영하지만 개별적인 사례의 형태는 간과하게 된다. 단일사례설계는 가설검증이나 이론현상에는 기영하지 않지만 개인이나 소집단의 개별적인 속성을 깊이 있게 연구 할 수 있다.

〈표 10-1〉 단일사례조사와 집단사례조사의 비교

구분	단일사례조사	집단사례조사
연구대상	개인, 가족, 집단	모집단으로부터 무작위표본추출
연구목적	표적행동에 대한 개입의 효과 규명	가설의 검증
실험처치	하나의 사례를 반복 측정함으로써 실험집단과 통제집단 같은 집단 비교의 효과를 갖는다.	실험집단과 통제집단으로 나누어 사전·사후 검사 값을 비교하여 실험처치의 효과를 평가한다.

출처: 홍봉수(2014).

제 2 절 단일사례조사의 과정

1. 단일사례조사의 과정

단일사례조사의 목적은 가설의 검증에 있지 않고 개입 이전 이후의 표적행동을 비교함으로써 프로그램이나 서비스의 효과를 파악하는 데 있다. 따라서 일반적인 연구에서 중요하게 간주하고 있는 가설의 설정과 검증 등의 과정은 단일사례조사 수행과정에서는 생략되어 있다.

단일사례조사를 수행하는 과정은 대체로 다음과 같다(홍봉수 외, 2014).

1) 문제의 확인 및 규정

단일사례조사의 첫 단계는 클라이언트가 지닌 문제를 먼저 확인해야 하며 이 과정에서 클라이언트의 주요 문제는 자신이 직접 확인하거나 아니면 제3자에 의해서 확인될 수 있다. 해결되어야 할 문제가 복잡하고 다양할 경우 일차적으로 한 가지 또는 두 가지 정도에 초점을 맞추는 것이 필요하다. 해결되어야 할 문제를 파악하고 결정하더라도 구체적으로 정의하지 않으면 시행할 개입의 목표를 분명하게 정할 수 없기 때문에 문제를 효과적으로 해결할 수도 없다.

2) 사정 및 진단

확인된 문제가 무엇과 관련되어 있는가를 이론적 측면에서 검토한다. 문헌연구를 통해 개입방법과 연구대상자가 지닌 문제 사이의 관계에 대해 기술한다. 개입의 효과성을 높이기 위해서는 조사대상자의 문제해결에 적합한 개입을 제공하는 것이 매우 중요하기 때문에 선택한 개입방법이 조사대상자의 문제해결에 효과적인 방법인지를 선행연구 등을 통해 조사해야 한다.

3) 변수의 선정

단일사례조사를 수행하기 위한 문제를 파악하고 규정한 이후에는 경험적으로 인식할 수 있는 변수를 선정하고 조작적인 정의를 내려야 한다. 변수란 현상을 설명하는 구성개념이 조작적 정의를 통해 측정 가능한 상태로 된 것을 말한다. 이때 변수는 개념적, 조작적 정의를 합리적으로 대표할 수 있는 타당한 지표여야 한다. 예를 들어, '성별'은 두 수준을 가진 변수이고 남자 혹은 여자는 성별이라는 변수의 속성이다.

4) 측정대상

단일사례조사는 개입과 표적행동 사이의 관계를 파악하는 조사이기 때문에 개입에 따른 측정대상을 필요로 하게 된다. 이때 측정대상의 표적행동의 모든 측면을 관찰하고 측정할 수는 없으므로 선택된 소수의 표적행동만을 측정대상으로 선택하여 관찰하게 된다. 이때 선택한 표적행동은 개입을 통해서 조사자가 알고자 하는 사실을 올바르게 알려주는 것이어야 한다. 즉, 선택한 표적행동의 속성은 문제와 변수를 대표할 수 있는 적절한 지표여야 한다는 것이다. 그리고 측정대상에 표적행동의 속성이나 지표는 반복적으로 측정이 가능한 자주 발생하는 것이어야 한다. 측정방법에는 횟수, 빈도, 지속시간, 강도를 직접 관찰하거나 척도를 활용하는 방법이 있다.

5) 개입목표의 설정

문제 · 변수 · 측정대상(표적행동)이 선정되면 문제해결을 위해서 어떤 개입을 할 것이며, 개입을 통해서 알고자 하는 것이 무엇인가를 정해야 한다.

개입의 궁극적인 목표는 문제의 해결이겠지만, 예를 들어 비행청소년 문제와 같이 문제의 특성상 완전한 해결이 불가능한 것도 있기 때문에 특정행동의 발생빈도나 일반인의 비행청소년에 대한 부정적 인식을 줄이는 일 등도 목표가 될 수 있다. 개입목표의 설정에서는 개입의 목표를 구체적이고 명확하게 정해서 개입 전후 표적행동 변화의 차이를 쉽게 파악할 수 있어야 한다.

〈표 10-2〉 단일사례설계에서 구체적인 표적행동과 개입목표의 설정사례

문제	구체적인 표적행동	명확한 개입목표
학교결석	일주일에 2~3일 무단 결석	일주일에 5일 모두 등교
아버지와의 나쁜 관계	아버지와 1년 동안 외출 1회 일주일에 말다툼 2~3회	일주일에 한 번은 상호 동의하에 2시간 이상 함께 보낸다. 이때 말다툼이 없어야 함
직장 스트레스	스트레스로 인한 위산과다로 제산제를 하루 2회 복용	재산제 복용 횟수 줄이기 (주 1~2회)
우울증	먹고 싶지 않음 우울증 점수가 높음 사회활동에 참가하지 않음	하루 세 끼 식사하기 우울증 점수를 유의미하게 줄이기 일주일에 세 번은 사회활동에 참여하기

출처: 최일섭 외(2001) 재구성.

6) 조사 설계

조사 설계에 포함될 내용은 구체적인 설계형태, 관찰시기 및 횟수, 자료의 출처, 자료수집방법, 자료기록방법에 관한 전략을 수립한다.

7) 조사 실시

선택한 구체적인 조사 설계조사에 따라 개입을 실시하고 필요한 관찰, 면접, 측정, 기록 등을 통하여 자료를 수집한다. 수집된 자료는 도표나 그래프로 표시하고 자료의 변화경향을 검토해야 한다. 검토 결과 변화가 없는 것으로 판명되면 개입의 계획 또는 방법 등을 수정할 수 있다

8) 개입의 평가 및 자료 분석

자료수집이 완료되면 이에 따른 도표나 그래프가 완성되고 일차적으로 도표에 나타난 사항을 토대로 시각적 변화분석, 통계적 분석 그리고 임상적 관점에서 실질적 분석 등 통계기법을 활용한 개입의 평가를 할 수 있다.

2. 단일사례조사의 구조

단일사례조사의 기본 구조는 기초선 단계와 개입단계로 구성되어 있는데, 기초선 단계는 개입을 실시하기 이전 단계이며, 개입단계는 개입을 실시한 이후 단계를 의미한다(박선태 외, 2012).

1) 기초선(baseline) 단계

계획된 개입을 실시하기 전 표적행동의 상태를 관찰하는 기간을 설명하는 것으로 연구자가 개입활동을 실시하기 전에 클라이언트의 표적행동의 상태를 관찰하는 기간을 의미하며, 때로는 관찰된 표적의 행동상태를 나타내는 자료를 의미하기도 한다. 이를 기초선이라 한다. 즉, 단순히 정의된 문제행동이 일상생활 중에 얼마나 빈번히 또 강하게 나타나느냐만을 측정해 보는 것이다. 기초선을 설정하는 이유는 개입이 없는 상태에서 문제의 정도를 정확히 파악함으로써 개입으로 인하여 그러한 상태가 어떻게 변화되는지를 알아보기 위해서이다.

(1) 단일설계는 두 가지의 기본적인 단계로 구성

하나는 개입 전 단계인 기초선 단계로서 "A"로 표시하며, 다른 하나는 "B"로 표시한다. 단일사례설계의 구체적 형태는 기초선 단계(A)로 개입단계(B)의 결합 순서에 따라 다르게 나타난다.

(2) 다양한 기초선의 경향

표적행동(종속변수)의 유형이 A는 증가, B는 감소, C는 변화가 없으며, D는 같은 형태가 반복되고, E는 뚜렷한 경향을 알 수 없다는 것이다. 개입 전의 표적행동이 일시적인 변화를 벗어나 안정적인 유형(C)을 보일 때까지 기초선단계의 측정 횟수를 늘여야 하지만, 현실적인 제약조건 때문에 기초선 연장이 불가능한 경우가 많다.

충분히 관찰이 이루어질 때 단일사례설계의 내적타당도가 향상되기 때문에 적어도 3회 이상의 기초선 측정을 계획하는 것이 바람직하다.

2) 개입단계

개입단계에서는 표적행동에 대한 개입활동이 이루어지며, 표적행동의 상태변화에 대한 관찰이 병행되어야 한다. 측정횟수, 기간은 기초선 단계와 같은 정도로 하는 것이 바람직하다. 개입단계는 "B", "C", "D"로 표시한다.

제 3 절 단일사례조사의 유형

단일사례조사의 유형은 AB 조사, ABA조사, ABAB조사, BAB조사, ABCD조사, 복수기초선 조사 등이 있다(박선태 외, 2012).

1. AB조사

AB조사는 가장 단순한 단일사례조사의 형태이다. 하나의 기초선 단계와 개입단계(B)로 구성한다. A단계에서는 아무런 개입이 없는 상태에서 표적행동의 변화에 대한 관찰이 이루어지고, B단계는 개입이 이루어진 이후의 표적행동 변화에 대한 관찰결과이다. 통제집단 후비교설계의 논리로서 A단계의 자료수집은 통제집단의 역할에 속하고, B단계의 자료수집은 실험단계의 의미를 지닌다. AB조사는 다른 변수들이 전혀 통제되지 않는 상황에서 조사를 실시라는 것이므로 표적행동의 변화가 반드시 개입에 의한 것이라고 확신할 수 있는 정도가 낮다. AB조사의 한계에도 불구하고 조사의 편리성 때문에 사회복지실천현장에서 상당히 유용하게 사용될 수 있다.

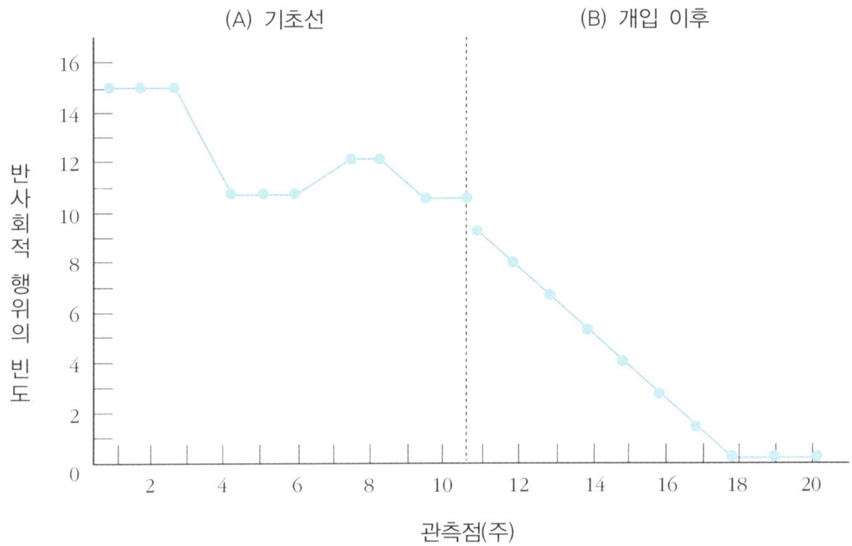

[그림 10-1] AB조사

2. ABA조사

ABA조사는 AB조사에 개입을 중단하는 A단계를 추가하여 AB조사에 있어서의 단점을 보완한 형태로

첫 번째 기초선 단계(A)와 개입단계(B)관찰 이후 개입을 중단한 두 번째 기초선 단계를 설정하여 관찰한다.

두 번째 기초선 단계에서 표적행동이 악화되는 현상을 보이면 개입단계에서의 표적행동 변화는 개입의 효과였다는 확산을 높일 수 있다는 장점이 있다.

ABA조사의 한계점은 윤리적인 이유로 인해 실제 적용상에 문제가 제기됨, 즉, 충분한 개입기간을 갖지 않고 효과측정을 위해 도중에 개입을 중단한다는 점과 개입을 중단한 상태로 조사의 종료한다는 점에서 윤리적 비판을 피할 수 없다.

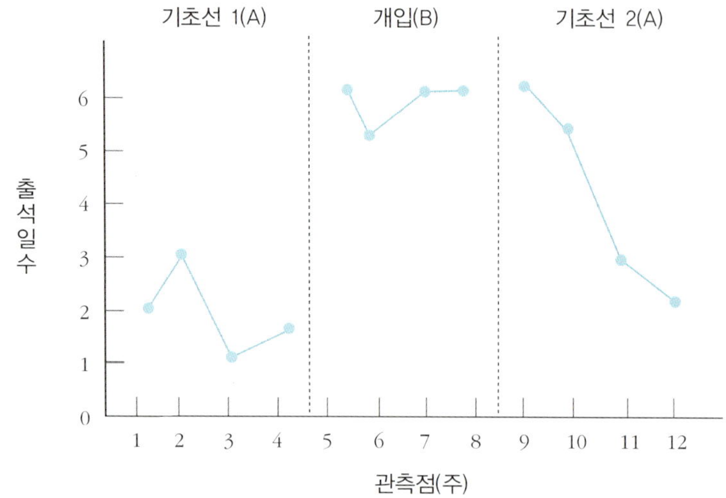

[그림 10-2] ABA 조사

3. ABAB조사

ABAB조사는 ABA 설계의 두 번째 기초선 단계(개입을 중단한 단계)에 이어서 다시

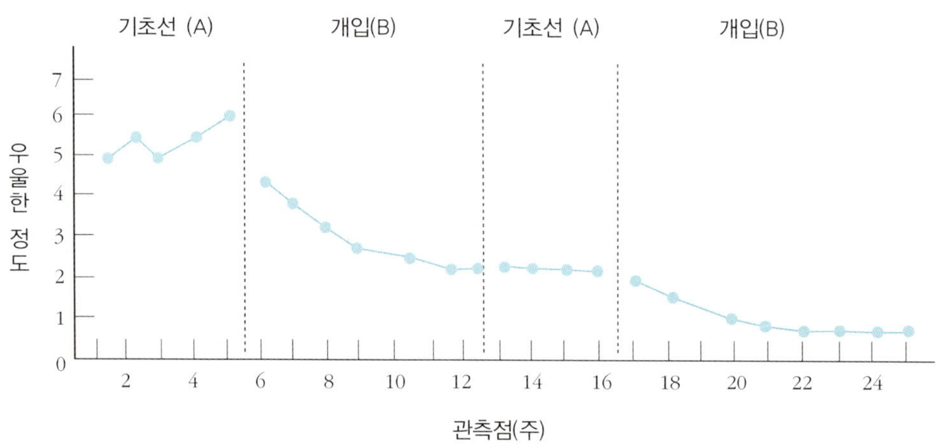

[그림 10-3] ABAB조사

개입을 재개하는 B단계를 추가한 형태이다(반전설계=철회설계). 외생변수의 영향을 효과적으로 통제하기 위해 기본적인 조사형태인 AB조사에 또 하나의 AB조사(두 번째)기초선 단계와 두 번째 개입단계를 추가한 구조이다.

ABAB조사에서는 개입을 하지 않은 상태와 개입을 한 상태를 두 번 관찰함으로써 개입의 변화를 일으켰다는 확신을 가질 수 있다.

4. BAB조사

BAB조사 기초선 단계의 설정 없이 개입을 먼저하고 이어서 개입을 중단하는 반전의 단계를 거쳐 다시 개입을 실시하는 형태이다. 기초선 단계에서 개입 이외의 다른 요인이 변화를 일으킬 수도 있고 개입의 효과가 지속적으로 나타나는 경우 개입의 효과를 평가하기 어렵다.

심각한 위기상황(불안)에서 개입(B)을 7주간 먼저 한 후 개입의 효과성을 학보하기

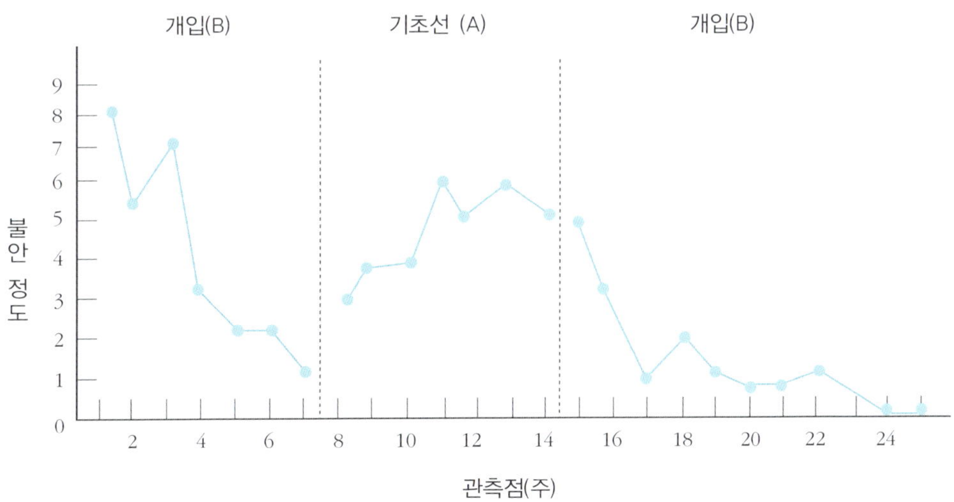

[그림 10-4] BAB 조사

위하여 반전(A)단계를 7주간 가지고 다시 10주간 개입을 실시한 사례이다.

5. ABCD조사(다중요소 설계)

이 조사는 하나의 기초선 자료에 대해서 다수의 각기 다른 개입방법(B, C, D)를 연속적으로 도입하는 형태이다. ABAB조사에서처럼 개입 도중에 기초선 단계를 재설정하고 그 후에 다시 동일한 개입을 재개하는 것이 아니라 B, C, D라는 각기 다른 개입방법들을 적용하여 비교하는 것이다.

클라이언트에게 도움 되지 않는 개입을 수정하거나 특정한 개입방법이 실제로 표적행동에 변화를 가져오는지 설명하고자 할 때 유용하다. ABCD조사는 융통성이 있어서 연속적인 단계에서 입증된 대로 개입계획을 변경할 수 있다.

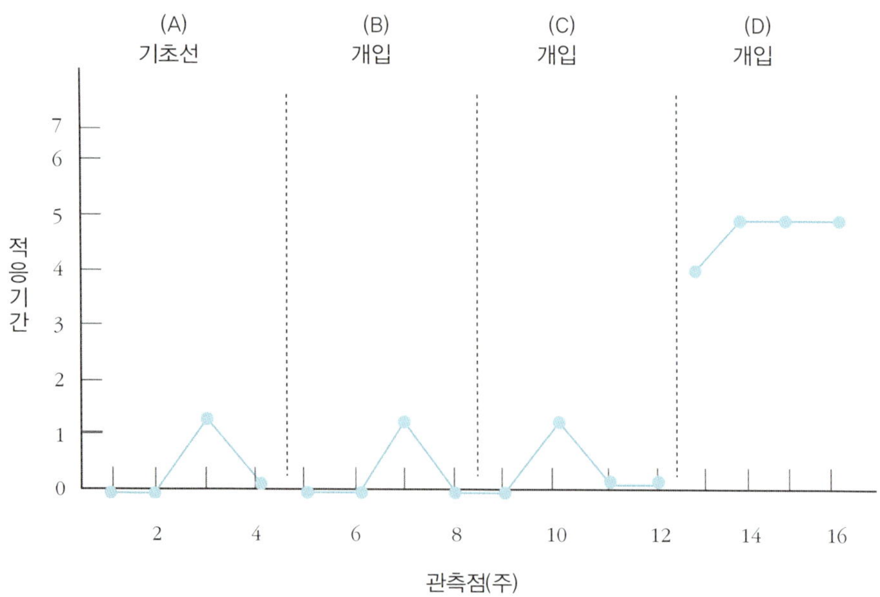

[그림 10-5] ABCD조사

ABCD조사 문제점을 보면

- 이월효과: 각각의 개입방법들이 개별적으로 적용했을 때에도 동일한 결과를 가져올 것인지 알 수 없다.
- 순서효과: D개입방법을 B와 C와 순서를 바꾸어 적용했다면 D개입방법의 효과가 없는 것으로 나타났을 수도 있다. 즉, 개입방법이 BCD 순서로 적용되었기 때문에 D단계에 효과를 나타냈을지도 모른다.
- 우연한 사건: B, C, D개입방법이 실제로 모두 효과가 없지만 D개입방법의 개입 직전 또는 개입과정에서 우연한 외부적 사건 등이 개입되어 효과를 나타냈을 가능성도 있다.

6. 복수기초선 단계

1) 복수기초선

인위적인 개입중단이라는 윤리적 문제점을 개선하면서 개입과 표적행동 변화 간의 인과적인 관계를 추정할 수 있는 방법으로 개발된 것이 복수기초선 설계이다. 복수기초선 설계는 몇 가지 설계들로 구성되며, 둘 이상의 기초선 단계를 설정하지만 개입을 중단하는 것이 아니라, 둘 이상의 기초선을 동시에 시작한다.

하나의 동일한 개입방법(AB조사)을 복수의 문제(표적행동), 복수의 상황, 복수의 대상자들에게 반복적으로 적용하여 같은 효과를 얻음으로써 표적행동에 대한 개입효과를 추정하는데 신뢰성을 높이려는 설계이다.

2) 복수기초조사의 종류

적용대상에 따라 문제 간 복수기초선 조사, 상황 간 복수기초선 조사, 대상자 간 복수기초선 조사로 구분할 수 있다.

(1) 문제 간 복수기초선 조사

하나의 특수한 개입방법이 각각의 문제에 따라 복수기초선 설계하여 효과가 있는지를 평가하기 위한 방법이다.

(2) 상황 간 복수기초선 설계

하나의 특수한 개입방법이 같은 대상자의 같은 문제를 두 가지 이상의 다른 상황에서 치료하는 데 효과가 있는지를 평가하기 위한 방법이다.

(3) 대상자 간 복수기초선 설계

특정 개입방법이 같은 상항에서 같은 문제를 가진 두 명 이상의 다른 대상자에게 적용될 때 개입방법의 효과를 평가하는 방법이다.

제 4 절 단순사례조사의 개입분석

1. 개입의 평가

1) 개입평가기준

개입평가기준은 개입을 평가함에 있어서 고려해야 할 준거틀이다. 개입결과를 평가하기 위한 준거틀로는 변화의 파동, 변화의 경향, 변화의 수준을 고려해야 한다(강이근 외, 2015).

(1) 변화의 파동(Variablilty)

관찰된 표적행동의 특성이 시간의 경과에 따라 파동을 일으키며 변화되는 정도를 의미한다. 파동이 심한 경우 관찰의 횟수가 많아야 변화가 일정한 유형을 판단할 수 있고, 파동이 적은 경우 관찰 횟수를 어떤 안정적인 유형이 나타날 때까지 증가시키는 것이 바람직하다.

(2) 변화의 경향(Trend)

기초선 변화의 경향을 개입기간 변화의 경향과 연결시켜 검토하는 준거틀이다. 기초선 기간과 개입기간 동안 경향의 방향이 일치되면 개입영향을 판단하기 어렵고 상반되면 개입영향이 판단이 쉽다.

(3) 변화의 수준(Level)

관찰된 행동의 특성이 나타내는 점수의 위치를 말하는 것으로 기초선단계의 수준과 개입단계의 수준 사이에 차이가 클수록 개입의 효과에 대한 확신이 높아진다.

2) 개입의 유의성 분석

단일사례조사에서 개입결과를 분석하면서 제기되는 개입의 유의성 문제에는 시각적 유의성, 통계학적 유의성, 실질적 유의성이 있다.

(1) 시각적 유의성

개입이 도입되거나 중단된 후에만 표적행동의 수준과 경향의 변화가 그래프에서 시각적으로 나타나 있는가를 분석한다. 기초선의 수준과 개입선의 변화들을 시각적으로 분석한다.

(2) 통계적 유의성

개입단계 동안 관찰된 자료가 기초선을 연장하고 개입을 도입하지 않아도 일어날 것이라고 예상되는 파동과 어떻게 다른가를 통계적으로 분석한다. 평균비교(기초선 단계와 개입단계의 평균비교)나 경향선(기초선 단계에서 자연스럽게 진행될 것으로 예상되는 선) 접근 등을 분석한다.

(3) 실질적 유의성

개입으로 인한 표적행동의 변화 양이 실질적이거나 임상적 관점에서 판단하여 실천적 의미를 분석한다.

2. 단일사례조사연구의 자료기록방법

단일사례조사는 체계적인 자료의 수집과 분석으로 마무리된다. 자료는 개입의 전, 도중, 후에 있어서 표적행동의 변화를 비교할 수 있도록 계량화되어 기록된 정보를 말한다.

1) 자료기록의 준비

(1) 행동관찰 규정준비

피험자의 행동은 표준화된 양식, 즉 행동관찰 규정에 의해 관찰되고 기록되어야 한다. 행동관찰규정이란 표적행동에 관한 구체적인 판단기준과 자료기록에 관한 규정으로 표적행동에 대한 조작적 정의, 기록원칙, 기록의 예 등이 포함되는데 조사가 시작되기 전 준비되어야 한다.

(2) 관찰기록자의 선정

실천현장에서 활동하는 사람들이나 연구자가 관찰하고 기록하는 것이 바람직하다. 표적행동의 직접적인 관찰에 의해서 기록되어야 한다. 관찰기록자는 개입 상황에서 자연적으로 관찰이 가능한 자, 개입의 자연적 환경에 속하지 않는 외부인, 조사연구자, 조사연구 또는 개입의 대상자가 될 수 있다.

2) 자료 관찰 및 기록방법

(1) 시간간격기록

시간간격기록(interval recording)은 일정한 관찰기간을 같은 간격의 짧은 시간으로 나누어 표적행동을 직접 관찰-기록하는 방법인데, 시간이 짧을수록 더 정확히 관찰된다. 예를 들어, 10초의 시간간격에 있어서 손을 빠는 행동이 두 번 이상 일어나도 처음 일어난 행동만 기록하는 것이다. 즉, 시간간격기록은 정해진 시간간격 내에 표적행동이 일어났느냐 일어나지 않았느냐를 기록하는 것이다. 이러한 시간간격기록은 빈도가 아주 높은 행동의 관찰에 적합하다(양정하 외, 2011).

(2) 빈도기록

빈도기록(frequency recording)은 정해진 관찰기간 동안에 일어난 표적행동의 빈도를 기록하는 것이다. 빈도기록은 쉬운 기록방법이고, 빈도가 높은 행동이나 낮은 행동 모두의 관찰에 적절하며 관찰기간을 길게 할 수 있는 것이 특징이다.

(3) 지속시간기록

지속시간기록(duration recording)은 정해진 관찰기간 동안에 일어난 모든 단위행동을 지속 시간을 직접 관찰하여 기록하는 방법이다. 지속시간 기록방법은 문제행동의 지속시간이 관심의 대상이 될 때 사용되며 일반적으로 빈도와 같이 관찰된다.

(4) 정도기록

정도기록(magnitude recording)은 정해진 관찰기간 내에 발생한 표적행동의 양, 수준정도를 관찰하여 미리 정도측정 척도에 의해 판단하여 정도를 나타내는 수치를 기록하는 것이다.

(5) 간헐점검기록

간헐적으로 특정한 관찰시간을 정하여 관찰하는 순간에 표적행동을 하고 있는지 아닌지 기록하는 것이다. 간헐점검기록은 가장 쉬운 기록방법이며, 사회적 상호작용, 놀이, 일 등 오래 지속되는 행동이나 빈도가 높은 행동을 관찰하는 데 적절하다.

(6) 영구적 생산물 기록

영구적 생산물 기록(permanent product recording)은 반드시 직접관찰을 필요로 하지 않으며, 표적행동에 의하여 만들어진 것을 관찰하여 표적행동이 일어났음을 확인함으로써 이루어진다.

참고문헌

강이근 외(2015). 사회복지조사론. 창지사.

박선태 외(2012).사회복지조사론. 정민사.

양정하 외(2011). 사회복지조사방법론. 공동체.

정영숙(2009). 사회복지조사방법론. 공동체.

홍봉수 외(2014). 사회복지조사론. 공동체.

chapter 11

실 험 조 사

제 1 절 실험조사의 개념

1. 실험조사의 의의

실험조사는 실험을 통하여 인과관계를 규명하는 자료를 수집하고 분석하는 조사를 말한다. 실험은 연구자가 하나 이상의 독립변수를 의식적으로 조작하거나 외생변수를 통제하여 독립변수들이 종속변수에 미치는 영향을 측정하거나 독립변수로 인한 종속변수의 변화 상태를 관찰하는 것이다.

자연과학에서의 실험은 주로 실험실에서 이루어지지만, 사회과학은 자연적인 상황에서 이루어지는 현지실험의 경우가 더 많다. 사회과학 실험도 자연과학의 원리를 적용하여 그와 유사한 논리로 진행된다. 따라서 실험조사는 연구조사를 수행하기 이전에 어떠한 형태로 어떤 조사를 수행해야 하는지를 미리 계획하여 조사의 타당성을 증가시키고 조사과정에서 발생할 수 있는 오류를 줄일 수 있도록 해야 한다.

사회복지에서 실험조사가 중요한 이유는 무엇일까? 그것은 사회복지에 있어서 책임성과 책무성이 강하게 요구됨에 따라 실천 프로그램들에 대한 효과성을 검증하는 경우가 많아졌기 때문이다.

새로이 개발한 프로그램이 과연 클라이언트의 사회 정서적 상태에 변화를 가져왔는가를 검증한다면 프로그램이 독립변수, 클라이언트의 사회 정서적 상태가 종속변수가 되며, 이들 간의 인과관계를 규명하기 위해 실험설계의 원리가 적용된다.

- 광의의 실험조사: 과학적 연구수행을 위해 조사연구의 계획, 구조, 전략 등을 포괄하는 것으로서 조사의 전반적인 과정을 의미한다.
- 협의의 실험조사: 사회복지조사의 연구목적에 맞는 논리체계, 대상선정, 자료수집방법 등에 대한 전반적인 계획을 세우는 단계를 의미한다.

2. 실험조사의 목적

실험이란 이론이나 현상을 관찰하고 측정하는 방법을 말한다. 실험조사에서 목적은 인과관계를 추론하려는 연구자의 능력을 혼동시킬 수 있는 다른 변수들을 통제하면서 독립변수가 종속변수에 미치는 효과를 측정하는 것이다.

실험조사에서는 다음과 같은 목적이 있다(강이근 외, 2015).

1) 실험은 순수하고 오염되지 않은 통제된 조건하에서 독립변수(χ)와 종속변수(y) 간의 관계를 파악한다.
   실험연구자는 χ 는 y에 영향을 미치는가?, 어떻게, 얼마나 영향을 미치는가?, 그러한 관계를 함수관계[$y = f(\chi)$]로까지 나타낼 수 있는가? 등과 같은 관계를 파악하는 데 있다.

2) 실험은 기존의 이론이나 연구결과로부터 도출된 명제나 가설에 대한 검증을 시도한다. 때로는 이미 제시된 명제 등에 대한 타당성 여부를 검증하기도 하고 기존의 이론을 지지하거나 반증하기도 한다.

3) 실험은 이론체계를 정립하는 데 궁극적인 목적이 있다. 실험은 기존의 이론, 명제 또는 가설 등을 재정의 하고 발전시키며, 새로운 가설을 형성함으로써 이론체계를 정립하는 데 기여한다.

4) 실험은 새로운 가설이나 연구문제를 발견하는 데 기여한다.

현상을 인위적으로 일으키는 것을 '실험'이라고 한다면, 자연에서 발생하는 사물이나 현상을 주의하여 살펴보는 것을 '관찰'이라고 한다. 하지만 실험실 안에서도 관찰이 이루어지고 있고 실험이 관찰의 한 수단이라는 점에서 모두를 엄격히 구별하기 어렵다.

제 2 절 실험조사의 기준

어떤 조사 설계가 적합한가는 측정결과가 과연 타당성이 있는가의 여부에 달려 있다. 실험조사의 타당성(validity)은 측정한 값과 대상의 진정한 값과의 일치 정도를 의미하며, 조사하고자 하는 개념을 얼마나 정확하게 조사해내는가 하는 것을 의미한다.

실험조사의 타당도는 해당 척도가 측정하고자 하는 대상과 측정도구와의 일치 정도에 관심을 가지는 것인데, 측정하고자 하는 측정대상이 언제나 조사자에 의해 명확하게 객관적인 관찰을 할 수 없는 경우가 많다는 것이다. 실험조사의 타당도를 판단하는 기준으로는 내적 타당성과 외적 타당성으로 구분된다. 내적 타당성과 외적 타당성은 상충관계(trade-off)를 가지므로 두 유형의 타당성을 동시에 높일 수는 없고, 내적 타당성을 높이려면 외적 타당성이 낮아질 수밖에 없고, 역으로 외적 타당성을 높이려면 내적 타당성에 문제가 있을 수 있다는 점을 알아야 한다.

연구자는 연구목적과 내용 및 방법에 따라 두 유형의 타당성 중 어느 타당성이 더 고려되어야 하는지를 판단해야 한다(정영숙, 2009; 박선태 외, 2012).

1. 내적 타당성과 외적 타당성

1) 내적 타당성

내적 타당성(internal validity)은 연구결과가 독립변수의 변화 때문에 발생했는지의 여부를 정확하게 기술하고 있다고 확신하는 정도를 의미한다. 독립변수의 변화가 실제로 종속변수의 변화를 야기하는 정도 또는 실험적 조작이 유의할 만한 차이를 가져오는 정도를 의미한다. 측정결과인 종속변수의 변화가 독립변수의 변화에 의해 일어난 것이라면 그러한 결과는 내적 타당도가 높다고 할 수 있다.

일반적으로 인과관계 성립조건 세 가지(공변성, 시간의 우선성, 통제성)를 모두 충족시키고 있다면 내적 타당성이 있는 것으로 판단한다. 예를 들면, 교육비와 소득과의 관계에서 교육비(종속변수)의 증감은 소득(독립변수)의 변화에 의해 일어난 것이라면 내적 타당도가 높은 결과라고 확신할 수 있다. 하지만 부모의 자녀교육에 대한 열망이 영향을 미쳐 변화가 된 것이라면 내적 타당도를 의심하게 된다.

2) 외적 타당성

외적 타당성(external validity)은 어떤 연구에서 서술된 인과관계가 해당 연구의 조건을 넘어서 연구대상의 모집단으로 일반화될 수 있는 정도를 의미한다. 조사의 결과를 보다 많은 상황과 사람들에게 적용시킬 수 있는 정도를 의미한다. 예를 들면, 모자가구의 최저생계비를 측정한 결과가 부자가구, 노인 가구, 장애인가구 등에도 적용되면 외적 타당도가 높은 측정결과라 할 수 있다. 외적 타당도를 높이기 위한 가장 좋은 방법은 조사 설계 전 탐색조사나 전문가 조사 등을 통해 현실에 맞는 조건에서 조사가 이루어져야 한다.

2. 내적 타당성에 영향을 주는 요인

어떤 연구의 내적 타당성을 확인하는 것은 그 연구가 내적 타당성에 대한 다양한 저해요인들을 얼마나 잘 통제했다고 생각하는가에 대해 판단을 내리는 것이다. 특히 실험설계를 할 경우 내적 타당성이 결여되면 실험결과의 해석 자체가 불가능해진다. 실험조사의 내적 타당성을 저해하는 요인을 특성별로 구분하면 내재적 요인과 외재적 요인으로 구분할 수 있다.

1) 내재적 요인

내재적 요인은 조사기간 동안 조사대상자 및 측정도구와 관련한 변화 등으로 실험 과정에서 영향이 개입되어 내적 타당성을 저해하는 요소를 의미한다(정영숙, 2009).

(1) 우연한 사건(history)

조사과정에서 연구자의 의도와 관계없이 실험 도중에 발생한 종속변수에 영향을 미칠 수 있는 외부사건을 의미하며, 독립변수의 영향과 시간적으로 일치하여 결과를 혼란스럽게 만들 수 있다.

조사기간이 길수록 외적 사건의 영향을 받아 조사 설계의 내적 타당도가 저해될 가능성이 커진다. 예를 들면, 노인생활시설에서 노인들의 생활의욕을 향상시키기 위한 6개월간의 프로그램을 도입하면서 사전과 사후를 비교 조사하였다. 그러나 그 사이에 제주도 단체여행을 다녀왔다거나 대폭적인 시설개선이 이루어졌다면 프로그램의 개입효과와는 무관하게 이러한 외부사건이 결과에 영향을 미칠 수 있다.

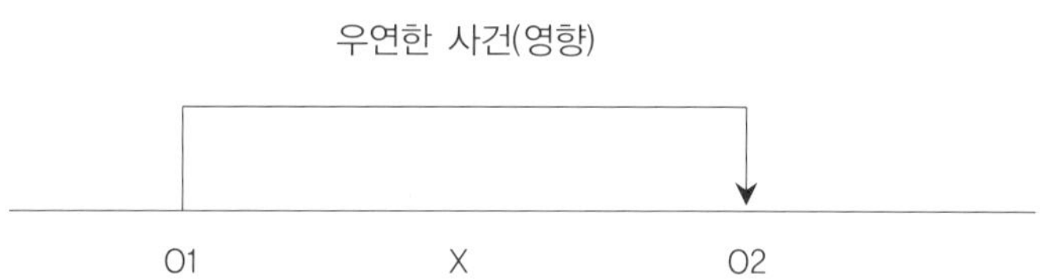

출처: 강종수(2014).

(2) 성숙효과(maturation)

실험진행 중 시간이 흐름에 따라 대상자의 자연적 발달을 비롯하여 심리적 · 생리적 · 사회 인구학적 · 경제적 특성에 변화가 발생하여 종속변수에 양향을 미치는 것을 의미한다. 예를 들면, 성폭력 피해자에게 상담서비스를 제공하고 그 효과를 알아보기 위해 사전과 사후를 비교 조사 하였다면, 프로그램의 개입효과와는 무관하게 피해자의 자연적인 성숙에 따라 사후의 조사결과는 달라진다.

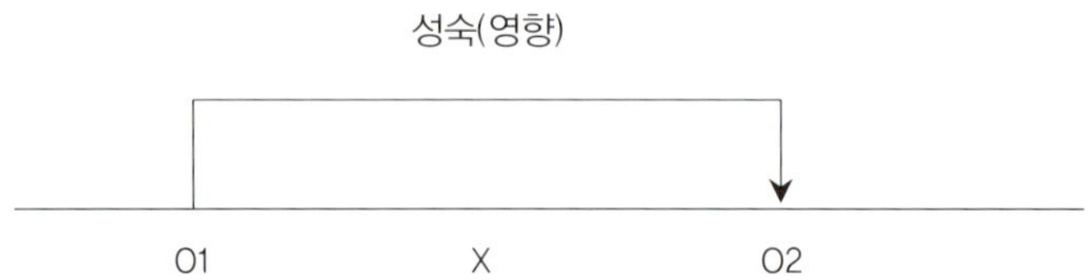

출처: 강종수(2014).

(3) 시험효과(testing effect)

사전검사가 사후검사에 영향을 미치게 되어 종속변수의 변화를 초래하는 것을 의미한다. 즉, 측정하고 있는 문제가 전혀 개선되지 않았으면서 반복되는 검사과정에서 친숙해지는 것으로 인해 점수가 높아져 문제가 되어 내적 타당성을 저해하는 경우이다. 예를 들면, 만일 IQ 검사를 하루 간격으로 동일한 검사지를 사용하여 측정하면 두 번째는 IQ가 높아지는 현상이 나타난다.

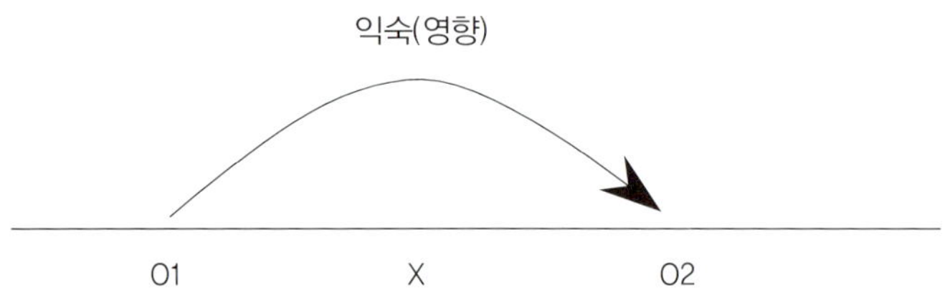

출처: 강종수(2014).

(4) 측정도구의 변화(instrumentation)

조사 및 실험기간 중 측정자나 실험자가 바뀌었거나 측정도구에 변화가 있어 사전

측정도구와 사후 측정도구 간이 차이가 있어 측정결과가 달라질 수 있는 요인을 말한다. 예를 들면, 최저생계비를 측정할 때 사전 측정도구에서는 식비를 기준으로 하다 사후 측정도구에서는 주거비를 기준으로 할 경우 측정도구의 변화로 인해 타당성이 낮아지게 된다.

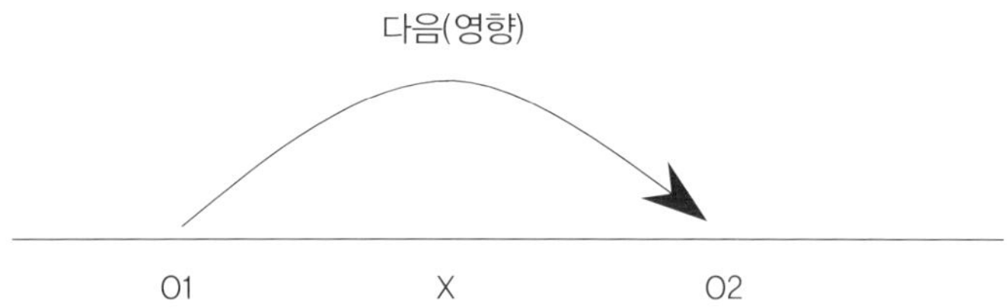

출처: 강종수(2014).

(5) 실험 도중 탈락(mortality)

실험집단이나 통제집단 어느 쪽이든 대상자가 연구진행 도중 탈락하거나 그만두게 되면 종속변수의 결과가 어느 한쪽으로 치우쳐 왜곡 될 가능성이 있다. 예를 들면, 대상자가 미혼에서 결혼하거나, 이동하거나 사망할 경우, 실업자가 취업할 경우 등이 이에 해당된다.

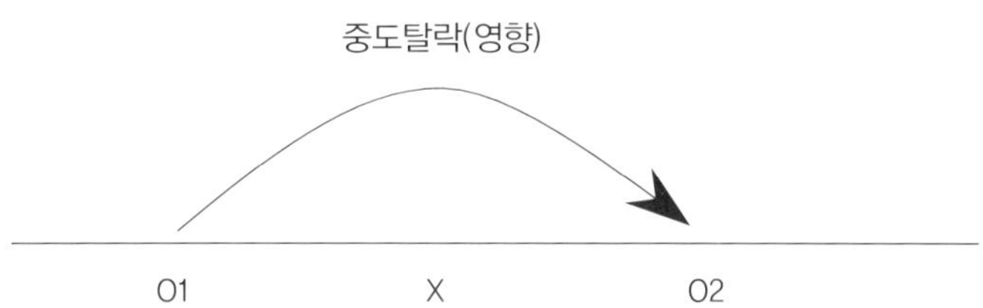

출처: 강종수(2014).

2) 외재적 요인

외재적 요인은 실험집단과 통제집단에 조사대상이 상이하게 배치됨으로써 나타날 수 있는 요인으로 실험 이전의 상황 등이 조사결과에 영향을 미쳐 내적 타당성을 저해하는 요소를 의미한다(박선태 외, 2012).

(1) 표본선정의 편중(selection bias)

실험집단이나 통제집단에 선정된 조사대상자가 각기 특성이 상이하여 실험결과가 왜곡되는 경우를 말한다. 즉, 표본 선정이 잘못되어 발생하는 오류를 말한다. 예를 들면, 가족을 실험집단과 통제집단으로 분류할 때 실험집단에 비해 통제집단의 재혼가족이 상대적으로 소득수준이 더 높거나 가족구조가 덜 복잡할 경우, 두 집단은 근본적으로 차별적 조건을 가진 비동질적 집단으로 상대적 비교가 어렵게 된다.

(2) 통계적 회귀(statistical regression)

사전측정이 극단적인 점수에 의해 측정된 경우 사후측정 시 평균에 가깝게 이동하는 효과를 나타남으로써 결과가 왜곡되는 것을 말한다. 예를 들면, 점수가 최고 혹은 최하에 속하는 학생들을 단 한 번의 검사에 의해 측정할 경우, 그 다음 검사에서는 모집단 평균에 가까운 점수를 나타내는 경향에 의해 설계 실험처치와 관계없이 점수 이동현상이 발생할 수 있다.

(3) 모방(artifact)

실험집단과 통제집단 간의 인위적인 관계나 영향에 의해 나타나는 현상으로 통제집단이 실험집단에 대한 정보를 사전에 인지함으로써 통제집단의 역할을 객관적으로 하지 못할 때 실험결과가 왜곡될 수 있다.

(4) 실험변수 유출(outflow)

실험집단과 통제집단은 각기 격리되어 서로에게 영향을 미치지 않아야 하는데 각

집단을 엄격히 분리시키지 못함으로 인해 실험결과를 왜곡하게 되는 경우를 말한다.

3) 외적 타당성에 영향을 주는 요인

외적 타당성은 표본에서 얻어진 연구의 결과를 두고 연구조건을 넘어선 환경이나 다른 집단들에까지 확대 해석 혹은 일반화할 수 있는 정도를 말한다. 실험조사의 외적 타당성 저해요인으로 크게 조사표본의 대표성 요인과 실험조사에 대한 반응성 요인, 플라시보 효과가 있다.

(1) 표본의 대표성

조사대상에 있어서 실제 상황에서 일반화될 수 있으려면 조사대상은 모집단을 대표할 수 있어야 한다. 표본뿐 아니라 조사의 환경이나 절차들도 모집단의 일반적인 상황과 유사해야 실험조사 결과를 일반화 시킬 수 있기 때문이다.

(2) 조사의 반응성

실험대상자들이 자신이 실험대상으로 관찰되고 있다는 것을 인지하여 평소의 생각이나 가치와 다른 행동이나 태도를 보이게 됨으로써 발생하는 경우를 말한다. 인간이 관찰대상이 되는 대부분의 조사연구에서 조사대상자들이 나타내는 이러한 조사반응성은 조사결과의 일반화에 지장을 초래한다.

(3) 플라시보(Placebo) 효과

플라시보 효과를 위약효과라고도 한다. 약물실험조사 등에서 종종 문제가 생기는 효과이다. 플라시보 효과는 일종의 조사반응성 효과인데, 실제로는 실험처지나 개입이 이루어지지 않았는데도 불구하고 그것을 받은 것과 유사한 효과가 나타나는 경우를 말한다. 이는 조사대상자들이 스스로 조사에 대해 반응하고 있기 때문이다.

제 3 절 실험조사의 유형

실험조사는 독립변수의 조작, 외생변수의 통제, 실험대상의 무작위화라는 실험조사의 기본조건을 어느 정도 충족하느냐에 따라 실험조사, 준 실험조사, 전 실험조사, 비 실험조사로 분류된다(강이근 외, 2015).

실험조사에서 시험효과, 주 효과, 상호작용 효과의 3가지 실험효과가 있다.

1. 실험조사(순수 실험조사, 진실 실험조사)

1) 통제집단 사전사후검사조사(pretest-posttest control group design)

통제집단 사전사후검사조사는 인과관계를 추정하기 위한 가장 전형적인 조사이다. 즉, 연구대상을 실험집단과 통제집단으로 무작위 할당하여 종속변수를 측정(사전검사)하고 통제집단에는 아무런 개입을 하지 않고 실험집단에만 개입을 실시한 후에 종속변수를 재측정(사후검사)하는 구조이다.

무작위로 선정된 두 집단에 대해 한 집단에는 실험변수를 가하고 나머지 집단에 대해서는 실험변수를 가하지 않으며, 전자를 실험집단, 후자를 통제집단이라고 한다. 통제집단에 대해서는 실험변수(개입)의 영향이 전혀 미치지 않도록 실험집단과 엄격히 격리시켜야 한다. [그림 11-1]은 통제집단 전후비교설계의 구성을 보여주고 있는 것이다(양정하 외, 2011).

전반적으로 내적 타당도가 높다고 볼 수 있지만, 상호작용시험효과를 제거할 수 없으므로 실험조사의 결과를 그 상황에만 특수한 것으로 만들어 외적 타당도는 낮다.

◆ 실험조사에 사용되는 기호

X: 실험 대상에 대한 처치, 개입의 조작

R: 무작위 할당

0: 관찰 혹은 측정

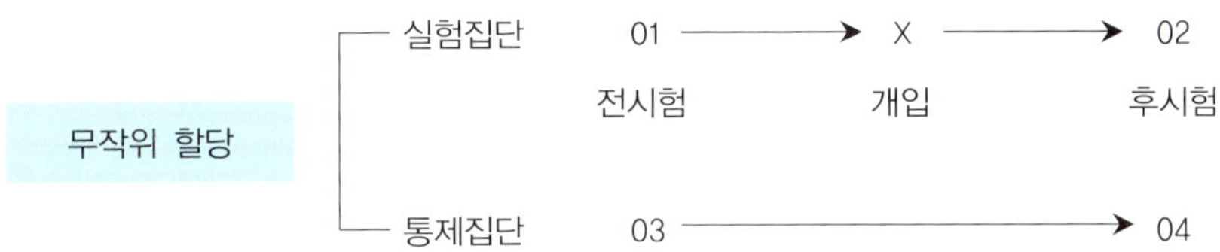

[그림 11-1] **통제집단 사전사후 검사조사**

◆ 실험효과 계산방법

① 실험집단에서의 전후 차이=02−01

② 통제집단에서의 전후 차이=04−03

③ 개입효과=실험집단에서의 전후 차이−통제집단에서의 전후 차이

2) 통제집단 사후검사조사(pretest-oniy control group design)

통제집단 사후검사조사는 앞의 통제집단 사전사후검사조사의 변형된 형태로 사전측정을 하지 않는다는 형태이다. 실험집단의 결과변수는 실험처치와 외생변수의 효과가 작용하고 있으며 통제집단의 경우는 외생변수의 효과만이 작용하므로 두 집단간의 차이를 계상함으로써 순수한 개입의 효과를 측정할 수 있다는 논리적 구조를 가진다.

종속변수의 효과가 측정결과가 단지 독립변수의 영향에 의한 것으로 단정할 수 없다. [그림 11-2]는 통제집단 사후검사조사를 구성하는 요소들을 보여주는 것이다.

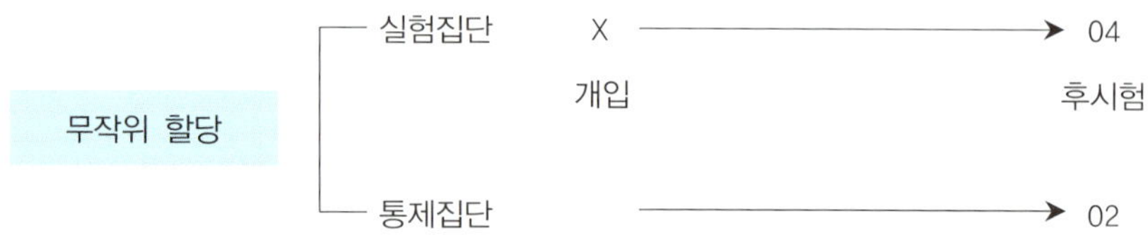

[그림 11-2] **통제집단 후 비교설계**

◆ 개입효과 계산방법

① 개입효과=04−02

3) 솔로몬 4집단설계

통제집단 사전사후 검사조사와 통제집단 사후 검사조사를 결합한 형태이다. 가능한 모든 외생변수를 통제하기 위해 A, B, C, D 4개 집단을 모두 무작위로 선정하여 A, B집단에 대해서는 사전조사를 실시(통제집단 사전사후 비교설계)하고 C, D집단에 대해서는 실시하지 않는다(통제집단 사후 비교설계). 또한 A, C집단은 실험집단으로 실험처치를 가하고 B, C집단은 통제집단의 성격으로 실험처치를 가하지 않는다. [그림 11-3]은 솔로몬 4집단설계에서 실험개입의 구성을 보여주는 것이다.

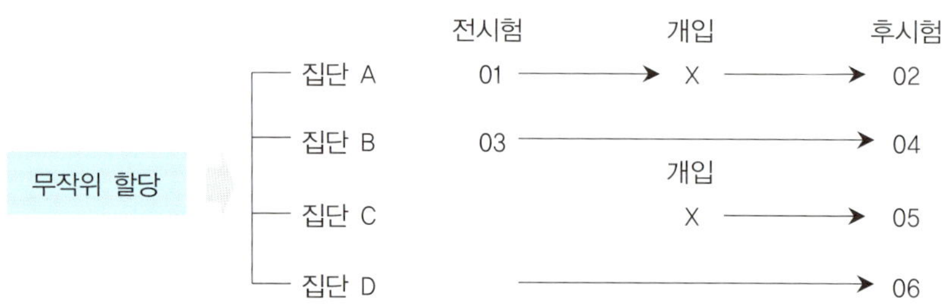

[그림 11-3] **솔로몬 4집단설계**

◆ 개입효과 계산방법

① 집단 A의 변화=02－01

② 집단 B의 변화=04－03

③ 집단 C의 변화=05－(01＋03)/2

④ 집단 D의 변화=06－(01＋03)/2

⑥ 상호작용 효과=Dg1－(Dg2＋Dg3－Dg4)

⑦ 개입의 효과 =Dg1－Dg2－Ⅰ

2. 준 실험조사(의사 실험조사, 유사 실험조사, 반 실험조사)

준 실험조사는 실험조사의 기본 요소인 통제집단, 무작위할당, 독립변수의 조작, 사전사후검사 중에 한두 요소가 결여된 실험실이 아닌 현장에서 실험하는 것으로 실험상황은 아니더라도 실험실 상황과 유사한 효과를 얻을 수 있는 경우에 주로 실시하는 조사이다. 준 실험조사는 내적 타당도에서 실험조사보다는 조금 떨어지지만, 실험조사가 현실적으로 인위적인 통제와 조작이 어렵다는 한계를 가지고 있기 때문에 실제 연구에서는 준 실험조사가 더 많이 이용되고 있다.

준 실험조사는 단순시계열설계, 복수집단 시계열설계, 비동일 통제집단설계, 분리표본전후비교설계 등이 있다.

1) 단순시계열설계

단순시계열설계는 비교집단을 설정하기 곤란한 경우에 한 집단을 선택해거 독립변수의 조작이나 독립변수에는 노출 전에 몇 번 이상씩(보통 3번 이상) 관찰(검사)하고 독립변수 도입 후에 몇 번 이상씩 3번 이상을 관찰하여 전후의 점수 또는 경향을 비교하는 설계 형태이다.

[그림 11-4]는 단순시계열설계의 구성을 보여주는 것이다.

(개입)

↓

반복측정

(단일집단) O_1 O_2 O_3 O_4 O_5 X O_6 O_7 O_8 O_9 O_{10}

[그림 11-4] 시계열설계

독립변수 도입 이전에 종속변수의 상태를 일정한 시간 간격을 두고 몇 번 관찰함으로써 독립변수 도입 이전의 일상적인 종속변수의 상태를 알 수 있다.

독립변수 도입 이후의 종속변수의 상태를 일정한 시간 간격을 두고 몇 번 관찰함으로써 독립변수 도입 이후의 일상적인 종속변수의 상태를 알 수 있다. 이를 바탕으로 독립변수 도입 전후의 상태를 비교함으로써 변화가 나타났다면 이를 독립변수의 영향에 의한 것으로 간주하는 것이다.

2) 복수집단 시계열설계

비슷한 특성을 지닌 다른 집단(통제집단)을 설정하여 시계열설계의 구조를 추가적으로 정용한 것으로 시계열설계를 보완하기 위한 설계형태이다. 실험집단과 통제집단을 구성하여 한 집단에 대해서는 독립변수 도입전후에 3번 이상씩 관찰하고 다른 한 집단에 대해서는 독립변수의 도입(실험집단) 없이 계속 관찰하여 종속변수의 변화 상태를 비교하는 구조이다.

[그림 11-5]는 복수집단 시계열 설계의 구성을 보여주는 것이다.

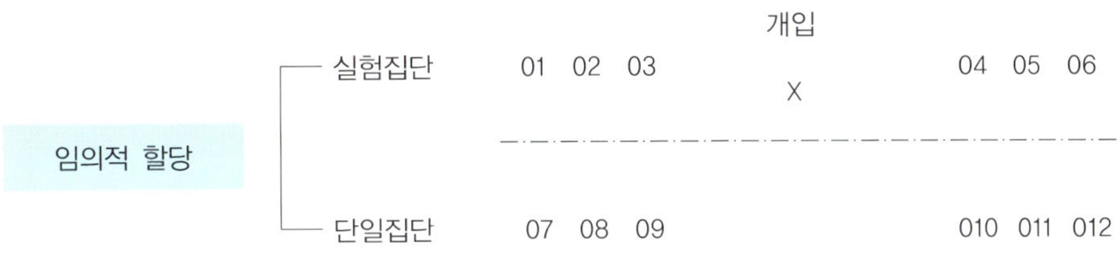

[그림 11-5] 복수집단 시계열설계

3) 비동일 통제집단설계

실험조사 설계의 통제집단 전후 비교설계와 유사하며 단지 비교집단이 무작위로 선택되지 않고 임의적인 방법에 의해 선정되는 설계형태이다.

무작위 이외의 방법으로 실험 및 통제집단을 선정하여 양 집단에 대해서 사전조사를 실시하고 실험집단에는 독립변수를 도입하고 통제집단에는 도입하지 않고서 두 집단에 대해 사후조사를 실시하여 그 결과를 비교하는 구조이다.

[그림 11-6]은 비동일 통제집단설계의 구성을 보여주는 것이다.

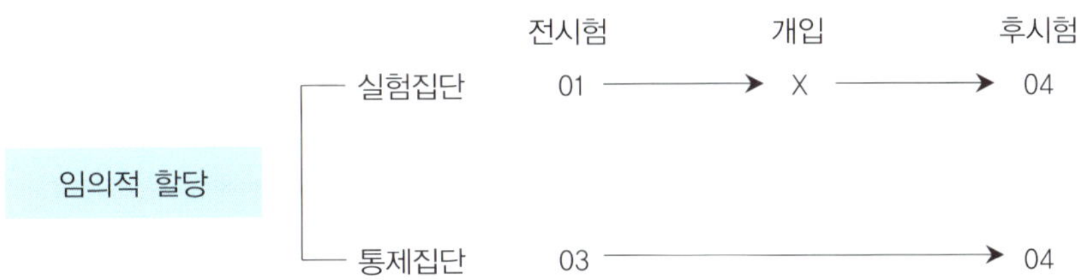

[그림 11-6] 비동일 통제집단설계

4) 분리표본 전후 비교설계

분리표본 전후 비교설계는 난선화(무작위) 방법으로 두 집단을 설정하지만 사전조사와 사후조사가 동시에 이루어지지 않고 독립변수를 조작할 수 없다는 점에서 실험조사 설계와 다르다.

전 실험조사 설계의 단일집단 전후비교설계와 유사한 점이 많지만 검사효과 및 검사와 독립변수와 상호작용 효과를 배제할 수 있다는 점에서 단일집단 전후 비교설계보다 우세하다.

[그림 11-7]은 분리표본 전후비교설계의 구성을 보여주는 것이다.

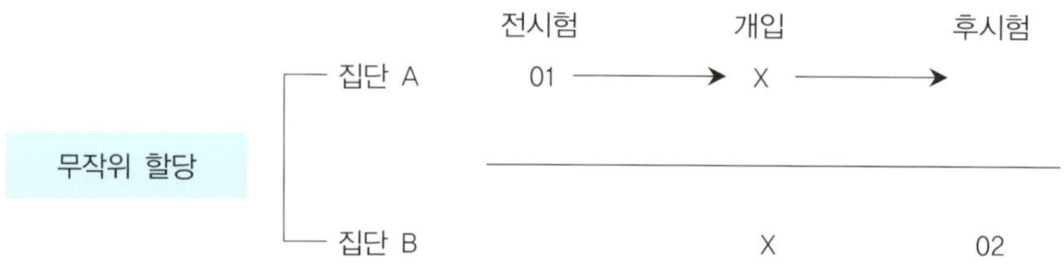

[그림 11-7] **분리표본 전후비교설계**

3. 전 실험조사(선 실험조사, 원시 실험조사)

전 실험조사는 무작위화에 의하여 연구대상자를 나누지 않고, 비교집단이 선정되지 않거나 동질성이 없으며 독립변수의 조작에 의한 변화의 관찰이 한두 번 정도로 제한되어 있는 조사로서 내적, 외적 타당도 저해요인을 거의 통제하지 못한다. 전 실험조사는 변수의 관계에서 신빙성이 대단히 낮다.

전 실험조사는 1회 사례조사, 단일집단 사전사후검사조사, 정태적 집단비교조사가 있다(강이근 외, 2015).

1) 1회 사례조사

1회 사례조사는 어떤 단일집단에 실험처치를 하고, 그 후에 그 집단의 종속변수의

특성을 검사 조사하여 결과를 평가하는 방법이다

[그림 11-8]은 1회 사례조사의 구성을 보여주는 것이다.

$$X \qquad O_1$$

[그림 11-8] 1회 사례조사의 표기

1회 사례조사는 비교 관찰도 없이 단 한 번으로 독립변수의 효과를 판단해야 하므로 인과관계를 추론하는 데 문제가 있으며, 탐색적 목적으로 수행되는 경우에 유용할 수 있다.

2) 단일집단 사전사후검사조사

단일집단 사전사후검사조사는 조사대상자에 대해서 사전검사조사를 실시하고 독립변수를 도입한 후 사후검사를 실시하여 인과관계를 추정하려는 것이다.

[그림 11-9]는 단일집단 사전사후검사조사의 구성을 보여주는 것이다.

$$O_1 \quad X \quad O_2 \qquad\qquad D = O_2 - O_1$$

[그림 11-9] 단일집단 사전사후검사조사의 표기

단일집단 사전사후검사조사는 내적 타당도 및 외적 타당도 저해요인들이 작용할 수 있기 때문에 독립변수와 종속변수간의 인과관계를 추론하거나 다른 상황에까지 일반화시키려는 데는 많은 어려움이 있다.

3) 정태적 집단비교조사

정태적 집단비교조사는 실험집단과 통제집단을 임의적으로 선정하고 실험집단은 독립변수를 도입한 후 사후검사를, 통제집단은 독립변수를 도입하지 않고 사후검사를 실시한 후 양 집단 간의 사후검사 결과를 비교하는 것이다.

[그림 11-10]은 정태적 집단비교조사의 표기의 구성을 보여주는 것이다.

실험집단 X O_1

$$D = O_1 - O_2$$

통제집단 O_2

[그림 11-10] 정태적 집단비교조사의 표기

정태적 집단비교조사는 통제집단 사후검사조사에서 무작위 할당만 제외된 형태이다. 즉, 실험집단과 통제집단이 무작위로 할당된 것이 아니라 배합 등의 방법에 의해서 특성이 비슷한 집단을 선정하거나 또는 이미 형성된 비슷한 특성의 집단으로 선정된다.

정태적 집단비교조사는 무작위 할당이 이루어지지 않아 양 집단의 최초상태가 동일한지 여부는 명확히 파악될 수 없어 선택의 편의 발생할 수 있다. 정태적 집단비교조사에서 종속변수의 변화는 처음부터 다른 이질적인 두 집단의 특성 차이에 의한 것인지 아니면 실험처치에 의한 것인지를 판단하기가 어렵다. 선택의 편의가 독립변수의 조작과 상호작용을 할 경우 내적타당도와 외적타당도가 낮아진다.

4. 비 실험조사

비 실험조사는 실험적인 연구방법을 사용할 수 없는 상황에서, 즉 독립변수의 조작도 불가능하고 실험대상의 무작위화도 불가능할 경우에 적용되는 실험조사이다. 비 실험조사는 현실적인 한계와 용이성 때문에 사회과학 전반에 있어 실제로 비 실험조사가 많이 이용되고 있으며, 독립변수를 조작할 수 없는 점, 실험대상을 무작위화할 수 없는 점, 부적절한 해석을 하게 될 위험성이 있는 점이 단점이다.

비 실험조사는 일원적 조사, 상관관계조사, 비 실험적인 요인조사, 종단적 실험조사가 있다(강이근 외, 2015).

1) 일원적 조사

일원적 조사는 특정 사건이나 현상의 발생, 인구집단의 특성, 개인적 · 집단적 경험 등을 기술하려고 할 때 사용되는 방법이다. 일원적 조사는 독립변수의 조작도 없으며, 단지 한 번의 관찰로 조사하여 개개 변수들의 관찰값의 분포를 파악하는데 이용되며, 두 개 이상의 변수 간의 인과관계나 상관관계를 추론하는 데는 적합하지 않다.

2) 상관관계조사

상관관계조사는 독립변수로 간주될 수 있는 하나의 변수와 종속변수로 간주될 수 있는 하나의 변수의 속성을 분류하거나 교차시켜 통계적 기법을 통하여 상관관계를 추정하려는 것이다.

3) 비 실험적 요인조사

비 실험적 요인조사는 실험조사와 요인조사에서 무작위할당을 실시하지 않는 것을 제외하고는 거의 유사한 방법으로 두 가지 이상의 독립변수와 하나의 종속변수의 관계 및 독립변수간의 상호작용관계를 교차분석을 통하여 확인하려는 것이다.

4) 종단적 실험조사

종단적 실험조사는 여러 시점에 걸쳐 관찰하는 것으로서 경향조사, 동년배집단조사, 패널조사가 있으며, 일원적 조사, 상관관계 조사 및 비 실험적 요인조사는 관찰의 시간적 차원에 있어서 특정한 시점에서 관찰하는 횡단적 실험조사이다.

제 4 절 실험조사의 절차 및 요소

1. 실험조사의 절차

실험조사는 일반적으로 다음과 같은 기본적인 절차를 통해 수행된다(박선태 외, 2012).

대상선정	조사대상의 선정
실험환경의 조성	실험환경(실험실, 현장 등)을 조성
무작위 표집	연구대상 모집단 가운데 무작위로 표본추출
무작위 할당	추출된 표본을 무작위로 실험집단(프로그램집단)과 통제집단(비교집단)에 배치
사전검사	종속변수에 대한 사전검사를 실험집단과 통제집단에 실시
실험조치	실험집단에 대해서난 실험조치(독립변수의 조작)를 실시
사후검사	종속변수에 대한 사후검사를 실험집단과 통제집단에 실시
비교-검증	두 집단의 사전검사와 사후검사의 결과를 비교하여 실험조치(독립변수의 변화)에 의해 종속변수에 있어서 통계적으로 의미 있는 변화가 나타났는지를 검토함. 만일 차이가 있으면 독립변수가 종속변수에 인과적으로 영향을 미친다는 가설은 검증되고 없으면 두 변수 사이에 인과관계가 있다는 가설은 기각됨

2. 실험조사의 요소

1) 인과관계

〈인과관계의 성립요건〉

인과관계란 어떤 변수가 원인으로 작용해서 다른 변수의 변화나 발생이 결과로서 나타나는 관계를 의미한다. 즉, 두 변수가 변화할 때 한 변수가 원인이 되어 다른 변수를 변화시키는 관계를 말한다. 인과관계의 성립요건은 어떠한 원인과 결과 또는 연구문제와 가설에 제시되어 있는 독립변수와 종속변수 사이에 인과관계가 성립하기 위한 조건들을 제시한 것이다

인과관계를 좀 더 구체적으로 살펴보면 다음과 같다(박선태 외, 2012).

① 공변성

원인변수와 결과변수는 경험적으로 상관관계가 있어야 한다. 즉, 하나의 변수가 변할 때마다 다른 변수도 변화를 나타내야 한다. 예를 들면, 일반적으로 사회복지기관에서 직원의 자아존중감 정도와 직무만족도 수준에는 어떤 관련성이 있다고 알려져 있다. 즉, 자아존중감이 높은 직원은 대체로 직무만족도가 높고, 반대로 자아존중감이 낮은 직원은 직무만족도가 대체로 낮은 것으로 나타났다. 이때 자아존중감과 직무만족도 간에는 공변성이 있음을 알 수 있다(황성동, 2012).

② 시간적 우선성

독립변수는 시간상으로 종속변수보다 선행되어 발생해야 한다.

③ 통제성

독립변수와 종속변수 사이에 측정된 관계는 두 변수와 관련되어 있는 제3의 변수에 의한 영향으로 설명되어서는 안 된다. 이러한 경우 조사 설계에서는 제3의 변수에 대한 통제방법을 고려해야 한다.

④ 비대칭관계

두 변수는 비대칭관계를 가지고 있어야 한다. 비대칭관계란 독립변수는 종속변수에 영향을 미치지만 종속변수는 독립변수에 영향을 미치지 않는 것을 말한다.

2) 인과관계의 유형

- 필요조건: A변수가 발생하지 않을 경우 B변수가 결코 발생하지 않는다.
- 충분조건: A변수가 발생할 때마다 B변수가 발생한다.

① A가 B의 필요조건이지만 충분조건은 아니다.

예를 들면, 흡연한 사람만 폐암에 걸린다. : 흡연(A)과 폐암(B)의 관계는 필수적이다.

② A가 B의 충분조건이지만 필요조건은 아니다.

예를 들면, 폐암의 원인은 흡연도 될 수 있지만 스모그와 같은 공기오염도 될 수 있다. 흡연이나 스모그는 폐암 발생에 충분하지만 어느 것도 필수적이지는 않다.

③ A가 B는 필요조건이면서 충분조건이다.

A가 B의 유일한 원인(완전한 원인)이므로 이를 단일 인과관계라 한다. 결과 B를 설명하는데 있어 A가 필요조건인 동시에 충분조건인 경우이다. 이 조건은 가장 이상적인 인과관계이다. 예를 들면, 3 가장 강력한 이상적인 형태로서 만일 흡연이 폐암에 필요충분조건이라면 모든 흡연자는 폐암에 걸려야 하고 비흡연자는 폐암에 걸리지 않을 것이다.

3) 실험조사의 요소

(1) 비교: 비교집단(통제집단)을 설정하여 두 집단을 비교하거나 전후 차이를 비교하는 방법을 통해 두 변수 사이에 공변성이 존재하는지 확인할 수 있음. 집단

간 비교와 전후 비교를 동시에 고려하는 것이 이상적이다.

(2) 조작: 독립변수를 의도적으로 도입하거나 변화시켜 종속변수의 변화를 관찰하는 것으로 이를 통해 종속변수보다 선행하는 독립변수의 변화를 확보함으로써 인과관계를 성립조건 중 하나인 시간적 우선성을 또는 두 변수 사이의 시간적 차이를 성립시킴. 따라서 실험조사 설계에서 독립변수의 의도적인 조작은 필수적이다.

(3) 통제: 조사 설계의 타당도를 확보하기 위해서는 내적 타당도와 외적 타당도를 저해할 수 있는 요인들을 정확히 이해하고 이들을 통제하기 위해 사용할 수 있는 다양한 방법들을 동원함으로써 체계적으로 영향을 미칠 가능성이 있는 제3의 변수에 의한 가식적 관계를 배제시켜야 한다.

참고문헌

강이근 외(2015) 사회복지조사론. 창지사.

강종수(2014). 사회복지조사방법론. 양서원.

박선태 외(2012). 사회복지조사론. 정민사.

양정하 외(2011). 사회복지조사방법론. 공동체.

정영숙(2009). 사회복지조사방법론, 공동체.

황성동(2012). 알기 쉬운 사회복지조사방법론. 학지사.

chapter 12

욕 구 조 사

사회복지조사론

제 1 절 욕구조사의 개념과 필요성

1. 욕구조사 의의

1) 욕구(need)조사란

욕구는 요구(want)와 유사하다. 요구는 필요한 무엇이 있으나 충족되지 못할 때 생기는 개인의 인지 또는 정서상태라면 욕구는 무엇인가를 필요로 하는 사람의 요구에 대해 제3자가 판단한 결과를 말한다. 즉, 요구는 결핍된 상태인데 비해 욕구는 전문가의 판단에 의해 사회적으로 인정된 상태를 말한다는 것이다.

여기서 제3자는 보통 사회복지전문가인 사회복지사, 사회복지학자, 사회복지행정가와 의식주 관련 욕구의 전문가인 경제학자, 식품영양학자, 보건학자를 말한다(원석조, 2015).

욕구조사는 사회복지기관이 지역사회주민이 원하는 것이 무엇인가를 알아내기 위해서 하는 조사방법이다. 즉, 지역사회주민들이 필요로 하는 것이 무엇이고 지금 가지고 있지 않아서 주민들을 모자란 상태로 만든 것은 무엇이며, 주민들을 가난하게 만든 것은 무엇인가를 조사하는 과정이라고 할 수 있다(강영걸 외, 2004). 한정된 지역 안에서 욕구수준을 확인해 내고, 이를 수량화하는 방법이다. 대상집단의 욕구를 확인하고 사회문제를 예방하며, 프로그램 개발하고 수정하며, 기관운영에 기초자료를 제공해 주는 역할을 한다(이경희 · 김창규, 2013: 140).

욕구가 특정 개인 또는 소수의 개인에게 국한될 때에는 개인적 욕구가 되며, 사회의 대다수에게 확대되면 사회적 욕구가 된다. 사회적 욕구란 개개인이 사회에서 충족되기를 바라는 것이 결핍되어 있는 상태라 할 수 있으며, 사회적 욕구는 사회문제로 간주된다. 따라서 개인적 욕구를 바탕으로 한 사회적 욕구의 충족이 사회복지의 기본전제가 된다.

2) 욕구조사의 필요성

욕구조사는 조사대상자가 가지고 있는 정보를 파악하는 것을 목적으로 하는 일반적인 조사와 달리 사회복지 프로그램에 대한 의사결정을 하는데 필요한 정보를 얻는 데 목적이 있다. 욕구조사를 실시하는 목적은 대상집단의 욕구를 충족시키고 사회문제를 해결하고 예방하기 위한 정책대안과 프로그램을 개발하고 수정하며 기관운영에 도움이 되는 기초자료를 제공하는 데 있다.

이를 보다 구체적으로 살펴보면 욕구조사의 필요성은 다음과 같다(채구묵, 2011; 홍봉수 외, 2014).

(1) 정보의 획득

클라이언트의 특성, 문제, 요구사항, 나 자신의 변화를 위한 욕구의 가능성에 대해 적절한 서비스를 전문적, 효율적, 효과적으로 제공하기 위한 판단할 수 있는 정보를 얻어 서비스의 계획, 조직, 운영, 평가에 사용한다.

(2) 이용자 중심의 프로그램 개발

욕구조사는 이용자의 욕구를 파악하여 이용자 중심의 프로그램 개발에 있으므로 욕구조사를 통하여 이용자가 필요로 하는 새로운 서비스를 개발하거나 기존의 서비스를 보완할 수 있다.

(3) 자원의 효율적인 운영

욕구의 우선순위를 파악하고 상대적 우선순위를 정하여 인력과 예산을 배정함으로써 기관의 자원을 효율적으로 운영할 수 있다.

3) 욕구의 주체와 객체

욕구를 분배의 개념으로 해석하고 객관적으로 평가하기 위해서는 두 가지 차원에 대한 이해가 선행되어야 한다. 누가, 무엇을 필요로 하는가를 결정하는 부문 주체와 객체로 규명된다(정영숙, 2009).

■ 누가(주체)

자연적 또는 인위적으로 발생하는 취약계층

■ 무엇을(객체)

- 욕구의 주체: 장애인, 노인, 아동, 여성, 빈민 등과 같이 자연발생적 혹은 인위적 의존 인구 소외 · 결핍 · 박탈 등을 경험하는 특정 개인 또는 집단, 지역
- 욕구의 객체: 의식주, 취업, 의료재활, 보육, 양로 등과 같은 재화나 서비스

제 2 절 욕구조사의 주요 내용

욕구조사에 있어서 조사대상과 조사목적에 따라 달라질 수 있다. 예를 들면, 장애인이나 청소년을 대상으로 하여 욕구조사를 할 경우 조사내용이 장애인이나 청소년 문제 또는 서비스 개발에 맞추어져야 할 것이다.

일반적으로 욕구조사에서 포함되는 주요 내용들은 기초자료, 욕구파악을 위한 자료, 사회자원 활용자원에 관한 자료 등 크게 3가지 범주로 구분된다(채구묵, 2011; 강이근 외, 2015).

1. 기초자료: 지역사회나 조사대상자 집단의 일반적 특성에 관한 자료

기초자료는 조사대상 지역사회의 인구학적, 구조적 특징 등 일반사항에 관한 개략적인 정보를 제공해 줄 수 있는 자료를 의미한다.

잠재적 서비스 수혜자가 집중적으로 거주하고 있는 지역의 특성을 파악하는 데 사용될 수 있으며, 대상지역 및 집단 내 하위지역의 인구학적, 구조적 특징을 파악할 수 있도록 해준다. 예를 들면, 지역적 특성, 소득수준, 가족수, 성별분포, 연령, 혼인, 거주형태, 종교분포, 주택보급률, 국민기초생활보장대상자수 등이다.

2. 욕구파악을 위한 자료

기존에 제공되고 있는 서비스의 평가 및 새로운 서비스 개발에 필요한 자료로서, 욕구조사의 핵심적인 내용을 이루는 부분이다. 욕구파악을 위한 자료는 생활 영역의 현재 삶의 상태 파악을 위한 자료, 기존 프로그램이나 정책적 서비스 평가를 위한 자료, 새로운 프로그램이나 정책적 서비스 개발에 필요한 자료 등 3가지 분야로 분류할 수 있다.

1) 생활 영역에 관한 현재 삶의 상태 파악을 위한 자료

욕구조사는 일반적으로 대상 집단의 사회적 현황과 문제에 대한 자료를 제공해 줄 수 있는 내용을 포함해야 한다. 해당 지역 주민들의 다양한 생활 영역에서의 실제 상태를 확인하고, 현재 상태와 바람직한 상태 간의 차이, 즉 욕구 또는 문제를 파악하는 데 이용한다.

새로운 서비스 개발 및 기존 서비스 보완을 위한 기초자료로도 활용할 수 있으며, 조사내용은 경제상태(소득수준, 지출수준, 신용상태 등), 고용상태(직업, 경력, 취업욕구 등), 가정생활(부모-자녀관계, 부부관계 등), 교육상태(교육수준 및 욕구, 학교적응, 학교성적 등), 주거(주택형태 등), 건강상태(만성장애, 질병 발생률 등), 가정관리(영양상태, 양육 및 보호 등), 여가(여가활동, 문화활동 등), 생활만족도 등이 있다. 사용목적은 새로운 서비스 개발 및 기존 서비스 보완을 위한 기초자료로 활용이다.

2) 기존 프로그램이나 정책적 서비스 평가를 위한 자료

서비스의 인지도 및 활용에 대한 내용, 서비스 인지 및 활용에 대한 구체적인 장애요인 등으로 기존에 운영되고 있는 서비스를 적절하게 보완 혹은 수정하는 데 있어서 중요한 자료를 제공한다.

조사내용은 다음과 같다.

- 욕구가 있는 사람들에게 서비스가 잘 알려져 있는가?
- 욕구가 있는 사람들에 의해 서비스가 잘 활용되고 있는가?
- 서비스를 찾거나 이용하는데 장애를 주는 요인들이 있는가?
- 향후 서비스의 확대가 요구되는가?
- 클라이언트나 잠재적 클라이언트가 직원에 대해 부정적 태도를 가지고 있는가?
- 서비스 이용의 비용에 대한 과중한 부담
- 자격기준 제한으로 인한 이용 불가능 여부
- 적절한 프로그램의 부족
- 서비스 존재에 대한 홍보 부족

3) 새로운 프로그램이나 정책적 서비스 개발에 필요한 자료

욕구조사를 통해 지역주민들이 심각하다고 생각하는 문제나 지역주민들이 추가로 필요로 하는 서비스가 무엇인지 파악할 필요가 있다. 지역사회에 대한 문제나 이를 해소하기 위한 서비스는 지역주민들이 가장 잘 알고 있으며, 지역주민들의 의사가 반영된 상태에서 서비스가 개발되어야 서비스의 효과가 높아질 수 있기 때문에 지역주민들의 의사를 파악할 필요가 있다.

서비스를 제공하는 사람의 입장이 아니라, 서비스를 받는 지역주민들의 입장에서 파악되므로 수혜자들이 원하는 서비스를 개발하는데 좋은 자료를 제공해 줄 수 있으며, 조사내용은 다음과 같다.

- 대상지역에서 심각하다고 생각되는 문제들
- 현재 필요한 서비스의 종류 및 우선순위
- 장기적으로 지역주민에게 필요한 서비스
- 대상지역의 하위집단에게 필요한 서비스

3. 사회자원 활용자원에 관한 자료

서비스를 개발하고자 할 경우 실행 가능성도 함께 고려되어야 한다. 이를 위해서 서비스를 개발 및 실행하는 데 필요한 사항으로 의사소통망, 정보체제, 지역사회 자원서비스 체제, 정치적 자원 정보체제 등 3가지가 욕구조사의 내용에 포함되어야 한다.

1) 의사소통망 정보체제

서비스가 잘 활용되기 위해서는 서비스의 수혜자 또는 잠재적 수혜자들이 서비스의 존재 및 관련된 정보를 잘 알고 있어야 한다. 이를 위해 지역사회의 정보체제로서 생활정보지, 언론매체, 전단지, 아파트 단지별 소식지, 인터넷 등 의사소통 매체를 효과적이고 능률적으로 개발 · 유지해야 한다. 보다 효과적인 서비스 제공을 위해서 욕구조사를 통해서 지역사회 내 정보체계와 관련된 자원에 대한 파악이 필요하다.

2) 지역사회 자원서비스 정보체제

프로그램 계획은 욕구와 자원 양 측면을 고려한 상태에서 이루어져야만 실용적일 수 있기 때문에 욕구조사에 있어서 가용자원에 대한 파악은 필수적이다. 프로그램 개발 계획이나 자원배분 결정이 이루어지기 전에 활용 가능한 물적 · 인적 자원에 대한 파악이 이루어져야 한다.

조사내용은 다음과 같다.

- 특별한 문제의 해결을 위해 동원될 수 있는 공·사적 재정자원
- 기존 직원들의 전문성을 제고시키거나 새로운 직원들을 개발, 훈련하는 데 필요한 인적·물적 자원
- 새로운 프로그램이나 확장된 프로그램을 실행할 수 있는 물리적 자원
- 자원봉사 활용을 위한 인적 자원

3) 정치적 자원 정보체제

프로그램 및 자원배분에 대한 계획은 정치적 과정이다. 계획을 성공적으로 하려면 지역사회의 지지를 항상 감안해야 한다.

지역사회 내 프로그램 개발과 자원배분은 다양한 지지자와 반대자들의 의견을 종합해서 결정되어야 한다. 정치 지도자나 지역사회 지도자들의 지지를 얻어내는 것은 서비스를 개발하는 데 중요한 절차이다. 정치적 권력이 지역사회의 문제나 욕구를 중요한 문제라고 인식하는 것은 간과할 수 없는 부분이다. 정치적 상황에 대한 고려 없이 종합적인 프로그램이나 서비스 계획을 수립하는 경우 여러 가지 어려움에 직면할 수 있다.

조사내용은 다음과 같다.

- 지역사회 주민의 여론
- 지방자치단체 행정 관료의 성향 및 지원
- 지방의회 의원의 성향 및 지원
- 종교지도자, 교육자 등 지역사회 지도자들의 지원
- 지역사회 언론기관 및 시민단체의 지원

제 3 절 욕구조사의 종류 및 자료수집방법

욕구조사는 조사를 실시하는 사회복지기관의 형태나 프로그램의 형태에 따라 달리 구분된다. 다음과 같이 수혜자 중심적 욕구조사, 서비스 중심적 욕구조사, 지역사회 중심적 욕구조사로 구체적으로 살펴보기로 한다(박선태 외, 2012).

1. 욕구조사의 종류

1) 수급자 중심적 욕구조사

수급자 중심적(client-oriented) 욕구조사에서는 특정 인구집단(아동, 청소년, 노인, 장애인, 여성)을 위한 서비스나 프로그램을 제공하는 기관에 의해 실시하는 조사이다. 특정 집단(아동, 청소년, 노인, 장애인, 여성) 내에서 발생하는 욕구 발견, 문제해결을 위한 어느 정도의 서비스를 제공해야 하는가를 추정하게 된다.

2) 서비스 중심적 욕구조사

서비스 중심적(service-oriented) 욕구조사는 특정 서비스를 제공하는 기관에서 행해지는 조사이다. 특정 집단(아동, 청소년, 노인, 장애인, 여성)의 문제해결을 위한 시설과 기술 인력을 갖추어야 한다.

3) 지역사회 중심적 욕구조사

지역사회 중심적(community-based) 욕구조사는 수급자 중심의 욕구조사와 서비스 중심의 욕구조사를 통합한 것이다. 지역사회 전반적인 문제를 확인하여 문제해결의 우선순위를 파악한 후 서비스의 대상과 그 수준을 파악하는 조사이다.

2. 욕구조사의 자료수집방법

사회복지 연구자들이 지역사회 주민의 욕구와 관련된 자료를 수집하는 방법은 여러 가지가 있다. 자료가 도출되는 원천에 따라 욕구조사의 자료수집방법은 다음과 같다(강영걸 외, 2014; 박창제 외, 2015).

1) 기존 자료를 활용하여 조사하는 방법

각종 사회지표조사와 수혜자 정보와 같은 기존자료를 활용하는 방법이다.

- 장점: 자료를 쉽게 구할 수 있고 이용하기 편하다.
- 단점: 특정한 욕구사정의 구체적 상황에 적합한 자료를 얻기 쉽지 않다.

불완전한 기존자료에 너무 의존하게 되면 지역주민의 욕구를 과다, 과소평가할 가능성도 있으며 특히 수혜자의 서비스 이용 자료만 활용하여 분석하게 되면 문제의 심각성을 과소평가할 가능성동 있다(황성동, 2012).

(1) 사회지표조사(social indicator analysis)

사회지표는 지역사회의 특징을 나타내는 수치적 지표인데 조사자들은 대체로 지역사회의 인구통계학적 특성을 잘 보여주는 사회지표에 많은 관심을 가지고 있다. 욕구조사에 쓰이는 사회지표는 행정기관의 홈페이지 같은 곳에서 쉽게 구할 수 있지만, 공개되지 않은 자료라도 공공기관에 요청하여 활용할 수 있다.

(2) 2차 자료 분석

2차 자료는 내부 자료와 외부 자료로 나눌 수 있다. 지역사회 내의 다른 복지기관이나 연구소 등이 수집한 서비스 수혜자에 관한 정보를 검토하여 수혜자의 욕구를 파악할 수 있다(김기원, 2001). 특히 수혜자가 이용한 서비스에 관한 자료는 중요한 표출된 욕구이기 때문에 이 자료를 잘 활용하면 어떤 서비스에 문제가 있는지, 수혜자가 많이 이용하거나 적게 이용하는 서비스에는 어떤 것이 있는지 등을 효과적으로 파악할 수 있다.

- 장점: 비용이 적게 들고, 조사에 신축성을 기할 수 있으며, 다른 욕구조사 방법을 보완할 수 있다.
- 단점: 자료의 비밀보장 필요성 때문에 기관 외부에서의 접근이 어렵고, 기관간의 자료 분석의 기회가 주어진다 하더라도 자료의 기록양식 등이 통일되어 있지 않아 필요한 자료를 일관성 있게 정리하기 어려움이다.

2차적 자료 분석은 서비스 이용자 중심의 분석이므로 그 결과를 전체에 대해 적용시키기 곤란하다.

3. 전문가를 대상으로 조사하는 방법

서비스 제공자나 인접 직종의 전문직 종사자, 지역 내 사회복지단체 대표자, 공직자 등 지역사회 문제에 대해서 잘 알고 있는 사람과 같은 전문가의 의견을 직접 들음으로써 더 구체적이고 생생한 자료를 얻을 수 있다(황성동 2012).

1) 서비스 운영자 및 제공자를 조사하는 방법

서비스 운영자나 제공자를 활용하여 지역사회 주민이나 대상집단의 욕구에 관해 조사하는 방법이다.

- 장점: 약물 중독자나 학대아동, 미혼모 등과 같이 사회적으로 드러내기 어려운 대상집단의 욕구나 문제에 관한 정보를 얻을 수 있으며, 대상집단의 욕구나 문제를 현장 경험이 있는 전문가들의 판단을 바탕으로 파악할 수 있다.

- 단점: 이들이 제공한 욕구내용이 제공자의 계급적 편견에 의해 영향을 받을 수 있으며, 전문가의 좁은 식견으로 판단된 내용일 수도 있다.

2) 주요 정보제공자 조사(key informant method)

지역사회 문제에 대해 직접적으로 잘 알고 있다고 생각되는 사람들로부터 욕구조사에 필요한 의견을 수집하는 방법이다. 주요 정보제공자에는 지역사회의 종교지도자, 관련 직종의 전문직 종사자, 지역사회복지기관 종사자, 지역사회나 관련분야의 공직자, 자문위원 등이 포함된다.

- 장점: 비용이 적게 들고, 표본을 쉽게 선정할 수 있으며, 지역의 전반적인 문제를 쉽게 파악할 수 있다.
- 단점: 주요 정보제공자를 선정하는 과정이 인위적이 되기 쉬우며, 이들이 지적하는 문제들이 일반주민들의 욕구와는 다른 특수집단의 욕구가 될 가능성도 있다.

3) 델파이 기법(delphi technique)

지역사회 주요 인사나 전문가로 패널을 구성하여 이들에게 지역사회 문제에 대한 설문지를 배부하여 전문적인 의견을 취합하는 방법이다. 델파이 기법은 어떤 문제에 대해 전문가들의 합의점을 찾는 방법이다.

■ 델파이 기법의 구체적인 절차

전문가 집단 선정 → 주요 관심사에 관한 설문지 작성 → 설문지 우송 → 회수된 응답내용을 합의된 부분과 합의되지 않은 부분으로 나누어서 집계(우선순위, 빈도, 평균치 등 이용) → 1차 분석의 결과에서 합의도가 낮으면 그 결과를 다시 응답자들에게 보내어 1차 분석의 결과를 참조한 각자의 의견을 질문 → 회수된 응답을 재분석 →

이러한 절차를 일정한 정도의 합의점에 도달할 때까지 반복한다.

■ 장점

첫째, 참가자들은 무기명으로 아이디어를 제시하기 때문에 자신의 입장을 변호할 때 자아를 굳이 내세울 필요가 없으며, 동조압력도 받지 않는다.

둘째, 참가자들이 집단 내에서의 신분, 권력, 지위 등에 연연해하지 않고 문제해결에만 초점을 맞출 수 있다.

셋째, 참가자들이 다양한 대안을 개발할 수 있게 해준다.

넷째, 한 장소에 집결할 수 없는 많은 전문가가 참여할 수 있다.

다섯째, 문제에 대한 답을 서면으로 작성하는 과정에서 참가자들은 문제를 세심하게 생각할 수 있으며 양질의 구체적인 아이디어를 창출할 수 있다.

■ 단점

첫째, 아무런 사회적 보상을 받지 못하기 때문에 패널들은 혼자라는 느낌을 받을 수 있고 손쉬운 문제에 대해서는 흥미를 잃기 쉽다.

둘째, 패널들이 창출해낸 아이디어에 대해서 구두로 설명할 기회가 없기 때문에 커뮤니케이션상에 문제를 야기할 수 있다.

셋째, 패널들이 제시한 의견이 상충적일 때는 직접 대면해서 해결할 수 없으므로 상충적인 아이디어가 완전히 해소되기 보다는 합성되거나 투포로 적당히 해결되는 경향이 있다.

4. 지역주민 조사

1) 지역사회 서베이(Survey)

지역사회 내의 일반주민 또는 표적 집단을 대상으로 욕구조사를 직접 실시하는 방법이다.

- 장점: 짧은 시간 내에 적은 비용으로 다양한 의견을 수집할 수 있다.
- 단점: 표본의 대표성과 측정도구의 타당성 등에 문제가 생길 수도 있다.

2) 지역사회포럼(forum)(공개토론회)

지역사회에 거주하거나 활동하는 사람들이 그 지역사회의 욕구나 문제를 파악하기 위하여 공개적으로 의견을 제시하고 수렴하는 방법이다. 지역사회 주민들이 누구보다도 자신들의 욕구나 문제를 잘 알고 있다는 전제하에서 주민들의 직접적인 의견을 들어보는 데 그 의의가 있다.

■ 장점

첫째, 적은 비용으로 광범위한 계층 및 집단들의 의견을 들을 수 있다.

둘째, 자료수집에 소요되는 시간도 상대적으로 적게 들어 시간상으로도 경제적이다.

셋째, 광범위한 지역, 계층 및 집단들의 의견을 수렴할 수 있다.

넷째, 서베이 조사를 준비하는 탐색적인 기회가 될 수 있다.

다섯째, 프로그램이나 정책시행에 있어서 주민의 지지나 협조를 얻을 수 있다.

■ 단점

첫째, 의견을 발표하는 사람의 수가 적고, 주민이 모두 참석할 수 없을 뿐만 아니라 참석했다고 하더라도 모두 의견을 발표할 수 있는 기회를 갖기 어렵다.

둘째, 관심 있는 사람들만 참석하기 때문에 이들의 욕구만이 반영되는 편의(bias) 현상이 나타나 표본의 대표성을 확보하기 어렵다.

셋째, 자기선택(self selection)으로 인한 표본의 편의(bias) 현상이 나타나며, 참석자의 소수만이 의견을 발표하게 된다.

제 4 절 욕구조사의 유형

욕구조사는 문제를 개념적으로 규정하고, 이를 조작화하고 계량화하는 과정이다. 이를테면 욕구확인단계에서 욕구추산단계로 발전하는 과정이 상호의존적이기 때문에 욕구의 유형과 이를 식별할 방안을 모색해야 한다(조운희 외, 2015).

1. 욕구의 유형

1) 브래드쇼의 욕구유형

브래드쇼(Bradshaw, 1977)는 욕구를 규범적 욕구, 인지된 욕구, 표출된 욕구, 상대적 욕구의 네 가지로 분류하였다(김영종, 2007).

〈표 12-1〉 브래드쇼의 4가지 욕구유형

구분	진단	처방	장점	단점
규범적 욕구	전문가 판단으로 충족되지 않은 욕구 진단	전문가 판단으로 최선의 서비스 규정	• 기준설정으로 욕구를 갖는 집단의 규모 파악 • 계량화와 측정	• 전문가의 견해차에 따른 차이 발생 • 지식, 기술, 가치관, 변화에 비탄력적
인지적 욕구	잠재적 클라인언트가 문제와 욕구를 진단	욕구를 갖는 당사가 필요하다고 생각하는 서비스	• 당사자의 정확한 욕구 파악 • 필요한 서비스 내용과 정도에 대한 정보	• 개인차 조정의 문제 • 조사는 대표성 문제 • 과대추정될 가능성이 있음
표현적 욕구	잠재적 클라이언트가 직접 자신의 문제를 진단	수요에 나타난 서비스	• 수요에 따른 공급 규모 결정 • 대상자 확보 수월	• 표현하지 않은 잠재적 대상 무시 • 전달체계상 장애가 있는 대상 배제

구분	진단	처방	장점	단점
비교적 욕구	전문가나 사회가 각종 사회지표의 비교로 진단	서비스 이용률 비교로 유사한 서비스 필요성 인정	• 각종 지표로 쉽사리 욕구의 규모와 내용 파악	• 유사 또는 비교집단의 욕구가 실제 욕구와는 다를 수 있음 • 비교집단 선정과 대표성 문제

출처: 황성철(2005).

브래드쇼 욕구 중에서 사회복지의 대상이 되는 것은 주로 표현적 욕구이며, 요구자의 집단적 행동이 가능한 사회에서 나타나게 된다.

대표적인 사회적 욕구로는 의식주와 교육, 보건의료와 사회 환경, 오락과 인간관계, 주택과 고용 등을 들 수 있을 것이다(양정하 외, 2001).

2) 매슬로우의 욕구유형

욕구에 관한 이론으로 가장 널리 알려진 것은 매슬로우(Maslow, 1954)의 욕구단계 이론이다.

매슬로우는 인간의 욕구를 초기에는 5단계, 후기에는 8단계로 분류하였다. 매슬로우는 인간의 욕구를 크게 결핍욕구(deficiency needs)와 성장욕구(growth needs)로 나누어 구분하였으며. 매슬로우는 결핍욕구 내에서는 상층욕구로 이동하기 위해선 반드시 하층욕구가 충족되어야 하며, 일단 어느 한 욕구가 충족되면 사람들은 그 욕구를 벗어나게 된다. 결핍욕구는 생리적 욕구, 안전의 욕구, 소속과 사랑의 욕구, 그리고 자아존중의 욕구로 구성되어 있다. 성장욕구는 자아실현의 욕구이며, 나중에 매슬로우는 성장욕구를 인식적 욕구, 심미적 욕구, 자아실현의 욕구, 초월욕구로 다시 표현하였다.

〈표 12-2〉 **욕구유형에 따른 프로그램과 서비스의 종류**

욕구의 유형	특징	전형적 프로그램/서비스
생리적 욕구	가장 기본적이고 강하며, 분명한 것	• 식사배달서비스 • 가사서비스 • 가정간호서비스 • 의료서비스 • 이동목욕서비스 • 주거환경개선서비스
안전의 욕구	모든 개인이 확실하고, 잘 정돈되고, 조직화되고 예측할 수 있는 환경 내에서 생활하고 싶음	• 노인의집 프로그램 • 집단노인거주 프로그램 • 안부전화점검 서비스 • 노인학대예방 서비스
사회적 욕구	타인과의 애정관계를 형성하고 인생의 동반자와 가족이나 집단에 소속되고 싶음	• 노인여가선용 프로그램 • 노인학교운영 프로그램 • 가정봉사원 정서 서비스
존경의 욕구	자기존중과 다른 사람으로부터의 존경을 받으려고 함	• 심리사회상담 서비스 • 정신건강 프로그램 • 취업알선 프로그램
자아실현의 욕구	자신이 원하는 종류의 사람이 되고, 자기가 성취할 수 있는 모든 것(잠재적 능력)을 성취하려 함	• 서예, 미술 등 교육 프로그램 • 노인일자리 봉사활동

출처: 양성관(2014).

〈표 12-2〉는 매슬로우의 욕구유형에 따라 노인문제 해결과 노인이 갖는 욕구의 충족을 위한 전형적 사회복지 프로그램과 서비스는 어떤 것이 있는지를 보여주고, 특정복지기관이 현시점에서 제공하고 있는 프로그램과 향후 필요한 프로그램 서비스는 무엇인지를 보여준다(황성철, 2005).

참고문헌

강영걸 외(2004). 사회복지조사론. 현학사.

강이근 외(2015). 사회복지조사론. 창지사.

김기원(2001). 사회복지조사론. 나눔의 집.

김영종(2007). 사회복지조사방법론. 학지사.

박선태 외(2012).사회복지조사론. 정민사.

박창제 외(2015). 사회복지조사론. 창지사.

양성관 외(2014). 사회복지조사론. 정민사.

양정하 외(2011). 사회복지조사방법론. 공동체.

원석조(2015). 사회복지조사론. 공동체.

이경희 · 김창규(2013). 사회복지조사론, 영진전문대학 출판부.

채구묵(2011). 사회복지조사방법론. 양서원.

홍봉수 외(2014). 사회복지조사론. 공동체.

황성동(2012). 알기 쉬운 사회복지조사방법론. 학지사.

황성철(2005). 사회복지 프로그램 개발과 평가. 공동체.

Bradshaw, J.(1977). The concept of social need. In N. Gilbert, & H. Specht(Eds.), Planning for Social Welfare Issues, Models an Tasks Englewood Cliffs, NJ: Prentice Hall.

chapter 13

프로그램 평가조사

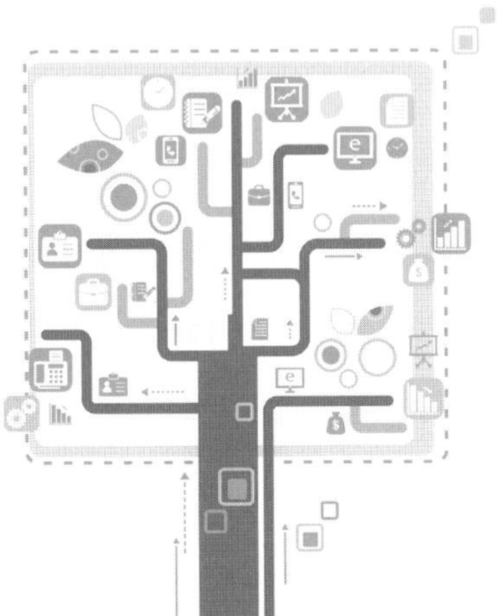

사회복지조사론

제 1 절 프로그램 평가조사 개념 및 기준

1. 프로그램 평가조사의 개념

1) 프로그램 평가조사의 의의

프로그램 평가조사는 평가조사의 일종이다. 평가조사는 개입기술과 프로그램이 본래의 목적을 어느 정도 달성하였는지에 관한 조사하는 응용조사이다. 즉, 평가조사는 특정 개입기술이나 프로그램을 향후에도 계속 사용하거나 실시할 것인지를 판단하기 위하여 개입기술이나 프로그램이 목표하는 바를 어느 정도 달성하였는지를 측정하는 조사이다.

평가조사는 기본조사와 방법론상 차이가 없다는 점은 유사하지만, 다음과 같은 점에서 차이가 있다(강이근 외, 2015).

첫째, 기본조사는 대체로 이론형성이 주된 목적인 순수조사인 반면에, 평가조사는 조사결과를 사회현상에 응용하는 것을 주된 목적으로 하는 응용조사이다.

둘째, 기본조사는 조사문제가 조사자의 개인적 관심에 따라 결정되는 반면에, 평가조사는 조사문제가 프로그램 효과성 조사로 이미 설정되어 있다.

셋째, 기본 조사는 사실의 발견에 관심을 두는 반면에, 평가조사는 사실과 기존의 비교에 관심을 두고 있다.

넷째, 기본조사에서는 조사자가 조사목적을 달성하기 위해 프로그램을 조작하지만, 평가조사에서는 조사목적을 위해 프로그램을 조작하기가 어렵다.

다섯째, 대개의 경우 기본조사의 결과는 공개하지만, 평가조사의 결과는 공개하지 않는다.

프로그램(program)이란

'목적을 달성하기 위한 일련의 상호 의존적인 활동들'(York, 1982) 혹은 '의도된 계획에 따라 어떤 목적을 달성하기 위해서 인적·물적 자원을 활용하는 일련의 집합적인 행동들'이라고 정의할 수 있다(박경일, 2000).

평가(evaluation)란

사람 · 집단 · 조직 등이 이룩한 성과가 미리 정해 놓은 목표 · 목적 · 기준 등에 비추어 얼마나 달성되었는가를 측정, 분석하고 그 결과를 기록 전달하는 과정이다. 즉, '프로그램의 특성 및 활동과 결과에 관한 체계적인 정보 수집을 통해서 불확실성을 제거하거나 프로그램의 진행상황과 영향에 관한 의사결정을 위한 과정이다'(Patton, 1986).

프로그램 평가조사란

프로그램의 효과성, 효율성, 적절성, 만족도 등을 체계적으로 분석하여 결정권자로 하여금 합리적인 결정을 내릴 수 있도록 정보를 산출하는 사회적 과정이라 할 수 있다.

이러한 프로그램 평가조사는 구체적으로 다음과 같은 특징을 살펴볼 수 있다(강이근 외, 2015).

첫째, 효과성, 효율성, 이용자 만족도, 접근 가능성, 노력성 등을 기준으로 프로그램 진행결과를 체계적으로 분석하는 행위이다.

둘째, 프로그램 전반에 관한 결정을 하기 위한 총괄적인 정보수집과정이다.

셋째, 프로그램의 가치, 양과 질, 장 · 단점 등에 관해 체계적으로 분석하는 연구활동이다.

사회복지 프로그램 평가조사는 사회복지 프로그램의 기획, 과정, 성과에 관한 자료를 과학적 절차와 방법을 통해서 수집, 분석하여 프로그램의 질적 향상과 프로그램 개발에 관한 중요한 의사결정을 돕기 위한 활동으로 정의할 수 있다(박창제 외, 2015).

2. 프로그램 평가조사의 목적

프로그램 평가조사의 목적은 프로그램의 궁극적인 성공 여부의 확인, 프로그램 진행상의 문제점 발견, 프로그램 기술 및 개발에 필요한 정보의 제공에 있으며, 프로그램 평가는 사회복지기관 매니저의 합리적 의사결정을 위해 사회복지실천에 관한 지식기반을 확대하기 위해, 기관의 책임성을 입증하기 위해 반드시 필요하다(원석조, 2015).

프로그램 평가조사는 그 자체에 목적이 있는 것이 아니라 오히려 목적 달성을 위한 수단이라는 점을 이해하는 것도 중요하다. 이러한 프로그램 평가조사를 살펴보면 다음과 같다(김기원, 2001).

첫째, 사회복지 책임성에 대한 사회적 요구가 심각히 제기되는 시기에 프로그램 평가는 중요하다.

둘째, 사회복지기관이 기관의 정체성을 확립하는 데 프로그램 평가가 중요하다.

셋째, 사회복지 프로그램이 내부적인 기관운영을 효과적이고 효율적으로 수행하기 위해서 프로그램 평가가 중요하다.

넷째, 사회복지기관의 전문성을 형성하는 데 프로그램 평가가 중요하다.

다섯째, 프로그램 운영이 수혜자 중심적으로 이루어지도록 하는 데 있어서 프로그램 평가가 중요하다.

여섯째, 프로그램의 운영방향을 일관성 있게 설정해 주고 혼란을 방지하는데 있어서 프로그램 평가가 중요하다.

일곱째, 사회복지 프로그램과 관련해서 객관적인 이론을 정립하는 데 있어서도 프로그램 평가가 중요하다.

〈표 13-1〉 프로그램 평가조사의 목적과 사전 고려사항

구 분	내 용
프로그램 평가의 목적	• 프로그램의 궁극적인 성공 여부의 확인, 프로그램 진행상의 문제점 발견, 프로그램 기술 및 개발에 필요한 정보의 제공에 있음 • 사회복지기관 매니저의 합리적 의사결정을 위해, 사회복지실천에 관한 지식기반을 확대하기 위해, 기관의 책임성을 입증하기 위해, 기관의 책임성을 입증하기 위해 반드시 필요
사전 고려사항	• 사회복지기관에 프로그램 평가에 필요한 시간이 있는가? • 프로그램 평가에 필요한 직원과 재원이 확보되어 있는가? • 프로그램 평가결과를 클라이언트에게 제공할 것인가 아니면 일반 대중에게 제공할 것인가? • 평가의 목적은 무엇인가?

출처: 원석조(2015).

3. 프로그램 평가조사의 기준

프로그램 평가조사의 기준이란 평가를 위한 준거 내지 척도를 의미한다. 프로그램의 성패를 판단하기 위해서 프로그램의 어느 측면을 평가의 초점 내지 대상으로 삼아야 할 것인가에 대한 기준이다.

트리포디(Tripodi, 1983)와 패티(Patti, 1983)는 노력성, 효과성, 효율성의 3가지를 제시하였고, 베네트와 웨이싱거(Bennett & Weisinger, 1977)는 노력성, 효과성, 효율성, 서비스의 질 등 4가지를 제시하였고, 요크(York, 1982)는 노력성, 효과성, 효율성, 서비스의 질 과정, 영향, 형평성의 7가지 항목을 제시하고 있다.

자세한 평가 기준을 프로그램 평가의 대상이 되는 요소를 중심으로 살펴보면 다음과 같다(양성관 외, 2014).

〈표 13-2〉 프로그램 평가조사 기준

기준	정의	평가요소
노력성	프로그램 활동의 양	• 프로그램의 투입요소와 이의 전환 과정 –단위활동의 수 –이용자 수 –전문지식과 기술의 소유와 활용 정도 –프로그램 예산 및 자원 –프로그램 기간 및 하위 활동 단위기간 –프로그램 활동 전문인력 투입시간
효과성	프로그램 목표의 달성 정도	• 목표달성과 프로그램 노력과의 인과관계 –이용자의 인지적, 감정적 변화 –이용자의 행동 변화 –이용자의 사회적 변화
효율성	산출 대비 비용 정도	• 서비스 단위 산출당 소요비용 –프로그램 노력에 대한 비용 –프로그램 결과에 대한 비용
영향	사회문제나 이용자 변화에 미친 영향	• 프로그램 노력과 사회적 지표변화의 관계 –위기집단과 표적집단 내에서의 변화 정도 –사회지표상 변화에 대한 실증적 기대 정도
서비스의 질	프로그램의 전문성	• 프로그램 제공자의 전문성 –서비스 인력의 전문자격 소유 여부 정도 –프로그램에서 활용하고 있는 전문지식과 기술 정도
과정	프로그램 결과의 경로	• 프로그램 운영상의 매개체 –세부목표들의 달성 정도와 연계성 –세부목표와 프로그램 결과 사이의 영향 정도 차이
형평성	프로그램 배분의 공정성	• 프로그램의 접근성 –대상 집단에게 동일한 접근 기회가 주어지는지 여부와 그 정도 –프로그램 활동이 지역 내에 균등하게 배분되는 정도

출처: 양성관 외(2014).

제 2 절 프로그램 평가조사의 종류 및 모델

1. 프로그램 평가조사의 종류

프로그램 평가조사는 분류방식에 따라 그 종류가 다양하게 나타난다. 평가조사를 실시하는 목적, 주체, 규범을 중심으로 나타내 보면 다음과 같다(채구묵, 2011).

1) 프로그램 평가조사 목적에 따른 분류

형성평가, 총괄평가, 통합평가로 나눌 수 있다.

(1) 형성평가

프로그램을 형성하는 데 초점을 맞춘 평가로서 프로그램의 개발이나 시행중인 프로그램을 개선하기 위해 프로그램 실시 도중에 이루어지는 평가로, 서비스 전달체계를 향상시키거나 서비스의 효율성을 증진시키기 위해 실시한다.

(2) 총괄평가

프로그램이 종료된 이후 행해지는 평가로서, 어느 프로그램을 시작할 것인지, 지속할 것인지, 종결할 것인지, 또는 여러 개의 대안적인 프로그램들 가운데 어느 것을 선택할 것인지 등 총괄적인 의사결정을 할 경우 실시하는 평가이다.

(3) 통합평가

형성평가와 총괄평가를 통합한 평가로서, 통상적으로 총괄 평가적 접근을 실시한 후, 과정 평가적 접근을 통해서 프로그램 운영과정의 타당성과 인과관계를 정밀하게 검사함으로써 총괄평가에서 얻은 정보의 타당성과 신뢰도를 평가한다.

〈표 13-3〉 형성평가와 총괄평가 비교

형성평가	구분	총괄평가
프로그램 수정, 보완 및 개발	목적	프로그램 성과와 영향성 결정
기관책임자, 프로그램 관리자, 사회복지사	이해관계 당사자	기관책임자, 정부, 재원공급자 클라이언트 집단
주로 내부평가자 활용 외부평가자의 자문	평가자	주로 외부평가자 활용
주로 진단을 위해서	자료수집의 목적	내부평가자의 원조와 지원
공식적 때로는 비공식적	자료수집의 방법	공식적, 타당성과 신뢰성 중시
비교적 적음	표본의 수	대체로 많음
자주	자료수집 빈도	드물게
프로그램 개발을 위한 피드백 제공	조사결과의 용도	프로그램의 계속, 중단, 확대에 관한 종합적 판단

출처: 강종수(2014).

2) 평가주체에 따른 분류

평가조사는 실시하는 주체에 따라 자체평가, 내부평가, 외부평가로 구분한다.

(1) 자체평가(self-evaluation)

프로그램 담당자 스스로 행하는 평가로, 많은 정보를 얻을 수 있다. 평가비용을 절약하며 장기적으로 계속할 수 있으나 공정성을 확보하는데 문제가 있다.

(2) 내부평가(in-house evaluation)

프로그램을 직접 담당한 사람이 아닌 기관 내부의 책임자나 동료에 의해 이루어지는 평가이다.

(3) 외부평가(consultant evaluation)

프로그램을 담당하는 기관의 외부에 속한 전문가에 의해 행해지는 평가이다.

3) 평가규범에 따른 분류

평가조사는 실시하는 평가규범에 따라 효과성 평가, 효율성 평가, 공평성 평가로 구분된다.

(1) 효과성 평가

프로그램이 의도한 목적을 얼마나 달성하였느냐를 평가한다. 프로그램의 공식목표에 중점을 둔 접근방법이다.

(2) 효율성 평가

투입과 산출을 상호 비교하여 평가한다. 프로그램의 결과가 적절한 수준의 비용에서 얻어진 것인지를 평가하며, 회계지식을 이용하여 비용을 산정하고 이를 토대로 프로그램 편익 대 비용의 비율을 계산한다(예: 가격 대비 품질이 높은 상품). 사회복지 프로그램의 편익을 화폐단위로 계산하기 어렵다.

(3) 공평성 평가

프로그램의 효과와 비용이 사회집단 간 또는 지역 간에 공평하게 배분되었는지를 평가한다.

4) 자료형태와 조사방법에 따른 분류

평가조사는 평가를 위해 수집되는 자료의 형태와 조사방법에 따라 양적 평가와 질적 평가로 나눌 수 있다.

(1) 양적 평가

자료가 주로 계량화되어 연역적 방법으로 분석되며, 주로 결과 내지 성과에 초점을 맞춘다.

(2) 질적 평가

자연스러운 상황에서 수량화되지 않은 자료를 수집해 귀납적으로 자료를 분석하며 주로 과정에 초점을 맞춘다.

〈표 13-4〉 양적 평가와 질적 평가 비교

양적 평가	구분	질적 평가
결과 또는 성과의 강조	평가의 강조점	평가조사의 과정을 강조
연역법	논리추구의 방법	귀납법
강성자료(hard data)	자료의 성격	연성자료(soft data)
설문조사, 질문지법	자료수집방법	비구조화된 면접, 관찰
실험조사, 준 실험조사, 단일사례설계	조사방법	민속학적 조사, 현장조사 사례조사
집단객관성 강조	조사대상자	개인주관성 강조

출처: 강종수(2014).

2. 프로그램 평가조사의 모델

프로그램을 평가조사하는 데에 사용되는 모델로는 목표달성 평가모델, CIPP 평가모델, 판단지향 평가모델, 제4세대 평가모델, 논리모델 등이 있다(원석조, 2015).

1) 목표달성 평가모델

목표달성 평가조사 모델은 고전적 모델로서 설정된 프로그램의 목표와 실제 성취된 결과를 비교하여 그 성공 여부를 판단한다.

평가는 그 자체가 목적이 아니라 프로그램을 합리적으로 판단하기 위한 수단이다. 목표치 대비성과로 평가하기 때문에 달성가능한 목표를 수립하는 것이 매우 중요하다. 그리고 목표와 성취의 합치도로 평가하기 때문에 평가가 간단하고 설득력이 있다. 프로그램 성과만 중시하여 정치적, 윤리적, 심리사회적 측면과 부수적 결과를 무시하게 된다.

2) CIPP 평가모델

CIPP는 상황평가(Context evaluation), 투입평가(Input evaluation), 과정평가(Process evaluation), 산출평가(Product evaluation)의 머리글자로 구성되어 있다.

(1) 상황평가는 프로그램 목표를 결정하는 상황과 이론적 근거를 검토, 평가하는 것이다. 프로그램의 외부환경, 문제, 욕구, 기회를 확인하는 데 필요한 경험적 자료를 수집하는 데 사용된다. 기획과 의사결정에 필요한 정보를 제공한다.

(2) 투입평가는 목표달성에 필요한 자원과 절차에 관한 정보를 제공한다. 목표달성까지의 절차를 설계하는 구조적 의사결정에서 필요하다.

(3) 과정평가는 프로그램 목표달성을 위한 제반활동의 효율성에 관한 정보를 제공한다. 프로그램의 절차, 전략, 방법에 관한 집행의 의사결정에 필요한 정보를 얻을 수 있다.

(4) 산출평가는 프로그램이 성취한 결과를 측정하여 평가하는 것으로 목표달성 평가모델과 동일하다.

3) 판단지향 평가모델

전문가의 전문적인 판단에 의존하는 평가모델이다. 의도된 효과는 물론 의도하지 않은 효과도 평가하고, 프로그램 결과와 질뿐만 아닌 프로그램의 가치까지 판단한다.

4) 제4세대 평가모델

제1세대 평가모델이 목표의 달성 정도에 초점을 두었고, 제2세대 평가모델이 개인과 프로그램 전체를 평가대상으로 삼아 프로그램을 개선하는 데 중점을 두었으며, 제3세대 평가모델이 프로그램 기술을 바탕으로 평가대상에 대한 체계적 기술과 판단을 강조했다면, 제4세대 평가모델을 반응적 평가모델과 구성주의 평가모델을 합친 것으로 목표중심의 평가방법과 달리 평가 의뢰자와의 협상을 통해 평가의 근거와 영역을 결정하고(반응적), 평가방법을 사전에 특정하지 않고 적절한 방법을 융통성 있게 구성(구성주의)하는 모델이다.

반응적 구성주의 평가모델은 기존의 계량적 자료의 수집과 분석에 입각한 평가보다는 질적 자료를 해석하는 평가를 중시하고, 평가방법에서의 협상과 합의를 중시한다.

5) 논리모델(logic model)

시스템 이론을 적용한 평가모델이다. 투입－과정－산출－피드백 간의 관계를 논리적으로 설명하는 도식을 이용하여 프로그램의 성과를 체계적으로 평가한다. 논리모델은 목표설정과 투입자원 및 실행과정을 가시적으로 잘 보여준다. 프로그램 수행결과를 합리적으로 평가할 수 있는 유력한 평가모델이다.

〈표 13-5〉 **프로그램 평가조사 모델**

평가모델	주요내용
목표달성 평가모델	고전적 모델로서 설정된 프로그램의 목표와 실제 성취된 결과를 비교하여 그 성공 여부를 판단한다. 평가는 그 자체가 목적이 아니라 프로그램을 합리적으로 판단하기 위한 수단이다. 목표치 대비 성과로 평가하기 때문에 달성 가능한 목표를 수립하는 것이 매우 중요하다.
CIPP 평가모델	상황평가(Context evaluation), 투입평가(Input evaluation), 과정평가(Process evaluation), 산출평가(Product evaluation)로 구성된다.
판단지향 평가모델	전문가의 전문적인 판단에 의존하는 평가모델이다. 의도된 효과는 물론 의도하지 않은 효과도 평가하고, 프로그램 결과와 질뿐만이 아닌 프로그램의 가치까지 판단한다.

평가모델	주요내용
제4세대 평가모델	목표중심의 평가방법과 달리 평가 의뢰자의 협상을 통해 평가의 근거와 영역을 결정하고(반응적), 평가방법을 사전에 특정하지 않고 적절한 방법을 융통성 있게 구성한다(구성주의).
논리모델	시스템 이론을 적용한 평가모델이다. 투입－과정－산출－피드백 간의 관계를 논리적으로 설명하는 도식을 이용하여 프로그램의 성과를 체계적으로 평가한다.

출처: 원석조(2015).

제 3 절 프로그램 평가조사 절차

1. 프로그램 평가조사의 절차 및 사례

프로그램 평가조사는 사회복지조직의 프로그램을 특별한 목적으로 평가하는 것이므로 일반적인 조사절차에서와 달리 역동적이고 상호 연관된 과업과 결정사항들이 많이 있다.

프로그램 평가조사는 일반적으로 다음과 같은 10가지의 절차를 거쳐서 이루어진다(남세진 외, 2001).

① 평가목적 및 대상결정

비용, 인원, 시간, 평가결과의 실제 이용자 등을 고려

② 프로그램의 책임자 및 담당자의 이해와 협조 요청

③ 프로그램의 목표확인

누가, 무엇을 누구에게, 어느 정도의 변화를 기대하는지 등에 관해서 확인

④ 조사대상의 변수 선정

독립변수, 매개변수 및 종속변수를 확인하고 사업평가의 목적 및 내용과 관련하여 변수를 결정

⑤ 이용 가능한 자료 및 측정도구의 결정

⑥ 새로운 측정도구의 개발

신뢰도와 타당도가 높은 측정도구가 될 수 있도록 개발

⑦ 표본추출 등을 포함하여 적절한 조사 설계 형태의 결정

⑧ 조사 수행

프로그램 관련자와의 관계 유의

⑨ 결과의 분석 및 해석

⑩ 결과의 보고 및 실제적 이용

프로그램 평가조사의 사례에서는 2000년 사회복지기관에서 실시된 프로그램 평가조사를 소개하고자 한다. 사회복지기관의 평가 영역은 크게 4개 영역으로 조직 및 관리, 인력 관리 및 재정, 프로그램, 지역사회관계이다. 이 중 세 번째 영역인 프로그램은 평가문항이 총 6개이며, 그에 따른 평가지표와 가중치가 제시되어 있다. 그리고 각 평가문항에 필요한 관련 서류와 평가방법을 설명하고 있다.

〈표 13-6〉 사회복지기관 평가지표를 구체적으로 보면 다음과 같다.

〈표 13-6〉 사회복지기관 평가지표

평가영역 (배점)	평가문항	평가지표	가중치	관련 서류 및 평가방법
3. 프로그램 (35)	1) 지역주민 욕구조사의 적절성과 활용성 정도는	① 최근 3년간 욕구조사의 실시여부 ② 욕구조사의 질적 수월성과 프로그램 반영정도	1.5 1.5	욕구조사 결과보고서 욕구조사 계획서 및 결과보고서, 결과보고서에 따른 반영 프로그램
	2) 프로그램 기획과 실행의 전문성 정도는	① 단위사업의 목표 설정과 기획의 전문성 ② 프로그램 수행과정의 적절성과 기록의 작성 정도	3.0 2.0	'99 사업계획서 프로그램 계획서 및 과정 기록지
	3) 전문 프로그램의 수행실적 정도는	① 상담사업의 실적 및 질적 수준 ② 특수 전문 프로그램의 수행 실적 ③ 장애인, 노인 프로그램 수행 실적 ④ 아동, 청소년 프로그램 실적	2.0 2.0 1.0 1.0	사업분야별 상담사업의 실적 및 상담일지 특수전문프로그램 계획서 및 과정 기록지 장애인 및 노인 복지사업 실적 아동 및 청소년 복지사업 실적
	4) 저소득층 대상사업과 지역 특성 사업의 실적	① 저소득층 대상 사업의 수와 질적 수준 ② 지역 특성 사업의 수와 질적 수준	2.0 3.0	저소득층지원 무료사업 실적보고서 지역특성사업 계획서 및 실적 보고서
	5) 지역주민과 수급자의 프로그램 평가는	① 수급자의 프로그램 만족도 ② 수급자에 의한 서비스 질적 수준 평가 ③수급자에 의한 복지관 기여도	5.0 3.0 5.0	수급자의 만족도 전화조사 수급자의 질적수준 평가 전화조사 및 관련 평가설문조사 결과보고서 전화조사 및 관련 설문조사 결과보고서
	6) 실습교육의 규모와 실적은	① 실습교육의 규모와 실적	3.0	실습지도계획서 및 관련서류

출처: 양정하 외(2010).

제 4 절 프로그램 평가조사 결과 측정

프로그램 평가조사 결과측정을 위한 세 가지 변수, 독립변수, 매개변수, 종속변수가 있다. 이 가운데 프로그램 평가조사 결과 측정에서 가장 중요한 변수는 프로그램 개입 결과인 종속변수이다.

따라서 종속변수의 결과측정에 관해 다음과 같이 좀 더 구체적으로 살펴보고자 한다(최성재 외, 2006).

1. 결과측정의 대상 및 측정방법

1) 프로그램에 참여한 개인의 변화

첫째, 참여자의 인지적, 정서적 상태의 변화: 지능검사와 태도측정 도구

둘째, 참여자의 행동, 건강상태 변화: 관찰 또는 여러 가지 진단절차

셋째, 지역사회 내에서 서비스를 받은 개인들 전체의 정도

예를 들면, 실업률의 변화, 이혼율, 사망률, 소득 등의 변화이며, 이의 측정을 위해 사회지표 등이 이용된다.

2) 서비스 전달체계 운영에서의 변화

서비스의 접근성, 계속성, 통합성 등의 변화, 이를 측정하기 위해 직접관찰, 서비스 기관의 기록 분석, 서비스 이용자들의 주관적인 느낌에 대한 면접, 설문조사, 욕구조사 등이 이용될 수 있다.

2. 결과측정의 기준

1) 절대적 기준

규범적인 것으로 프로그램에서 미리 예상해 놓은 결과는 목표가 되며, 절대적 기준이 된다. 즉 프로그램의 목표는 가장 많이 이용되는 절대적 기준이 된다. 목표를 기준으로 하는 결과의 측정은 단점이 있는데,

첫째, 측정범위가 좁고,

둘째, 예상하지 못한 결과에 대한 관심을 소홀하게 만들며,

셋째, 때때로 목표가 현실성 없이 높게 설정되어 실체의 결과가 상대적으로 저조해지는 문제점이 있다.

이는 프로그램 실천가의 과도한 의욕, 예산확보를 위한 전략적인 이유 등으로 프로그램 목표가 현실성 없이 높게 설정되는 일이 흔히 있기 때문이다.

2) 상대적 기준

평가대상 프로그램과 비슷한 기관 내의 다른 프로그램 또는 기관 외의 다른 프로그램의 결과가 기준이 된다. 즉, 평가대상 프로그램의 결과를 특성이 비슷한 다른 프로그램의 결과와 비교해서 상대적 평가를 하는 것이다. 상대적 기준에 의한 평가의 단점으로는

첫째, 비교기준이 될 수 있는 비슷한 프로그램을 찾기가 어렵고,

둘째, 비교의 기준을 어느 것으로 하느냐에 따라 프로그램에 대한 평가결과가 달라질 수 있으면,

셋째, 비슷한 여러 결과를 찾아 평균ㅇ르 내는 것은 더욱 어려움이 있다.

3. 측정 자료의 출처

측정의 대상이 되는 종속변수에 관한 자료를 누구에게서, 어디에서 수집하느냐는 결과를 평가하는 데 영향을 준다.

프로그램 평가조사의 중심이 되는 종속변수의 출처는 다음과 같다(채구묵, 2011).

1) 클라이언트

대부분의 프로그램 평가조사에서 클라이언트는 자료의 궁극적인 출처이고, 가장 중심적인 출처이다. 클라이언트로부터의 자료수집은 질문지, 면접, 관찰 등에 의해 이루어진다. 질문지, 면접을 통해 클라이언트로부터 자료를 수집하는 경우, 다음과 같은 문제점들이 있다.

첫째, 자료가 클라이언트의 기억이나 판단 의존

둘째, 프로그램의 효과에 대해 실제보다 호의적으로 판단 경향

셋째, 프로그램의 효과를 긍정적인 방향으로 평가 경향

넷째, 자료의 해석을 좀 더 엄격하고 신중하게 할 필요가 있다.

관찰을 통해 클라이언트로부터 자료를 수집하는 경우 관찰자는 클라이언트 자신이 관찰되거나 테스트 하는 것에 대해 민감한 반응을 보일 수 있다는 점을 유의하며 실제로 관찰, 테스트에 주의를 기울일 필요가 있다.

2) 프로그램 실천가

프로그램 실행을 위해 실제로 개입활동을 하는 사람이다.

프로그램 실천가로부터의 자료의 수집은 다음과 같은 문제점이 있다.

첫째, 자기의 개입결과를 긍정적인 방향으로 평가 경향

둘째, 지식은 클라이언트와의 전반적인 변화내용 인식 부족 경향

3) 클라이언트 주위 사람

결과에 대한 자료는 주위의 사람들, 즉 가족, 친구, 친척, 교사 등으로부터 수집될 수도 있다. 예를 들어, 클라이언트의 수업시간에서의 활동, 환자의 병동에서의 행동, 클라이언트 가정의 식사시간에서의 행동의 경우 주위 사람들로부터 자료를 수집하는 것이 더 정확한 자료가 된다.

4) 기록된 자료

과거의 클라이언트의 기록에 관한 자료도 그들의 변화를 판단할 수 있는 중요한 자료가 될 수 있다.

5) 판정자

판정자는 전문가의 자격과 실무경험이 있어야 하며, 클라이언트, 실천가, 기록된 자료, 주위 사람 등을 통해 얻은 자료를 종합적인 판단을 할 수 있어야 한다.

참고문헌

강이근 외(2015). 사회복지조사론. 창지사.
강종수(2014). 사회복지조사방법론. 양서원.
김기원(2001). 사회복지조사론. 나눔의 집.
남세진 외(2001). 사회복지조사방법론. 서울대학교 출판부.
박경일(2000). 사회복지 프로그램진행과 관리기법. 사회복지평가제도의 진단과 개선방향－2000년도 추계학술발표 및 워크숍자료집. 한국사회복지행정학회.
박창제 외(2015). 사회복지조사론. 창지사.

양성관 외(2014). 사회복지조사론. 정민사.

양정하 외(2011). 사회복지조사방법론. 공동체.

영진전문대학출판부(2013). 사회복지조사론. 영진전문대학출판부.

원석조(2015). 사회복지조사론. 공동체.

채구묵(2011). 사회복지조사방법론. 양서원.

최성재 외(2006). 사회복지행정론. 나남출판.

Patton, N. Q.(1986). *Utilization-Focused Evaluation*(2nd ed.). Beverly Hills, CA: Sage Publication.

York, Reginald O.(1982). *Human Service Planning : Concepts, Tool, and Methods*. Chapel Hill, N.C ; The University of North Carolina Press.

찾아보기

저 / 자 / 소 / 개

■ **윤 선 오**

독일 Dortmund대학교 사회과학부 노년학과 철학박사
한국복지행정학회 부회장
현, 경운대학교 사회복지학부 교수
〈저서〉 사회복지실천론, 사회복지실천기술론, 장애인복지론 외 다수

■ **김 현 진**

미국 월드퍼시픽대학교(World Pacipic University) 사회복지전공 철학박사
대한신학대학원대학교 사회복지 철학박사
현, 경운대학교 사회복지학부 외래교수
〈저서〉 사회복지실천기술론 외 다수

■ **김 우 호**

대구가톨릭대학교 대학원 사회복지학과 박사 수료
현, 성덕대학교 아동보육복지상담과 조교수
〈저서〉 사회복지실천론, 장애인복지론 외 다수

■ **김 병 찬**

경북대학교 대학원 문학박사
현, 호산대학교 사회복지과 교수
〈저서〉 사회복지법제론 외 다수

■ **백 창 환**

대구대학교 사회복지대학원 석사
대구대학교 사회복지대학원 박사 수료
현, 수성대학교 사회복지과 교수

■ **전 미 숙**

신라대학교 대학원 졸업(사회복지학 박사)
현, 제주한라대학교 복지행정과 겸임교수
　　한국요양원 한국노인복지센터 원장

■ **정 명 희**

평택대학교 대학원 사회복지학 박사
현, 중원대학교 사회복지학과 교수
〈저서〉 사회복지실천론, 인간행동과 사회환경 외 다수

■ **유 운 식**

대구대학교 일반대학원 사회복지학과 석사
대구가톨릭대학교 대학원 사회복지학과 박사 수료
현, 대구가톨릭대학교 사회복지학과 외래교수

개정판

사회복지조사론

1판 1쇄 발행 — 2016년 8월 20일
2판 1쇄 발행 — 2019년 2월 8일

저 자 - 윤선오 김현진 김우호 김병찬
백창환 전미숙 정명희 유운식

발 행 인 - 강 철 원
발 행 처 - 양 성 원
주 소 - 경기도 파주시 검산로 173번길 29-20
전 화 - 031-946-3861(代)
팩 스 - 031-946-3864
이 메 일 - tnwpub@naver.com
출판등록 - 2015년 8월 31일 제 2015-000211 호

ISBN 979-11-6126-160-7

정가 19,000원